여 명 1

프리드리히 니체

Morgenröte
여 명 1

Friedrich Nietzsche

프리드리히 니체

일러두기

- 본문의 각주는 모두 옮긴이의 주입니다.
- 인명·지명·작품명은 외래어표기법을 기준으로 적었습니다.
- 라틴어·그리스어 표현은 원형을 유지한 뒤, 필요할 경우 각주로 뜻을 설명했습니다.

차례

저자 서문　　　　　　6
1. 도덕적 편견　　　　19
2. 도덕 감정의 역사　　131
3. 종교적 삶　　　　　207

작품 해설　　　　　　289

저자 서문

1. 이 책 속에서 우리는 한 '지하의 인간'을 보게 된다. 그는 땅속 깊은 곳을 파고, 캐내고, 허문다. 그런 깊은 일을 볼 줄 아는 눈만 있다면, 그가 얼마나 천천히, 조심스럽게, 부드럽지만 확실하게 나아가는지를 알 수 있을 것이다. 빛과 공기를 오랫동안 잃은 사람에게서 흔히 보이는 피로의 기색은 없다. 오히려 그는 어둠 속에서 일하면서도 행복해 보인다. 그를 이끄는 어떤 신념, 그 수고를 보상하는 위안이 있는 듯하지 않은가? 혹은 그 자신이 긴 어둠의 시기를, 알 수 없고 감춰진, 수수께끼 같은 어떤 시간을 스스로 원하고 있는지도 모른다. 그는 언젠가 자신만의 아침, 자신만의 구원, 자신만의 장밋빛 새벽이 올 것을 알고 있기 때문이다. 그렇다. 그는 반드시 돌아올 것이다. 그가 깊은 곳에서 무엇을 찾고 있는지 묻지 말라. 언젠가 그가 다시 인간으로 돌아올 때, 이 겉보기엔 트

로포니오스¹ 같은 지하인은 스스로 말할 것이다. 오랫동안 두더지처럼, 그리고 완전히 홀로 살아온 사람은 침묵하는 법을 잊기 마련이다.

2. 그래요, 너그러운 벗들이여, 나는 그 깊은 곳에서 무엇을 찾았는지 말하겠소. 여기, 자칫하면 부고나 장례식의 추도사로 바뀔 수도 있었던 이 늦은 서문에서 말이오. 나는 돌아왔고, 탈출했소. 그렇다고 그대들에게 똑같이 위험한 모험을 하라고, 혹은 나와 같은 고독 속으로 들어가 보라고 권할 생각은 없소. 자기 길을 가는 자는 누구도 만나지 않기 때문이오. 그것이 바로 '자기 길'의 특징이오. 그의 일을 도와줄 사람은 아무도 없으며, 그는 모든 것을 오롯이 혼자 맞서야 하오. 위험과 불운과 사악함과 궂은 날씨까지. 그는 자기 길을 가고, 그에 합당하게, 바로 그 '자기 길' 때문에 쓰라림과 때때로 치밀어 오르는 짜증을 겪게 되오. 이를테면, 친구들조차 그가 누구이며 어디로 가는지 짐작하지 못하고, 가끔은 스스로에게 이렇게 묻는다는 사실 말이오. "그래, 그는 정말 움직이고 있는가? 아직 그 앞에 길이 남아 있는가?" 그 무렵 나는 아무나 할 수

---

1 고대 그리스 신화와 전설 속의 인물이자 신탁(神託)의 신

없는 일을 떠맡았소. 나는 가장 깊은 심연으로 내려갔고, 바닥까지 굴을 뚫었으며, 수천 년 동안 우리 철학자들이 가장 안전한 토대라 믿고서―비록 세울 때마다 무너져 내렸음에도―거듭거듭 그 위에 지어 온 한 오래된 신념을 파헤치고 파내기 시작했소. 나는 도덕에 대한 우리의 신앙을 갉아먹기 시작했소. 그러나 그대들은 나를 이해하지 못하겠소?

3. 지금까지 우리는 '선과 악'에 대해 가장 깊이 성찰하지 못했다. 그것은 언제나 너무나 위험한 주제였기 때문이다. 양심, 명예, 지옥, 그리고 때로는 경찰까지도 공정한 사고를 허락하지 않았다. 도덕 앞에서, 모든 권위 앞에서처럼 우리는 생각해서도, 말해서도 안 된다. 여기서는 오직 복종해야 한다. 세상이 시작된 이래 그 어떤 권위도 자신이 비판의 대상이 되는 것을 허락한 적이 없다. 그런데 도덕을 비판하다니, 도덕을 하나의 문제, 의심스러운 것으로 바라보다니, 그것이야말로 비도덕적인 일이 아닌가. 그러나 도덕은 자신을 비판으로부터 지키기 위해 두려움과 형벌의 모든 수단을 쥐고 있을 뿐 아니라, 훨씬 더 확실한 방어 수단을 가지고 있다. 그것은 바로 매혹의 예술이다. 도덕은 사람을 '황홀하게 하는 법'을 누구보다 잘 안다. 그것은 단 한 번의 시선으로도 비판의 의지를 마

비시킬 수 있고, 심지어 그 의지를 자기 편으로 끌어들일 수도 있다. 더 나아가 도덕은 비판의 의지를 자기 자신에게 돌려 전갈처럼 자기 몸에 독침을 꽂게 만들기도 한다. 수세기 동안 도덕은 설득의 기술, 그야말로 악마적 기술의 대가였다. 오늘날에도 연설가치고 도덕의 힘을 빌리지 않는 사람은 없다. 우리 시대의 아나키스트들[2]을 보라. 그들은 설득하려 할 때 얼마나 '도덕적'으로 말하는가. 결국 그들 자신을 '선하고 정의로운 자들'이라 부르지 않는가. 인류가 이 땅에서 말하고 설득하기 시작한 이래, 도덕은 가장 위대한 유혹의 여인이었다. 그리고 철학자들에게 있어, 그녀는 진정한 키르케[3]였다.

그런데 어째서 플라톤 이후 유럽의 철학자들이 쌓아 올린 모든 사상적 건축물은 헛된 것이 되었는가. 그들이 진심으로 '영원한 청

◇◇◇◇◇◇◇◇◇◇◇◇◇◇◇◇

2 여기서 말하는 '아나키스트(Anarchist)'는 정치적 의미의 무정부주의자들을 가리키지만, 니체는 그들의 사회적 행동보다 도덕적 태도를 문제 삼는다. 아나키스트들은 부르주아 질서와 국가 권위를 비판하면서 "정의, 평등, 인류애"를 외쳤지만, 니체에게 그것은 단지 기독교 도덕의 세속적 변형일 뿐이었다. 그는 그들이 "신"을 부정하면서도 "도덕"이라는 새로운 신을 숭배한다고 본다. 따라서 이 구절은 아나키스트 개인이 아니라, 도덕의 언어를 빌려 말하는 모든 현대인을 풍자한 것이다. "그들 자신을 '선하고 정의로운 자들'이라 부르지 않는가"라는 문장은, 도덕이 얼마나 교묘하게 인간의 비판 정신을 유혹하는지를 보여주는 역설적 표현이다.

3 키르케(Circe): 『오디세이아』에 나오는 마녀. 사람을 매혹의 마술로 사로잡아 짐승으로 바꾸는 존재이다. 니체에게서 도덕은 철학자를 유혹하고 마비시키는 '키르케'와 같다.

동보다 더 견고하다(aere perennius)'⁴ 고 믿은 것들이 왜 모두 무너져 내렸는가. 오늘날까지도 이 질문 앞에서 너무 쉽게 굴러나오는 대답이 있다. "그들은 모두 선행 조건, 곧 토대의 검증, 모든 이성의 비판을 소홀히 했기 때문이다." 이 치명적인 대답은 칸트가 한 말이며, 그것은 우리 현대 철학자들에게 결코 더 단단하고 덜 위험한 사유의 기반을 마련해 주지 못했다. 게다가 묻지 않을 수 없다. 도구가 스스로의 가치와 효용을 비판해야 한다니, 이성 그 자체가 자신의 힘과 한계를 '인식'해야 한다니, 그것은 조금도 우스꽝스럽지 않은가. 올바른 대답은 오히려 이것이다. 모든 철학자들, 칸트 자신을 포함하여, 그들은 도덕의 유혹 아래에서 사유했다는 것, 그들이 확실성과 '진리'를 추구한 것은 겉보기뿐이며, 실상은 '장엄한 도덕의 건축물'을 세우기 위해서였다는 것 말이다. 칸트 자신이 『순수이성비판』(제2권 257쪽)에서 천진하게 고백하듯이, 그는 자신의 임무를 "그리 찬란하지는 않지만 결코 보잘 것 없지 않은 과업", 즉 "그 장엄한 도덕의 건축물들을 세울 수 있도록 단단한 토대를 고르고 평탄하게 다지는 일"이라 불렀다. 그러나 유감스럽게도 그는

◇◇◇◇◇◇◇◇◇◇◇◇◇◇◇◇◇

4 호라티우스의 시구에서 온 표현으로, 시인 자신의 작품이 청동 기념물보다 더 영원하리라는 주장에 쓰였다. 여기서는 철학자들이 자신들의 사상 체계를 그렇게 견고하고 영원한 것으로 믿었다는 뜻으로 인용된다.

그 목표를 달성하지 못했다. 오히려 정반대의 결과를 낳았다. 우리는 이제 그것을 인정하지 않을 수 없다.

이처럼 거창한 목표를 세운 칸트는 그 시대의 진정한 아들이었다. 그의 시대는 무엇보다 '열광의 세기'라 불릴 만한 시대였다. 그는 그 시대의 더 가치 있는 부분, 예컨대 인식론에 육체적 감각을 끌어들인 그 견고한 감각주의를 계승했다. 하지만 그 또한 도덕적 광신에 물든 루소의 독에 물린 자였다. 로베스피에르[5]가 자신을 루소의 제자이자 "지혜와 정의, 그리고 덕의 제국을 지상에 세우려는 사형집행인"으로 자처했듯이⁽¹⁷⁹⁴년 ⁶월 ⁴일 연설⁾, 칸트 역시 그 도덕적 광신을 영혼 속에 지니고 있었다. 다만 프랑스적 열정이 그의 가슴에 있었음에도, 그 누구보다도 비프랑스적이고, 더 깊고, 더 철저하며, 더 독일적인 방식으로—그 단어를 아직 허락한다면—그 열정을 키워 갔다. 자신의 '도덕의 왕국'을 세우기 위해 그는 논리적으로 증명할 수 없는 세계, 즉 이성 너머의 '초월적 세계'를 덧붙일 수밖에 없었다. 바로 그 때문에 그에게 『순수이성비판』이 필

◇◇◇◇◇◇◇◇◇◇◇◇

5 막시밀리앵 로베스피에르(Maximilien Robespierre, 1758-1794): 프랑스 혁명의 지도자이자, 공포정치(Reign of Terror)의 주도자였다. 법률가 출신으로, '부패 없는 인간'이라 불릴 만큼 엄격한 도덕주의자였으며, 루소의 사회계약론과 '덕(virtue)'의 정치 이념에 깊은 영향을 받았다. 1793년 국민공회에서 자코뱅파를 이끌며 "지혜와 정의, 그리고 덕의 제국을 지상에 세우려는 사형집행인(de fonder sur la terre l'empire de la sagesse, de la justice et de la vertu)"이라 자처했다.

요했던 것이다. 다시 말해, 그 책은 다른 어떤 이유 때문이 아니라, 그의 도덕의 왕국을 이성의 손길로부터, 더 나아가 이성의 시야로부터 완전히 벗어나게 만들기 위한 것이었다. 그는 이성이 도덕 질서를 얼마나 쉽게 무너뜨릴 수 있는지를 너무도 잘 알고 있었기 때문이다.

  자연과 역사, 그 내재된 비도덕성 앞에서 칸트는 언제나 비관주의자였다. 그는 다른 모든 선량한 독일인들처럼, 도덕이 자연과 역사에 의해 입증되었기 때문이 아니라, 그들에게 끝없이 모순되기 때문에 믿었다. 이 '그럼에도 불구하고'의 정신을 이해하려면 루터를 떠올릴 필요가 있다. 루터 역시 또 하나의 위대한 비관주의자였다. 그는 친구들에게 대담하게 이렇게 말했다. "만일 우리가 이성만으로, 그토록 분노하고 사악해 보이는 하나님이 어떻게 자비롭고 정의로울 수 있는지를 이해할 수 있다면, 신앙은 무슨 소용이 있겠는가." 태초부터 독일인의 영혼을 가장 깊이 사로잡고, 가장 강하게 유혹해 온 것은 언제나 이 논증이었다. 모든 진정한 라틴인에게는 지성에 대한 죄악으로 여겨지는 가장 위험한 논증, "나는 모순되기에 믿는다(Credo quia absurdum est)[6]"라는 명제였다. 이와 함께 독일의 논리는 처음으로 기독교 교리사의 무대에 등장했다. 그러나 천 년이 지난 오늘날에도, 우리 후대의 독일인들은, 그 어느 면에서나 '늦은 독일인'인 우리는, 여전히 그 명제의 저편에서 진리의 냄새, 진리의 가능성을 맡는다. 헤겔이 "세계는 모순에 의해 움직이며, 모든 것은 스스로를 모순한다"고 말하며 독일 정신의 유럽 제패를 선언했을 때, 그 근본 원리에 흐르는 냄새 말이다. 우리는 논리 안에서도 비관주의자다.

4. 그러나 논리적 판단은 우리의 의심이 도달할 수 있는 가장 깊고 근본적인 차원은 아니다. 이 판단들의 타당성과 결합된 '이성에 대한 신뢰'—그 신뢰 자체가 이미 도덕적 현상이다. 어쩌면 독일의 비관주의는 아직 마지막 단계를 밟지 않은 것일지도 모른다. 어쩌면 그것은 다시 한 번 자신의 '믿음(Credo)'을, 그 '부조리(Absurdum)'에 맞

◇◇◇◇◇◇◇◇◇◇◇◇◇

6 이 문장은 흔히 신앙과 이성의 대립을 상징하는 표현으로 인용되지만, 실제로는 2세기 말~3세기 초의 교부(敎父) 테르툴리아누스(Tertullianus)가 쓴 『육신의 부활(De Carne Christi)』에 나오는 구절에서 비롯된 것이다. 원문은 "prorsus credibile est, quia ineptum est(그것이 어리석기에 오히려 믿을 만하나)"이며, 후대에 "Credo quia absurdum est"로 요약·변형되어 전해졌다. 테르툴리아누스는 이성을 부정하려 한 것이 아니라, 이성이 이해할 수 없는 신비 앞에서 신앙의 역설적 위력을 강조하고자 했다. 니체는 본 책에서 이 명제를 인용하며, 이를 "독일적 비관주의의 원형", 즉 이성과 모순되더라도 믿음을 고수하는 루터적·칸트적 신앙 태도의 상징으로 사용한다.

서는 어떤 무시무시한 방식으로 세워야 할지도 모른다. 그리고 만약 이 책이 도덕에 대해서조차, 아니 도덕에 대한 신뢰 위에 서 있는 그 도덕에 대해서조차 비관적이라면, 바로 그 점 때문에 이 책은 독일적인 책이 아닐까. 실제로 이 책은 하나의 모순을 품고 있으며, 그것을 두려워하지 않는다. 이 책 안에서 도덕에 대한 신뢰는 철회된다. 그러나 왜 그런가. 도덕 그 자체로부터 말이다.

혹은 이 책 안에서―그리고 우리 안에서―일어나는 일을 우리는 무엇이라 불러야 할까. 우리의 취향은 좀 더 겸손한 표현을 선호한다. 그러나 의심할 여지 없이 우리 또한 하나의 "너는 해야 한다"라는 음성을 듣는다. 우리 또한 우리 위에 놓인 어떤 엄격한 법을 따른다. 이것이 우리에게 여전히 들리는 도덕의 마지막 외침이며, 우리가 또한 살아내야 하는 것, 바로 그것이다. 여기에서―적어도 여기에서만큼은―우리는 여전히 양심의 사람들이다. 왜냐하면 솔직히 말해서, 우리는 썩고 생명을 다해 폐기된 것이라고 여기는 곳으로 되돌아가고 싶지 않기 때문이다. 우리는 더 이상 믿을 가치가 없는 그 무엇으로 돌아가지 않으려 한다. 그것이 신이라 불리든, 덕이든, 진리든, 정의든, 이웃 사랑이든 간에 말이다. 우리는 낡은 이상들로 통하는 거짓된 길을 열어젖히지 않으려 한다. 우리는 우리 속으로 스며들어 우리와 뒤섞이려는 모든 것에 철저히, 그리고 단호하게 반대한다. 오늘날의 신앙과 기독교의 모든 형태에 반대하고, 낭만주의와 애국주의의 미적지근함에 반대하며, 또한 우리가 더 이상 믿지 않는 곳에서도 예술적 쾌락과 원칙 없는 감상으로 '예배하게' 만들려는 그 예술가적 나태함에도 반대한다. 왜냐하면 우리 또한 예술가이기 때문이다. 요컨대 우리는 모든 유럽적 여성성―혹은 그것을 이상주의라 부르고 싶다면 그렇게 불러도 좋다―에 반대한다. 그것은 끝없이 '위로 끌어올리려' 하지만, 바로 그로 인해 끝없이 '낮추고 타락시키기' 때문이다.

그럼에도 우리는 이런 양심의 사람들로서, 수천 년에 걸친 독일적 정직함과 경건함의 전통과 자신이 연관되어 있음을 느낀다. 비록 우리 '비도덕주의자'와 '무신론자'가 이 덕목들의 늦은, 불확실한 후예에 불과할지라도 말이다. 그렇다, 우리는 일정한 의미에서 그들의 상속자이며, 그들의 내적인 의지의 집행자라고까지 여긴다. 이미 말했듯, 그것은 스스로를 부정하는 것을 두려워하지 않는, 오히려 기쁨으로 자신을 부정하는 비관적 의지다. 우리 안에서―만약 하나의 공식을 원한다면―도덕의 자기 소멸이 완성된다.

5. 그렇지만, 결국 우리는 왜 이렇게 큰 목소리로, 왜 이렇게 격렬하게 자신이 무엇이며 무엇을 원하고, 또 무엇을 원하지 않는지

를 선언해야 하는가. 좀 더 차분하게, 더 현명하게 바라보자. 더 높고 먼 시점에서 보자. 온 세상이 듣지 못하도록, 오직 우리끼리만 들을 수 있을 만큼 낮은 목소리로 말하자. 그러나 무엇보다도, 천천히 말하자….

이 서문은 늦게 쓰였다. 그러나 너무 늦은 것은 아니다. 어차피 다섯 해나 여섯 해쯤이 무슨 대수이겠는가. 이런 책과 이런 문제는 급할 것이 없다. 게다가 나와 내 책은 느림$^{(lento)}$의 친구다. 나는 헛되이 문헌학자가 된 것이 아니다. 어쩌면 나는 아직도 문헌학자일지도 모른다. 곧 '천천히 읽기'를 가르치는 교사 말이다. 나는 이제 글도 천천히 쓰게 되었다. 지금의 나는 단지 습관일 뿐 아니라, 취향 자체가 그렇게 변했다. 어쩌면 뒤틀린 취향일지도 모르지만, 나는 '서두르는 사람'이라면 누구든 절망하게 만들 글만 쓴다. 문헌학은 그 추앙받을 만한 오래된 예술로서 무엇보다 그 제자들에게 한 가지를 요구한다. 곧 한걸음 비켜서기, 스스로에게 여유의 시간을 주기, 침묵하기, 느려지기. 언어에 적용된 금세공인의 느긋한 예술이다. 천천히, 섬세하게 다듬는 일, 느림 속에서만 완성되는 일이다. 바로 이 이유로 오늘날 문헌학은 그 어느 때보다도 절실히 필요하다. 바로 이 이유로 그것은 "노동"의 시대, 다시 말해 조급함과 거칠고 무절제한 성급함의 시대 속에서 가장 강렬한 매혹과 자극이 된다. 이 시대는 모든 일을, 모든 책을—새것이든 옛것이든—당장 "끝내는 것"에만 몰두한다. 그러나 문헌학은 아마 그처럼 서둘러 일을 끝내지 않을 것이다. 문헌학은 '잘 읽는 법'을 가르친다. 곧 천천히, 깊이, 주의 깊게, 신중하게, 마음속 생각과 함께, 정신의 문을 살짝 열어 둔 채, 섬세한 손끝과 눈으로 읽는 법을.

인내심 있는 나의 벗들이여, 이 책은 오직 완전한 독자들, 그리고 문헌학자들에게만 호소한다. 나를 잘 읽는 법을 배우라.

루타, 제노바 근처에서

1886년 가을

1. 도덕적 편견

후대의 판단

오래 지속된 모든 것은 결국 이성 속으로 아주 서서히, 그러나 깊숙이 스며들어 그 기원이 비이성적이었다는 사실을 믿기 어렵게 만든다. 거의 모든 기원의 진술이 오늘날 우리에게는 역설적이거나 신성모독처럼 느껴지지 않는가? 참된 역사가란 언제나 이런 모순을 들춰내는 사람이다.[7]

학자들의 편견

인류가 언제나 선과 악, 칭찬받을 것과 비난받을 것을 알고 있다고 믿어왔다는 점―이건 학자들이 옳게 주장하는 부분이다. 그러나 우리가 그 어떤 시대보다 더 잘 안다고 믿는다면, 그것은 학자들 자신의 편견일 뿐이다.

만물에 때가 있다

인간이 사물들에 성별을 부여했을 때, 그는 단지 농담을 하고 있

---

[7] 니체가 말하는 '참된 역사'는 계보학적 역사를 의미한다. 이는 단순한 연대기적 서술이 아니라, 가치·도덕·감성이 어떻게 만들어졌는지 그 기원을 폭로하는 방식의 역사를 가리킨다. 훗날 『도덕의 계보』에서 정식으로 제시되는 개념의 초기 형태다.

다고 생각하지 않았다. 오히려 그는 자신이 깊은 통찰을 얻었다고 믿었다. 이 오류가 얼마나 큰 것인지 깨달은 것은 훨씬 뒤의 일이며, 그조차 부분적일 뿐이었다.[8] 이와 마찬가지로 인간은 존재하는 모든 것에 도덕적 관계를 부여하고, 세상 전체의 어깨에 윤리적 의미의 외투를 걸쳐주었다.[9] 그러나 언젠가 이러한 의미부여는 오늘날 태양에 '남성성' 혹은 '여성성'을 부여하는 믿음만큼이나 사소한 가치를 지니게 될 것이다. 그 이상도 아니다.

공들의 환상적인 불협화음에 반대하여[10]

우리는 이 모든 잘못된 장엄함을 다시 한 번 걷어내야 한다. 그것은 우리 주변의 모든 존재가 요구할 수 있는 정의(正義)에 반하기

◇◇◇◇◇◇◇◇◇◇◇◇◇◇

8 고대의 자연철학과 신화 체계에서 태양·대지·강·바람 등 자연 현상에 모두 성별을 부여했다. (예: 태양(Helios)은 남성신, 땅(Gaia)은 여성신 등.) 니체는 인간이 사물을 인간처럼 해석하는 오래된 습관을 지적하며, 도덕 또한 이런 방식으로 '의미가 덧씌워진 것'이라고 본다.

9 이 비유는 도덕적 세계관(moralische Weltordnung)을 말한다. 세상 만물이 어떤 '도덕적 의미'를 위해 존재하며, 그 안에 '목적'이나 '질서'가 있다고 보는 시각이다. 니체는 이를 기독교적·칸트적 세계관의 잔재라고 비판한다.

10 여기서 "공들(Kugeln)"은 천체, 즉 별·행성·우주 구체들을 의미한다. 니체는 플라톤적·신학적 우주관에서 붙여진 관념적·도덕적 장엄함—예컨대 우주의 조화, 목적—을 가리킨다. "환상적인 불협화음"은 인간이 의미를 부풀려 만든 허구적 해석을 비판하는 표현.

때문이다. 그리고 바로 그런 이유로, 우리는 세상이 실제보다 더 불협화음이라고 보는 것, 또는 그렇게 보기를 바라는 일을 피해야 한다.

감사하라!

인류의 오랜 고투가 남긴 가장 중요한 성과 중 하나는 이것이다. 우리는 더 이상 맹수나 야만인, 신(神), 그리고 우리 자신의 꿈들이 만들어낸 공포 속에서 끊임없이 떨며 살 필요가 없다는 점이다.

요술쟁이와 그의 정반대

과학의 경이로움은 요술쟁이의 그것과 정반대다. 요술쟁이는 인과관계가 극도로 복잡하게 작동하는 곳에서, 마치 아주 단순한 원인만 인과만 있는 것처럼 우리를 믿게 만든다. 반면 과학은 그 반대 방향으로 우리를 몰아붙인다. 모든 것이 지나치게 단순해 보이고, 우리가 '겉모습(Schein)'[11] 이라는 환영의 희생자일 뿐인 바로 그 지

---

11 니체가 자주 사용하는 표현으로 '겉모습', '현상적 외양'을 뜻한다. 인간은 사물 자체가 아니라, 사물에 대한 해석과 표면적 인상(Schein)을 통해 세계를 이해한다고 본다.

점에서 단순한 원인을 믿어서는 안 된다고, 오히려 그 믿음을 스스로 버리라고 요구한다. 가장 단순해 보이는 것들이야말로 실은 가장 복잡한 경우가 많다. 우리는 그런 사실 앞에서 놀라움을 감추지 못해도 전혀 이상할 것이 없다.

우리의 공간 감각을 재개념화하기

인간의 행복 대부분은 실재하는 것들 위에 구축된 것인가, 아니면 상상 속의 것들 위에 구축된 것인가? 확실한 것은, 행복의 최고점과 불행의 최저점 사이의 거리를 재는 '감각'은 항상 상상력의 도움으로만 성립되었다는 사실이다. 따라서 이러한 공간 개념은 과학의 영향 아래 점점 축소되고 있다. 과학이 지구를 작게 보도록—나아가 태양계 전체도 한 점(點)에 불과하다고 보도록—우리를 가르쳐온 것과 같은 방식이다.

변용

라파엘로는 인류를 '당황한 고통받는 자들', '혼란스러운 몽상가들', '히스테리적 황홀경의 사람들' 이 세 부류로 나누었다.¹² 그러나 이제 우리는 그와 같은 방식으로 세상을 보지 않는다. 라파엘로 자신도 오늘 그것을 감히 반복할 수 없을 것이다. 그의 눈앞에도 또 다른 종류의 '변용'이 보였을 것이기 때문이다.

관습 도덕의 개념

수천 년 동안 인간 사회를 지배해 온 삶의 방식과 비교해 보면, 오늘날 우리는 이전 시대보다 훨씬 비도덕적인 시대에 살고 있다. 여기서 '비도덕적'이란 단순히 나쁜 것을 뜻하는 것이 아니다. 관습(전통)의 힘이 약해지고, 도덕 감각은 지나치게 세련되고 희미해져 거의 휘발되어 버린 상태를 뜻한다. 그 때문에 우리 후발 인류는 도덕의 기원이 무엇인지 이해하는 데 큰 어려움을 겪는다. 설령 이해한다 하더라도, 그 설명을 입 밖에 내는 순간 너무나 거칠고 모독적으로 들릴 것이므로 말이 목구멍에서 걸려 버린다. 도덕의 근본 조항은 도덕이란 관습에 대한 복종(그 성격이 어떠하든)에 지나지

◇◇◇◇◇◇◇◇◇◇◇◇◇◇◇◇◇

12 이탈리아 르네상스의 대표적인 화가 라파엘로의 후기 걸작 〈변용(Transfiguration)〉은 신약성경 속 예수의 '변모 사건'을 주제로 한 작품으로, 영적 변화·초월·상승의 상징으로 사용된다. 이 작품은 인류를 고통, 환상, 황홀경이라는 상징적 감정 구조로 나누어 표현한 것으로 해석되어 왔다.

않는다. 그리고 무엇보다 '그 이상'도 아니라는 것이다.

관습이란 단지 '전통적으로 행동하고 가치를 부여하는 방식'이다. 전통이 없는 곳에는 도덕이 없다. 그리고 삶이 전통의 지배에서 벗어날수록 도덕의 영역도 함께 좁아진다. 그리하여 자유로운 인간은 필연적으로 비도덕적이다. 그는 더 이상 전통이 아니라 자기 자신에게 의존하려 하기 때문이다. 원시적 인간 세계에서 '악'이란 무엇이었는가? 그것은 곧 "개인적인 것", "자유로운 것", "임의적인 것", "익숙하지 않은 것", "예측할 수 없는 것", "헤아릴 수 없는 것"과 동의어였다. 따라서 그 시대에는 전통이 명령해서가 아니라 다른 이유—예컨대 개인적 유용성 때문—로 한 행위는 비록 똑같은 행동이라 해도 비도덕적인 것으로 여겨졌다. 행위자 자신조차 그렇게 느꼈다. 그것이 전통에 대한 복종에서 비롯되지 않았기 때문이다. 전통이란 무엇인가? 전통은 유용해서 복종되는 것이 아니라 단지 명령하기 때문에 복종되는 더 높은 권위이며, 이해할 수 없는 더 높은 지성, 개인을 초월하는 힘에 대한 두려움을 포함하는 미신이기도 하다. 원시 사회에서 도덕의 영역은 교육, 위생, 결혼, 의술, 농업, 전쟁, 인간과 인간·신과 인간의 관계 전반을 포괄했다. 도덕은 개인이 개인으로서 자신을 생각하지 못하도록 요구했다. 따라서 모든 것은 처음부터 관습이었으며, 그 위로 자신을 끌어올리려는 사람은 일종의 입법자이자 의술가, 혹은 반신처럼 되어 새로운 관습을 창조해야 했다. 그것은 언제나 위험하고 두려운 일이었다. 가장 도덕적인 사람은 두 종류다. 하나는 가장 자주 전통에 복종하는 자로, 브라만들처럼 시간의 가장 작은 부분까지 법칙에 맞춰 자신을 규율하는 사람들이다. 다른 하나는 가장 어려운 경우에도 복종하는 자이다. 어떤 것이 '가장 큰 희생'인지에 따라 다양한 도덕 형태가 생겨날 것이지만, 자주 복종하는 도덕과 가장 어려운 경우에 복종하는 도덕의 구별은 매우 중요하다. 관습 도덕은 개인에게 자신을 희생하여 관습과 전통이 우위에 보이도록 하라고 요구한다.

한편 소크라테스적 도덕가들[13]은 개인에게 자기 절제와 자기 통제를 가장 큰 유익이며 행복의 열쇠로 제시했다. 우리가 지금 그렇게 믿는 이유는 그들의 영향 아래에서 자라났기 때문이지, 그것이 본래의 도덕이었기 때문이 아니다. 그들 모두는 관습 도덕의 기준으로 보면 비도덕주의자였고, 공동체와의 관계도 끊었다. 말 그

---

13 소크라테스와 그 전통을 잇는 철학자들이 수상한 도덕관으로, '지식이 덕이다'라는 전제를 바탕으로 자기 절제와 이성을 통한 자기 통제를 강조한다. 니체는 이를 관습 도덕과 대비되는 새로운 형태의 개인주의적 도덕으로 보았다.

대로 악인으로 보였을 것이다. 마찬가지로 초기 기독교인들[14] 역시 구시대 로마인의 눈에는 악하게 보였을 것이다. 관습과 공동체가 존재하는 곳에서는 그 위반에 대한 처벌이 공동체 전체에 미친다고 믿는다. 그 처벌은 초자연적이며, 그 발현과 한계는 이해하기 어려워 미신적 두려움 속에서 조사된다. 공동체는 개인의 행동으로 발생했을 나쁜 결과를 개인이나 공동체 전체에게 배상시키기도 하고, 개인의 행위 때문에 신의 분노가 공동체에 떨어졌다고 믿으며 그를 희생양 삼아 복수하려 한다. 무엇보다도 공동체는 개인의 죄책감을 자신의 죄책감처럼 느끼며 "도덕이 해이해졌다"고 탄식한다. 관습 도덕[15] 아래에서는 모든 개인적 행동, 모든 독창적 사고가 두려움을 일으킨다. 시간이 흐르면서 더 선별되고 희귀한 정신들이 악하고 위험한 존재로 여겨지고, 그들 자신도 그렇게 믿게 되었다. 관습 도덕이 지배하는 세계에서는 모든 독창성은 나쁜 양심을 갖게 되었으며, 지금도 가장 높은 정신들의 하늘은 필요 이상으로 이 어둠에 가려져 있다.

◇◇◇◇◇◇◇◇◇◇◇◇◇

14 로마 사회의 전통 종교·국가 의례에 참여하지 않았기 때문에 '무질서하고 위험한 집단'으로 여겨졌고, 사회적 통합을 해치는 존재로 판단되었다.

15 니체가 말하는 첫 번째 도덕 형태로, '전통(관습)에 대한 복종'을 근본 원리로 하는 도덕 구조. 원시 사회에서 도덕은 행동의 선악이 아니라, 전통을 따랐는지 여부로 결정되었다.

도덕 감각과 인과 감각 사이의 역동적 관계

인과 감각[16]이 증가함에 따라 도덕의 영역은 점점 줄어든다. 우리는 필연적 결과를 파악하고 그것을 우연과 '사후적(post hoc)'[17] 가능성에서 구별해낼 수 있을 때마다, 지금까지 도덕의 기초라고 여겨졌던 수많은 '상상 속의 인과율'들을 무너뜨리기 때문이다. 실제 세계는 우리의 상상 세계보다 훨씬 작다. 이러한 인과의 명확화는 우리로 하여금 불안과 강압을 어느 정도 벗어던지게 하며, 관습의 권위에 대한 경외심도 일부 약화시킨다. 그 결과 도덕은 전반적으로 감소한다. 반면 도덕을 증가시키고자 하는 사람이라면, 행위의 결과가 통제 불가능하게 되는 것을 막는 방법을 반드시 알고 있어야 한다.

대중의 도덕과 의약

모든 사람은 공동체 속에 만연한 도덕에 크건 작건 영향을 미치

◇◇◇◇◇◇◇◇◇◇◇◇◇◇◇

16 인간이 사건들 사이의 '원인-결과' 관계를 직관적으로 파악하려는 경향을 말한다. 니체는 이 감각이 발달할수록 도덕적 해석(특히 종교적·전통적 해석)이 약화된다고 보았다.

17 라틴어로 '뒤에 있는 것'. 인과관계를 충분히 검증하지 않은 채, 단순히 시간상 먼저 일어난 사건이 뒤의 사건을 '원인'이라고 착각하는 오류를 말한다. (예: "비가 온 뒤 감기가 걸렸으니 비 때문에 감기에 걸렸다.")

려 애쓴다. 대부분의 사람들은 원인과 결과, 죄와 벌 사이의 관계를 입증하는 사례들을 계속해서 제시하며 그것이 확립되었음을 '보여주고', 그런 믿음을 강화한다. 일부는 행동과 그 결과를 새로운 방식으로 관찰하고, 그로부터 결론을 도출해 법칙을 만든다. 훨씬 소수의 사람들은 이의를 제기하며 이러한 믿음이 약해지도록 허용한다. 하지만 그들 모두는 이러한 작업을 수행하는 방식에 있어 동일하게 조잡하고 비과학적이다. 어떤 법칙에 대한 이의 제기든, 그 법칙을 입증하는 사례든, 그것의 관찰·증명·표현·반박이든, 우리는 그 재료와 방법이 언제나 거의 무가치하다는 것을 알게 된다. 이는 모든 대중 의약[18]이 사용하는 재료와 방식이 무가치한 것만큼이나 무가치하다. 대중 의약과 대중 도덕은 긴밀히 얽혀 있어, 관례적으로 구분해 평가하는 것은 잘못이다. 둘 다 가장 위험한 종류의 사이비 과학이다.

결과를 보조 원인으로

예전에는 어떤 행위의 결과를 그 행위의 '결과'로 보지 않고, 신

---

18 과학적으로 검증되지 않은 전통적 민간요법을 의미한다. 니체는 "대중 도덕"도 이와 유사하게 '경험적 검증이 없는 믿음의 체계'라고 본다.

의 편에서 비롯된 자발적 보조 원인으로 간주했다. 이보다 더 큰 혼란이 있을 수 있을까? 행위와 결과에 대해서는 완전히 다른 관행과 다른 도구가 사용되어야 한다.

인류의 새로운 교육을 향하여

선한 의지를 가지고 기꺼이 돕고자 하는 모든 이들이여, 전 세계를 휩쓴 '처벌'의 개념[19]을 없애려는 우리의 노력에 동참해 주십시오. 이것보다 더 해로운 잡초는 없다. 이 개념은 우리의 모든 행위의 결과에만 적용된 것이 아니다. 원인과 결과를 원인과 처벌로 혼동하는 것이 얼마나 끔찍하고 무의미한가! 그러나 더 나쁜 일이 있었다. 세계의 순수한 우연성[20]이 이 처벌 개념의 저주스러운 해석 방식으로 인해 그 순수함을 빼앗겼다. 그들의 어리석음은 심지어 우리에게 존재 그 자체를 '처벌'로 간주하라고 요구하는 지경까지 이르렀다. 그리고 이것을 돌이켜보면, 지금까지 인류의 교육은 괴

◊◊◊◊◊◊◊◊◊◊◊◊◊◊◊

19 니체가 '도덕의 계보학'에서 분석한 핵심 개념. 인간은 오랫동안 원인-결과 관계를 '행위-처벌'로 해석해 왔으며, 이는 종교적·법적·도덕적 구조에서 깊게 뿌리내린 사고방식이다.

20 사건이 필연적 이유 없이 일어날 수 있다는 성질. 니체는 인간이 우연을 견디기 어려워 '처벌'이라는 도덕적 해석을 덧씌웠다고 본다.

팍한 간수와 망나니에게 맡겨져 있었던 것이 틀림없다.

도덕의 역사에서 광기의 의미

 만약 수천 년 동안 인간 공동체 전체가 살아온—그리고 지금도 우리가 예외라는 작은 세계, 말하자면 '악한 영역'에 살고 있다고 상상되는—그 강력한 관습 도덕의 압력에도 불구하고, 새로운 사상과 새로운 가치 평가와 새로운 충동들이 때때로 출현할 수 있었다면, 그런 일은 오직 하나의 무시무시한 조력자의 도움을 통해서만 가능했다. 거의 모든 문화권에서 광기가 새로운 사상의 길을 열었고, 낡은 관습과 미신이 걸어놓은 마법의 장막을 찢어냈다.

 왜 그것이 광기를 통해서였는지 이해하는가? 광기는 목소리와 외모 모두에서, 바람과 바다의 악마적 변덕처럼 소름 끼치고 예측할 수 없어, 그만큼의 두려움과 존경을 요구한다. 간질 환자의 경련과 입가의 거품처럼, 의식의 완전한 결여의 징표를 갖추고 있어, 사람들로 하여금 광인을 신적 존재의 가면이자 확성기처럼 보게 만든다. 새로운 사상의 전달자조차도 자신이 불러일으킨 경외와 공포를 통해 모든 양심의 가책을 억누르고, 자기 자신을 그 사상의 예언자이자 순교자로 만들어 내몰렸다.

우리 시대에는 "천재성은 건전한 이성 대신 광기를 품고 있다"[21]는 말을 자주 듣는다. 그러나 고대와 초기 시대의 인간들은 그 반대로, 광기 속에서 일정한 천재성과 지혜—그들의 표현대로 하면 "신적인 무엇"—이 공존한다고 믿었다. 플라톤이 "그리스의 모든 가장 큰 혜택은 광기에서 비롯되었다"[22]고 기록한 것은 고대 세계 전체의 견해를 반영한다.

한 걸음 더 나아가 보자. 어떠한 도덕의 굴레든 벗어던지도록, 저항할 수 없이 내몰리고 있다고 느꼈던 모든 우월한 사람들은—정말로 미치지 않았다면—광기를 가장하거나 실제로 미치는 것 외에는 달리 선택지가 없었다. 이 법칙은 종교와 정치뿐 아니라, 삶의 모든 분야에서 혁신가라 불린 사람들에게 적용된다. 심지어 시적 운율의 개혁가들까지도 광기를 통해 자신을 정당화해야 했다. 그래서 더 온화한 시대에 이르러서도 광기는 시인들에게 일종의 관습처럼 남아 있었고, 솔론이 아테네인들에게 살라미스를 탈환

◇◇◇◇◇◇◇◇◇◇◇◇◇◇

21 근대 이후 천재는 비이성·광기·기행으로 설명되는 경우가 많았다(예: 파스칼, 쇼펜하우어, 괴테 해석 전통). 그러나 고대에서는 반대로, 광기 속에서 '신적 영감'이 있다고 보는 관념이 더 강했다.

22 플라톤의 『파이드로스』를 인용한 문장. 플라톤은 『파이드로스』에서 '신적 광기(divine mania)'를 네 종류로 나누며, 시적 영감·예언·신비 의식·사랑 등이 모두 신이 인간에게 부여한 '더 높은 인식의 상태'라고 설명한다. 이는 고대 그리스에서 광기가 단순 질병이 아니라 신과의 접촉으로 여겨졌음을 보여준다.

하도록 선동할 때도 이 수단을 사용했다.[23]

"미치지 않았고, 미친 척할 용기도 없을 때, 어떻게 스스로를 미치게 만들 수 있을까?" 거의 모든 고대의 저명한 사람들은 이 무시무시한 논리를 따랐다. 책략과 단식, 식이 요법의 주술을 이용하는 비밀스러운 교리들이 이 주제를 중심으로 생겨났고, 그러한 계획과 명상의 순수함—심지어 신성함—에 대한 감정과 함께 대대로 전해졌다. 인디언들의 의술가가 되는 길, 중세 기독교에서 성인이 되는 길, 그린란드인의 '앙게콕'이 되는 길, 브라질의 '파제'(Pagee)가 되는 길은 본질적으로 동일했다.[24] 무의미한 단식, 성교의 지속적 금욕, 황야에서의 고립, 산이나 기둥에 올라 고요에 잠기는 것, 혹은 "호수를 바라보는 오래된 버드나무 아래 앉아" 황홀경과 정신착란을 불러올 수 있는 것 외에는 아무것도 생각하지 않는 일—그것이 그 길이었다.

누가 감히 그 시대 가장 생산적이었던 정신들이 시들어갔을 고

◇◇◇◇◇◇◇◇◇◇◇◇◇◇

23 아테네의 입법자 솔론은 시민들이 전쟁을 피하려 하자, 일부러 미친 척하며 광장에서 시를 낭송해 살라미스 섬을 되찾아야 한다고 선동했다. 이는 고대에서 '광기'가 사회적 금기를 우회하는 정당화 수단으로 쓰였음을 보여준다.

24 많은 원시·토착 문화에서 샤먼(주술사)은 단식·금욕·고립·환각 경험 등을 통해 '비일상적 상태'에 도달해야 한다고 여겨졌다. 이러한 의례는 병이나 광기를 '영적 선택'의 증거로 간주하는 전통과 연결된다.

통의 사막, 가장 쓰라리고 불필요한 정신적 고난의 광야를 엿볼 수 있을까? 누가 그 고독하고 고뇌하는 정신들의 한숨을 들을 수 있을까? 그들은 이렇게 기도했을지 모른다.

"오, 천상의 힘이여, 제게 광기를 허락하소서! 광기를, 그리하여 마침내 제가 저 자신을 믿을 수 있도록! 섬망과 경련, 빛의 번쩍임과 어둠의 기간을 허락하소서! 필멸의 자가 한 번도 경험하지 못한 떨림과 열병을, 쇳소리와 쫓아다니는 유령들을 제게 내려주소서! 제가 짐승처럼 으르렁거리고 기어 다니더라도, 그것으로 제가 제 자신을 믿을 수만 있다면! 저는 의심에 사로잡혀 있습니다. 저는 법을 죽였고, 이제 살아 있는 자가 시체를 두려워하듯 법을 두려워합니다.[25] 제가 법 위에 있지 않다면, 저는 가장 버림받은 불행한 자입니다. 제 안에 거하는 이 새로운 정신은 어디서 왔습니까? 당신들로부터 온 것이 아닙니까? 그렇다면 제가 당신들 중 하나임을 증명해 주십시오―오직 광기만이 그 증거가 될 것입니다."

그리고 너무나 자주, 이런 열망은 실제로 그 목적을 달성했다. 기독교가 성인과 순교자를 배출하며 스스로를 증명하고 있다고

---

25 여기서 '법'은 단순한 법률이 아니라 공동체가 절대적 진리로 여기는 도덕·관습·규범 선체를 뜻한다. 혁신가는 기존 도덕 질서를 해체함으로써 스스로 '법의 바깥'에 놓이게 되며 그에 따른 불안과 고립을 겪는다.

믿던 바로 그 시대에, 예루살렘에는 광기의 홍수에 떠밀려 마지막 남은 분별마저 꺼져버린 '난파된 성인들'을 위한 대규모 정신병원이 있었다.[26]

가장 오래된 위안의 수단[27]

첫 번째 단계: 인간은 모든 불행이나 불편함 속에서, 그로 인해 다른 누군가를 고통받게 만들 수 있는 기회를 본다. 누가 되었든 상관없다. 이런 방식으로 그는 자신에게 남아 있는 힘의 양을 확인하며 위안을 얻는다.

두 번째 단계: 인간은 모든 불행이나 불편함 속에서 처벌—즉 죄에 대한 속죄, 실제 또는 명백한 잘못을 풀어낼 기회를 본다. 불행이 가져다주는 이점을 인식하면, 그는 다른 사람을 고통받게 만들 필요가 없다고 믿게 된다. 그는 이제 다른 형태의 만족을 얻었기

◇◇◇◇◇◇◇◇◇◇◇◇◇◇◇

26 중세 이후 예루살렘에는 성지순례자, 은둔자, 극단적 금욕 수행 중 정신적 붕괴를 겪은 이들을 수용하는 시설이 실제 존재했다. 니체는 이를 "광기의 홍수에 떠밀려온 성인들"이라고 은유적으로 표현했다.

27 이 분석은 니체가 후에 『도덕의 계보학』에서 전개하는 '고통의 재해석' 이론의 초기 형태이다. 인간은 처음에는 타자를 고통스럽게 함으로써 위안을 얻었고, 후에는 고통을 '속죄의 기회'로 해석함으로써 자기 위안을 찾게 되었다.

때문에 이전의 만족 방식은 포기된다.

문명의 첫 번째 원칙

야만 부족들 사이에는 오직 '관습 자체'를 목표로 하는 것처럼 보이는 특정 범주의 규범이 있다. 이 규범들은 대체로 엄격하고, 불필요하며, 부조리하다. 가령 캄차달족(Kamchadal)[28]의 규칙은 칼로 부츠에 붙은 눈을 긁어내는 것, 칼끝에 석탄을 찔러 넣는 것, 쇠 조각을 불에 넣는 것을 금지하고, 이를 어길 경우 죽음을 선고했다. 그러나 이러한 법들은 사람들에게 관습을 끊임없이 상기시키고, 그것에 순응해야 할 절대적 필요성을 강조하기 위한 장치였다. 그리고 이러한 모든 규범은 문명의 시작에 놓인 위대한 첫 번째 원칙을 떠받치기 위한 것이다. 어떤 관습이라도, 아무 관습이 없는 것보다는 낫다.[29]

◇◇◇◇◇◇◇◇◇◇◇◇◇

28 러시아 캄차카 반도에 거주하던 토착민으로, 18~19세기 탐험가들의 기록에 자주 등장한다. 이들의 관습 일부는 외부인의 눈에는 비합리적으로 보이지만, 공동체 결속을 유지하기 위한 상징적 규율로 기능했다.

29 니체는 초기 인간 사회에서 '도덕'은 합리적 근거가 아니라, 전통과 반복을 통해 강화된 규율이었다고 본다. 이는 도덕의 기원을 의지나 합리성이 아닌 "관습의 힘"에서 찾는 계보학적 관점이다.

선함과 악의

처음에 인간은 자신의 인격을 자연에 투영했다. 그들은 어디에서나 자신과 자신과 같은 것, 즉 구름, 천둥 번개, 맹수, 나무, 식물 뒤에 숨겨져 있는 그들 자신의 사악하고 변덕스러운 기질을 보았다. 그때 그들은 자연이 악하다고 선언했다.[30] 그 후 루소의 시대가 왔을 때, 그들은 자신들을 자연과 구별하려고 했다. 그들은 서로에게 너무 지쳐서 인간과 그의 비참함이 침투할 수 없는 분리된 작은 은신처를 원했다. 그때 그들은 "자연은 선하다(le bon sauvage)"고 발명했다.[31]

자발적 고통의 도덕

존재가 끊임없이 위협받고, 도덕이 가능한 한 가장 엄격하게 작동하는 작은 공동체 안에서 전쟁 상태처럼 살아가는 사람들—활기

---

[30] 고대 인류는 자연 현상을 의인화(anthropomorphism)하여 인간과 동일한 기질을 가진 존재로 이해했다. 이런 애니미즘적 세계관은 번개·풍랑·맹수를 '적대적 의지'를 가진 존재로 해석하게 만들었다.

[31] 장 자크 루소는 문명 이전의 자연 상태의 인간을 '선한 야만인'으로 이상화했다. 니체는 이를 근대적 "역전된 자연관"—즉 자연=선, 문명=부패—으로 보며 비판적으로 분석한다.

차고, 복수심에 불타고, 악의적이며, 의심으로 가득 차 있고, 가장 끔찍한 사건을 맞을 준비가 되어 있으며, 궁핍과 규율로 단련된 영혼들에게 가장 큰 즐거움은 무엇인가? 그것은 잔혹함의 즐거움[32]이다. 그런 공동체에서는 잔혹함에 있어서 독창적이고 만족할 줄 모르는 것이 오히려 미덕으로 여겨진다. 그들은 끊임없이 자신들을 짓누르는 불안과 경계의 우울함을 잠시라도 벗어나기 위해, 잔혹한 행위를 '축제'의 가장 오래된 즐거움으로 삼았다. 그 결과 신들 역시 인간의 잔혹함을 보는 것을 기뻐하고 즐거워한다고 믿게 되었다.[33]

이러한 믿음 속에서, 자발적으로 고통을 택하는 행위―스스로 선택한 순교[34]―가 그 자체로 고귀한 의미와 가치를 지닌다는 확신이 퍼졌다. 공동체의 관습은 점차 이 믿음을 뒤따르는 형식으로 변했고, 사람들은 넘치는 행복을 의심하고, 오히려 큰 고통을 겪을 때 더 큰 자신감을 가졌다. 그들은 신들이 '행복' 때문에 인간에게

◇◇◇◇◇◇◇◇◇◇◇◇◇◇◇◇

32 니체는 잔혹성 자체를 찬양하는 것이 아니라, 원시 공동체에서 '힘을 행사하는 능력'이 곧 존재 확신과 공동체 결속의 지표였다고 분석한다. 이는 동시기 문화인류학 연구에서도 발견되는 구조다.

33 많은 고대 종교는 "신이 인간의 고통을 결단력·충성·속죄의 표시로 받아들인다"고 믿었다. 메소포타미아, 고대 히브리, 초기 그리스 종교에도 이러한 고통ㅢ 신학(theology of suffering)이 존재했나.

34 기독교 이전에도 자발적 고행과 자기희생은 신에게 헌신을 입증하기 위한 중요한 의례였다. 니체는 기독교 순교도 이러한 고대적 관습의 심리적 구조를 계승한 것으로 본다.

불리하게, '고통' 때문에 호의적으로 작용한다고 생각했다. 연민 때문이 아니라! 연민은 경멸받았고, 강하고 경외심을 불러일으키는 영혼에게는 어울리지 않는다고 여겨졌기 때문이다. 인간의 고통을 보는 것이 신들을 기쁘게 하고 그들의 힘을 강화한다고 믿었던 것이다.

그래서 공동체 안에서 "가장 도덕적인 사람"은 그의 잦은 고통, 궁핍, 고된 삶, 그리고 잔혹한 고행 때문에 그렇게 인정받았다. 그 도덕성은 규율이나 자기 통제, 혹은 개인적 행복을 향한 갈망 때문이 아니라, 악한 신들을 공동체에 호의적이도록 만드는 미덕—즉 속죄의 향기를 끊임없이 신들에게 바치는 행위—때문이었다.

그리고 모든 민족의 지적 지도자들은, 오래된 관습의 진흙탕을 휘저을 만큼 강력한 지점에 이르렀을 때, 믿음을 얻기 위해서—특히 자기 자신에 대한 믿음을 얻기 위해서—광기뿐 아니라 이 자발적 순교의 요소를 반드시 갖추어야 했다. 그들의 마음이 새로운 길을 따르고 그 때문에 양심의 가책으로 고통받을수록, 그들은 자신의 육체, 욕망, 건강과 더 잔혹하게 싸웠다. 마치 스스로 새로운 목표를 세우고 고대 관습을 무시하는 행위에 대해, 이 신들을 달래기 위한 즐거움과 고통의 선물을 다시 바치려는 것처럼.

그러나 우리가 이제 그러한 감정의 논리로부터 완전히 벗어났다고 성급하게 결론짓지 말자. 우리 가운데 가장 영웅적인 영혼들이야말로 이 문제에 대해 자신에게 질문해 보아야 한다. 자유 사상과 개인 생활의 영역에서 단 한 걸음 전진하는 일조차, 모든 시대에 걸쳐 육체적·정신적 고문과 함께 이루어졌다. 그것은 단지 하나의 걸음이 아니다. 모든 움직임과 변화는 수많은 순교자들을 필요로 했다. 그들의 길을 열고 기초를 닦았던 그 긴 세월을 우리는 거의 기억하지 않는다.

그리고 사실 인류 존재의 터무니없이 작은 일부에 불과한 "세계사"에서도, 온갖 최신 소식의 소음보다 더 중요한 주제는 바로 이 진흙탕을 움직이려 했던 순교자들[35]의 오래된 비극이다. 우리가 지금 자랑스러워하는 인간 이성과 자유 감각의 작은 조각은, 그 무엇보다도 더 비싼 대가를 치르고 얻어진 것이다. 하지만 우리가 "관습 도덕"이 지배했던 세계사 이전의 기간을 의식하고, 그 시대를 인류 성격을 형성한 실제적이고 결정적인 시기로 보는 데 어려움을 느끼는 것은 바로 이 자부심 때문이다.

그 시대에는 고통이 미덕으로, 잔혹함이 미덕으로, 위선이 미덕으로, 복수가 미덕으로, 이성의 부정이 미덕으로 간주되었다. 반면

---

[35] 니체에게 '혁신가'란 기존 도덕 질서 위에 새로운 가치를 창조하는 자를 말한다. 이런 자는 기존 도덕 감정과 갈등하기 때문에, 심리적·육체적 고행을 겪게 된다.

행복은 위험으로, 지식에 대한 갈망은 위험으로, 평화는 위험으로, 연민은 위험으로 여겨졌다. 연민을 받는 것은 모욕이었고, 노동은 모욕이었고, 광기는 신성한 속성이었고, 모든 변화는 부도덕하고 파멸을 잉태하는 것으로 간주되었다.

당신은 이 모든 것이 변했으며, 인류도 그 성격을 바꿔야 한다고 상상하는가? 오, 가련한 심리학자들이여—스스로를 더 잘 알도록 배우라!

도덕과 둔화

관습은 과거 시대 사람들이 유용하거나 해롭다고 느꼈던 것에 대한 경험의 산물이다. 그러나 관습의 감정—즉 도덕 감정—은 그러한 경험 자체에 근거하지 않고, 오히려 관습의 오래됨, 신성함, 그리고 의심할 여지 없는 권위에 근거한다.[36] 그렇기 때문에 이러한 감정은 우리가 새로운 경험을 얻고 도덕을 수정하는 것을 방해

---

36 니체에게 '도덕 감정'은 경험적 사실이나 이성적 판단에서 나온 것이 아니라, 반복된 전통이 '당연한 것'으로 굳어지는 과정에서 형성된 감정 구조를 뜻한다. 이는 도덕의 기원을 본능이나 이성이 아니라 "습관의 심리학"에서 찾는 니체 특유의 해석이다.

하며, 새로운·더 나은 도덕이 형성되는 것을 저지한다.[37] 도덕은 그렇게 둔화시키는 힘을 가진다.

자유 행위자와 자유 사상가[38]

자유 사상가와 비교할 때, 자유 행위자는 불리하다. 인간은 생각의 결과보다 행동의 결과 때문에 훨씬 더 큰 고통을 받기 때문이다. 그러나 동기에 관해서는 둘 사이의 차이가 거의 없다. 자유 사상가는 '금지된 것'을 숙고하고 말하는 일에서 이미 큰 만족을 찾는다는 점만 제외하면, 자유 행위자 역시 자신의 만족을 추구하는 사람이라는 점에서는 동일하다. 문제는 결과이다. 표면적이고 저속한 외양, 즉 모든 사람이 판단하는 방식으로 판단하지 않는다면, 자유 사상가야말로 가장 불리한 처지에 놓인다. 행동을 통해 관습의 권위를 거스른 모든 사람은, 인간이 만들어낸 수많은 비방의 무게를 고스란히 감당해야 했다. 그들은 언제나 범죄자라 불렸다. 지

◇◇◇◇◇◇◇◇◇◇◇◇◇◇◇◇

37 니체는 기존의 도덕이 개인의 판단 능력과 새로운 가치 창조를 억누르는 방향으로 작동한다고 보았다. 도덕은 개인을 안정시키지만 동시에 생명력과 창조성을 약화시키는 힘으로도 기능한다.

38 '자유 사상가'는 기존 도덕을 의심하고 새로운 가치를 스스로 모색하는 자를 의미한다. 반면 '자유 행위자'는 사회적 금기를 실제로 행동으로 넘는 자를 가리킨다. 니체는 사유의 자유가 행동의 자유보다 먼저이며 더 근원적이라고 본다.

금까지 확립된 도덕의 법칙을 뒤집은 사람은 언제나 처음에는 '사악한 자'로 간주되었다.[39] 그러나 시간이 지나 그 법칙을 다시 세우는 것이 불가능하다는 사실이 드러나고, 사람들이 새로운 질서에 익숙해지면 그 호칭은 서서히 바뀌었다. 역사는 거의 전적으로, 처음에는 사악하다고 불렸으나 나중에는 선한 사람으로 인정된 이들—바로 그런 사람들의 이야기다.

"법의 이행"

도덕적 계율의 충실한 이행이 약속된 결과와 전혀 다른 결말을 낳고, 도덕적인 사람에게 기대했던 행복을 주지 않고 오히려 불행과 비참을 가져올 때, 양심적이고 소심한 사람은 언제나 이렇게 변명한다.

"내가 그 법을 제대로 수행하지 못한 무언가가 있었던 것이다."

최악의 경우, 깊이 고통받고 짓밟혀온 인류는 이런 판결에까지

---

39 니체는 역사를 '가치가 전환되는 과정'으로 읽는다. 새로운 가치 창조는 언제나 기존 도덕을 위반하는 것으로 보이기 때문에 최초의 혁신자는 범죄자·악인으로 취급되지만, 시간이 지나면 그가 만든 가치가 새로운 '선'이 된다.

이른다. "계율을 완전히 수행하는 것은 우리에게 불가능하다.[40] 우리는 너무 약하고, 죄가 많으며, 영혼 깊은 곳에서는 도덕을 행할 능력이 없다. 그러므로 우리는 행복과 성공을 요구할 자격이 없다. 도덕적 계율과 그 약속은 우리보다 '더 나은' 존재들을 위한 것이다."

행위와 믿음

개신교 교사들은 여전히 근본적인 오류를 퍼뜨리고 있다—믿음만이 중요하며, 행위는 그 믿음에서 자연스럽게 흘러나와야 한다는 그 잘못된 가르침이다.[41] 이 교리는 사실을 말하지 않는다. 그럼에도 그 속에는 삶을 편리하게 만들어주는 매력이 있어, 루터뿐 아니라 소크라테스와 플라톤 같은 완전히 다른 지성들까지 매혹

◇◇◇◇◇◇◇◇◇◇◇◇◇◇

40 이 문장은 니체가 기독교 도덕을 비판할 때 반복적으로 설명하는 '영구적 죄의식' 구조를 나타낸다. 신 앞에서 인간은 결코 충분히 선할 수 없으며, 그 구조는 죄책감과 복종을 지속시키는 방식으로 작동한다.

41 루터의 종교개혁은 '행위'가 아니라 '믿음'만으로 구원을 받는다는 교리를 강조했다. 니체는 이 교리를 도덕·심리적 현실과 맞지 않는 추상적 신념이라 비판한다.

하는 데 성공했다.[42] 우리의 일상적 경험과 명백한 증거가 그것의 반대를 말하고 있음에도 말이다.

가장 확실한 지식과 믿음조차 우리에게 행동을 수행할 힘이나 능숙함을 주지 않는다. 아이디어를 행동으로 바꾸기 위해서는 미묘하고 복잡한 메커니즘의 훈련이 필요하며, 믿음은 그 과정을 대신할 수 없다. 그렇다면 나는 이렇게 말한다.

"무엇보다 먼저 행위를 가지자! 그리고 그것은 연습을 의미한다. 연습! 연습! 연습! 필요한 믿음은 그 뒤에 온다―그것을 확신하라."

우리가 가장 미묘한 측면

수천 년 동안 인간은 사물―자연, 도구, 온갖 재산―이 살아 있고 영혼을 지니며 인간의 계획을 방해하고 간섭할 수 있다고 믿었다. 이 믿음 때문에 인간 사이의 무력감은 실제로 필요했던 것보다 훨씬 더 자주, 더 크게 발생했다. 인간은 짐승에게 그러하듯이 힘, 강압, 아첨, 조약, 희생을 통해서만 자신의 사물을 확보할 수 있다고

---

42 니체는 소크라테스·플라톤 역시 인간의 행위를 '지식'과 '믿음'이 자동으로 이끈다고 보는 낙관주의적 심리학을 가졌다고 본다. 그는 이를 '지식만 알면 선하게 행동할 것'이라는 잘못된 가정이라 비판한다.

느꼈다.

여기에서 우리는 수많은 미신적 관습의 기원을 찾아볼 수 있다. 그것은 인류 활동의 중요한 부분—어쩌면 가장 중요하지만 동시에 가장 낭비되고 쓸모 없는 부분—이었다. 무력감과 두려움은 너무 강했으며, 너무 오랫동안 끊임없이 자극되어 왔다. 그 결과 인간의 힘 감각$^{(Machtgefühl)}$[43]은 믿을 수 없을 만큼 미묘하게 발달했다. 이 감각은 인간의 가장 강한 성향이 되었고, 인간이 그 감각을 창조하기 위해 발견한 수단은 거의 전체 문화사의 형성을 이끌었다.

계율의 증명

우리가 빵을 굽는 레시피의 가치나 무가치함을 판단하는 방식은 명확하다. 예상된 결과가 나오느냐, 나오지 않느냐—그리고 그것은 레시피가 지시하는 절차가 정확히 따랐다는 전제 위에서만 의미가 있다. 그러나 도덕적 계율의 경우는 전혀 다르다. 도덕적 계율에서는 결과가 확인되거나, 해석되거나, 추측되는 방식이 불확실하고 모호하며, 실제로 그 계율들은 거의 과학적 근거가 없는

---

[43] 니체가 인간 행동을 설명하는 핵심 심리 개념이다. 인간은 모든 상황에서 자신의 힘이 증가하는 느낌을 추구하고, 그 감각을 확인할 수 있는 행위를 '쾌'로 경험한다.

가설 위에 세워져 있기 때문에 결과를 근거로 한 증명이나 반박은 불가능하다.

그러나 모든 과학이 조잡하고 원시적이었던 시대—아주 작은 증거만으로도 문제들이 당연한 것으로 받아들여졌던 그 시대에는—도덕적 레시피 역시 지금 우리가 다른 계율들을 판단하는 방식처럼 결과를 기준으로 평가되었다.

예컨대 알래스카 원주민이 "뼈를 불 속에 던지거나 개에게 주지 말라"는 규칙을 믿었다면, 그 규칙은 "그렇게 하면 사냥에서 운이 없을 것이다"라는 위협을 통해 증명되었다. 하지만 사냥에서 운이 좋지 않은 일은 거의 예외 없이 일어난다. 따라서 이 방식으로 계율의 가치를 반박하기란 매우 어렵다. 더욱이 처벌의 부담이 개인이 아니라 공동체 전체에 닥친다고 여겨졌기 때문에 그 반박은 더 어렵다. 그뿐 아니라 규칙을 증명하는 듯한 사건은 언제나—어떤 형태로든—발생하는 것처럼 보이기 마련이다.

관습과 아름다움

관습에 대한 공정성을 위해 꼭 기억해야 할 점이 있다. 관습에 완전히 순응하는 모든 사람들에게서는 신체적·지적 공격 및 방어 기관이 점차 쇠퇴한다. 그 결과 이러한 사람들은 점점 더 아름다워진다. 공격성과 방어성이 만드는 긴장과 일그러짐이 사라지기 때문이다. 그러므로 늙은 비비(원숭이)가 어린 비비보다 더 추하고, 어린 암컷 비비가 인간을 가장 많이 닮아 가장 아름답게 보이는 것도 이런 이유에서다. 이로부터 우리는 여성의 아름다움의 기원에 대해 의미심장한 결론을 끌어낼 수 있다.

동물과 도덕

예의 바른 사회에서 요구되는 규칙들—우스꽝스럽거나 환상적이거나 주제넘은 것을 피하고, 자신의 강렬한 욕망뿐 아니라 미덕마저 억제하며, 스스로를 즉시 일반적인 수준으로 낮추고, 에티켓과 자기 비하에 복종하는 것—이 모든 사회적 도덕은 사실 동물계의 가장 낮은 단계에서도 발견된다. 그리고 이 모든 '상냥한 예방 규정'의 진정한 목적은 오직 그 동물적 단계에서만 명확히 드러난다. 바로 추격자로부터 벗어나고, 약탈할 기회를 잡기 위해서다. 그래서 동물들은 자신을 통제하고 위장하는 법을 배웠다. 어떤 동물들은 몸의 색깔을 주변 환경에 맞춰 바꿀 수 있으며(소위 '생채 기능'), 어떤 동물들은 죽은 척하거나, 다른 동물·모래·나뭇잎·이끼·균류의 형태로 위장한다.(이것은 영국 자연주의자들에게 '의태'로 알려져 있다).

인간도 마찬가지다. 인간은 "인간" 또는 "사회"라는 일반적 개념 뒤에 자신을 숨기거나, 군주나 계급, 정당, 시대의 통용되는 의견, 혹은 자기 주변 환경에 적응해 자신을 붙인다. 그리고 우리가 자신을 행복하게, 강하게, 매력적으로 보이게 하려고 사용하는 모든 미묘한 수단의 동물적 등가물을 우리는 쉽게 찾을 수 있다. 심지어 진실 감각—근본적으로는 안전 감각일 뿐인—역시 인간은 동물과 공유하고 있다. 우리는 다른 사람이나 우리 자신에게 속고 싶지 않기 때문에, 우리 자신의 열정의 속삭임을 약간의 의심과 함께 듣고, 스스로를 제어하고 경계한다. 동물들도 정확히 이런 식으로 행동한다. 동물에게도 자기 통제는 '현실 감각(신종합)'에서 비롯된다.

또한 동물은 다른 짐승들의 상상력에 미치는 영향을 관찰하며, 그로써 스스로의 위치에서 자신을 보는 법—일종의 '객관성'을—배운다. 그것은 자기 나름의 자기 인식을 지니고 있다. 동물은 친구와 적의 움직임을 판단하고, 그들의 특성을 기억하며, 그에 따라 행동한다. 특정 개체와의 싸움을 영원히 포기하기도 하고, 특정 변종의 접근이 평화로운지를 즉시 인식하기도 한다.

지혜의 시작과 마찬가지로 정의의 시작—즉 우리가 소크라테스의 미덕이라 부르는 모든 것—은 동물적 본성에서 비롯된다. 즉,

음식을 찾고 적을 피하도록 가르치는 본능의 산물이다. 더 높은 인간은 그저 자신의 음식의 질을 높이고, 자신의 본성에 반하는 것을 멀리하면서 자신을 더 세련되게 만들었을 뿐이다. 그렇다면 전체 도덕 현상을 동물적 기원으로 설명하는 것이 지나친 판단은 아닐 것이다.

초인적인 열정에 대한 믿음의 가치

결혼 제도는 사랑이 본래 열정임에도, 그 열정이 지속될 수 있으며 심지어 평생 지속되는 사랑이 규범이 될 수 있다는 믿음을 고집스럽게 지지해왔다. 수없이 자주 반박되었음에도 불구하고, 이 경건한 기만(pia fraus)[44]—즉 고귀한 자기 속임—은 결혼을 통해 사랑에 더 높은 지위를 부여했다.

열정이 그 본성상 지속되기 어렵다는 사실에도 불구하고, 어떤 열정에 '지속에 대한 믿음'과 '지속의 책임'을 부여하는 어떤 제도든 그 열정을 더 높은 수준으로 끌어올렸다. 그 결과, 열정에 사로잡힌 사람은 더 이상 이전처럼 다른 사람들의 평가 속에서 낮아지

---

44 라틴어로 전통적으로 "종교적 또는 도덕적 선을 위해 스스로를 속이는 것"을 긍정적으로 표현할 때 사용된다.

거나 위험에 처한다고 느끼지 않고, 오히려 자신과 동료들의 눈에서 고양되었다고 믿게 되었다.

한 순간의 불타는 헌신에서 영원한 충실을 만들고, 분노의 순간적 즐거움에서 영원한 복수를 만들며, 절망에서 영원한 애도를 만들고, 하나의 성급한 말에서 영원한 의무를 만들어낸 제도와 관습을 떠올려 보라. 이러한 변형의 결과로 많은 위선과 거짓이 세상에 들어왔지만, 그럴 때마다 인간을 고양시키는 새로운 초인적 개념 또한 태어났다.

심리 상태를 논거로

우리는 왜 특정 순간에 쾌활하고, 행동을 준비하는 기세가 솟구치는가? 이 오래된 질문에 대한 가장 원초적인 대답—그리고 지금도 여전히 반복되는 대답—은 "신이 그 원인이다"라는 것이다. 사람들은 이러한 마음의 고양을 신이 행동을 승인한다는 신호로 받아들였다. 과거에 사람들이 신탁을 찾았던 이유도, 바로 그 쾌활한 준비성으로 강화된 채 집으로 돌아가기 위해서였다. 그리고 누군가가 서로 다른 행동의 가능성 앞에서 주저할 때, 그는 이렇게 답했다.

"나는 나에게 쾌활한 기세를 불러일으키는 바로 그것을 따를 것이다." 즉, 그는 가장 합리적인 계획을 선택한 것이 아니라, 영혼에 용기와 희망을 불어넣는 계획—심리적으로 자신을 들어 올리는 계획—을 선택했다. 쾌활한 전망이 일종의 논거로 작동했고, 그것은 합리성보다 훨씬 더 무거운 영향을 미쳤다. 왜냐하면 그 심리 상태는 미신적으로 신의 행동으로 해석되었고, 그 미신은 그의 이성을 그의 편으로 끌어들여 "이 선택이 가장 합리적인 선택"이라고 말하게 만들었기 때문이다.

이제, 권력에 목마른 영리한 사람들이 이런 편견을 이용했을 때—그리고 지금도 여전히 이용하고 있다는 사실을—생각해 보라. 결론은 명확하다. "올바른 심리 상태를 만들어라!" 그러면 그 어떤 논거도 필요 없게 되고, 모든 반대를 극복할 수 있다!

미덕과 죄의 배우

고대 세계에서 자신의 미덕으로 명성을 얻은 사람들 가운데는, 사실상 자신에게 '연기'를 하던 이들이 많았던 듯하다. 특히 그리스인들은 본성적으로 배우였기에, 그런 연기가 그들에게는 너무 노 자연스러웠다—그들은 자신이 연기하고 있다는 사실조차 깨닫지 못했을 것이다. 게다가 모든 사람은 자신의 미덕을 남보다 더 빛나게 드러내고 싶어 했으므로, 연습을 위해서라도, 혹은 실제로 자신의 미덕을 과시하기 위해서라도, 그들이 모든 책략을 동원하지 않았을 이유가 무엇이겠는가? 과시될 수 없는 미덕, 스스로를 드러낼 수 없는 미덕은 어떤 가치가 있으며, 어떤 영향을 미칠 수 있겠는가? 기독교는 이러한 '미덕 배우들'의 경력을 종식시켰다. 대신 기독교는 "죄의 과시"—자기 죄를 드러내고 자랑하는 기괴한 방식—를 발명했다. 그 결과 세계는 거짓된 죄의 상태로 가득 차게 되었으며, 심지어 오늘날에도 정통 기독교인들 사이에서는 그러한 죄의 과시가 '좋은 태도'로 간주된다.

세련된 잔혹함을 미덕으로

여기 우리의 탁월함에 대한 갈망에서 나온 도덕이 있다. 그러므로 이 도덕을 너무 높이 평가하지 말라. 이 충동의 성질이 무엇인지, 그 근원적 의미가 무엇인지 물어보라. 그것은 결국 우리의 우월함을 다른 사람의 신경에 찌르는 것, 그의 질투를 자극하고, 그의 무력감과 굴욕을 일깨우는 것이다. 우리는 우리의 달콤함을 그의 혀끝에 조금 떨어뜨리며, 그에게 이 가상의 혜택을 베풀고, 동시에 그의 눈을 똑바로—그리고 의기양양하게—들여다봄으로써, 그의 운명의 쓰라림을 음미하게 만든다.

겸손한 사람을 보라. 겸손 자체에서 완벽에 이르렀다고 자부하는 사람을. 그리고 그의 겸손이 오래전부터 고문을 준비해온 누군가를 겨누고 있다는 사실을 간파해 보라. 반드시 그런 대상이 있을 것이다. 동물에게 자비를 베풀고, 그 행위로부터 존경을 받는 이를 생각해 보라. 그러나 그 자비라는 수단을 통해 실은 특정한 누구에게 잔혹함을 퍼붓고 싶어 하는 사람이다. 확고한 명성을 얻은 예술가를 보라. 그가 경쟁자들의 질투를 상상하며 미리 맛본 기쁨은, 그의 능력이 무르익을 때까지 오랫동안 그 능력을 자극하고 깨우는 역할을 했다. 그는 자신의 위대함에 대한 대가로 다른 이들의 영혼 속에 수많은 쓰라린 순간을 요구했다. 수녀의 순결을 생각해 보라. 그녀가 자신과 다르게 사는 여성들을 향해 보내는 그 위협적인 눈빛을! 그 눈 안에서 얼마나 날카로운 복수의 기쁨이 빛나는가!

이 주제는 짧지만, 그 변형은 무한하며, 결코 지루하지 않을 것이다. 왜냐하면 "탁월함의 도덕이란 정교하게 다듬어진 잔혹함의 기쁨일 뿐이다"라는 이 단어은 너무도 역설적이고, 너무도 신선하며, 거의 고통스럽기까지 한 진실이기 때문이다. 내가 여기서 "근본적으로"라고 말할 때, 그것은 항상 첫 번째 세대를 의미한다. 어떤 탁월한 행동의 습관이 유전된다면, 그 '뿌리'—즉 잔혹한 기쁨—는 전달되지 않고, 그 행동의 '열매'만 전달되기 때문이다. 감정은 유전될 수 있으나 생각은 그렇지 않다. 그러므로 이 뿌리가 교육에 의해 다시 주입되지 않는다면, 두 번째 세대에서는 잔혹함의 기쁨은 사라지고, 단지 습관 자체의 즐거움만이 남는다. 그리고 바로 이 즐거움이 "선함"의 첫 단계이다.

정신에 대한 자부심

우리의 동물적 기원에서 스스로를 떼어내고, 자연과 인간 사이에 커다란 간극을 그어 넣으려는 인간의 자부심—이 자부심은 '정신'에 대한 편견에 근거한 것이다. 그런데 이렇게 정신을 인간만의 특권인 양 여기는 관념은 비교적 최근에 형성된 것이다. 인류의 긴 선사 시대 동안 인간은 정신이 어디에나 존재한다고 여겼으며, 정신을 인간만의 독점적 특성으로 간주하지 않았다. 오히려 반대로, 모든 영적인 것—욕망, 충동, 악의, 기질까지 포함하여—은 공동의 재산으로 여겨졌고, 모든 존재가 접근할 수 있는 것으로 간주되었다. 따라서 원시 인류는 동물이나 나무를 조상으로 삼았다는 사실을 전혀 부끄러워하지 않았다. 오히려 고귀한 종족은 그러한 전설을 자신의 영광으로 삼았고, 정신적인 것이 인간을 자연과 분리하는 것이 아니라 오히려 자연과 결합시키는 것이라고 믿었다. 그리하여 인간은 일정한 '겸손' 속에서 길러졌다―그러나 그것 역시 또 다른 편견의 결과였다.

제동 장치

우리가 도덕적으로 고통받다가, 훗날 그 고통이 사실 잘못된 전제에서 비롯되었다는 것을 깨닫는 순간―그 충격은 크다. 우리는 고통을 통해 '더 깊은 진리의 세계'를 인정하는 특별한 위안을 느끼기 때문이다. 고통 속에서 우리는 현실보다 높은 곳에 서 있는 듯한 감각을 얻고, 그러한 숭고함을 맛보는 동안 우리는 오히려 고통 없는 삶보다 고통 있는 삶을 더 선호하게 된다. 따라서 새로운 도덕적 해석을 받아들이는 데에 저항이 생기는 이유는 자부심과, 그 자부심을 만족시켜온 익숙한 방식 때문이다. 그렇다면 이러한 제동 장치를 제거하기 위해서는 어떤 힘이 작동해야 하는가? 그 답은 분명하다. 더 큰 자부심, 혹은 새로운 종류의 자부심이다.

원인, 결과, 그리고 현실에 대한 경멸

갑작스러운 폭풍, 흉작, 역병처럼 공동체가 겪는 재난은 사람들로 하여금 "관습 위반이 있었다", "이를 달래기 위해 새로운 관습이 필요하다"라는 의심을 품게 만든다. 그러나 이러한 의심과 추론은 현실적·자연적 원인에 대한 조사를 회피하게 하고, 대신 악마적·초자연적 원인을 당연시하게 만든다. 이것은 인간 지성 안에 깊이 박힌 유전적 왜곡의 한 원천이다. 그리고 이 왜곡은 또 하나의 왜곡을 불러온다. 동일한 원칙을 따라, 사람들은 행위의 자연적·현실적 결과보다 초자연적 결과—신의 처벌이나 자비—에 훨씬 더 큰 관심을 기울였다. 예컨대 특정한 시간에 목욕을 하라는 규칙이 존재할 때, 사람들은 그것을 청결을 위해서가 아니라 "명령이 있기 때문에" 지켰고, 더러움의 실제 결과를 피하는 법이 아니라 "목욕을 생략했을 때 신이 노할 것이라는 환상"을 피하는 법을 배웠다. 미신적 두려움의 압박 아래에서 사람들은 이 규칙들이 실제보다 훨씬 더 중요한 것이라고 믿기 시작했다. 그러한 규칙에는 내적 의미와 상징적 가치를 부여했고, 점차 현실에 대한 감각과 기쁨마저 잃어버렸다. 결국 사람들은 현실을 그 규칙이 지닌 상징성만큼의 가치로만 평가하게 되었다. 그리하여 관습 도덕의 지배 아래 있는 사람은 첫째, 원인을 경멸하고, 둘째, 결과를 경멸하며, 셋째,

현실을 경멸한다. 그의 모든 고양된 감정—경외, 자부심, 감사, 사랑—은 실제 세계가 아니라 가상의 세계, 소위 '더 높은 세계'에 매여 있다. 오늘날에도 우리는 그 흔적을 분명히 본다. 인간의 감정이 고조되는 순간마다 가상의 세계가 얼굴을 내민다. 불행하게도, 당분간 이 '높은 감정들'은 과학자에게 의심의 눈초리를 받을 수밖에 없다. 왜냐하면 그 감정들은 환상과 사치에 너무 깊이 뒤섞여 있기 때문이다. 언젠가는 정화될 수 있겠지만, 인류 전체의 정화 작업 가운데서도 더 높은 감정의 정화는 가장 느린 과정이 될 것이다.

도덕적 감정과 개념

도덕적 감정은 아이들이 성인에게서 특정 행동에 대한 강한 호감과 혐오를 감지하고, 천성적으로 '흉내 내는' 방식으로 형성된다. 시간이 지나 이 감정들이 그들의 성격 속에 완전히 스며들면, 그들은 이러한 감정들에 대해 일종의 정당화를 제시해야 한다고 느낀다. 그러나 그 정당화는 감정의 기원이나 강도와는 전혀 무관하다. 사람들은 단지 "합리적 존재로서 이유를 제시해야 한다"는 규칙에 복종하는 것이다. 이 지점에서 도덕적 감정의 역사는 도덕적 개념의 역사와 완전히 분리된다. 도덕적 감정은 행동 이전에 강력하게 작동하고, 도덕적 개념은 행동 이후—자신을 설명해야 할 때—비로소 강하게 작동한다.

감정과 판단으로부터의 그들의 유래

"당신의 감정을 믿으십시오!" 그러나 감정 안에는 궁극적인 것이나 독창적인 것이 없다. 우리가 감정에서 얻는 영감이란, 오래전에 내려진 판단이 두세 세대를 건너 우리 안에서 되살아난 것, 그것도 대개는 이미 한 번 잘못 내려진 판단이 뒤틀린 채 물려온 것에 가깝다. 그리고 결코 우리 자신의 판단이 아니다. 그러므로 "감정을 믿는다"는 것은 사실 우리 안에 있는 '신들'—즉 우리의 이성과 경험보다 조상들의 판단에 더 복종하는 것에 지나지 않는다.

숨겨진 의도를 가진 어리석은 경건함

도대체 무슨 말인가? 고대 문명의 발명가들—도구와 줄자를 처음 만들어낸 사람들, 처음으로 수레와 배와 집을 지은 사람들, 하늘의 법칙과 구구단을 최초로 관찰한 사람들—이 우리 시대의 발명가나 관찰자들과 '완전히 다른 종류'였다고? 그들은 우리보다 우월했다고? 그리고 그 느리고 투박한 첫걸음이, 오늘날 우리가 세계 일주와 모든 탐험을 통해 이룬 발견에 필적하는 가치를 지녔다고? 이런 식의 주장은 편견, 더 정확히 말하면 경건함이 가장 어리석은 방식으로 자기 자신을 지키려는 태도에 가깝다. 그럼에도 분명한 사실이 있다. 과거에는 우연이야말로 모든 발명가와 관찰자 가운데 가장 위대한 조력자였고, 고대인의 독창성 뒤에는 언제나 우연이라는 친절한 조언자가 있었다. 반면 오늘날의 사소한 발명조차도, 과거 수천 년 동안의 모든 노력보다 더 높은 수준의 지성, 훈련, 과학적 상상력을 요구한다. 이 점을 보면, 고대를 과장하여 높이는 일은 단순한 향수의 감정적 산물임을 알 수 있다.

유용성으로부터의 잘못된 결론

어떤 것의 가장 높은 유용성을 입증했다고 해서, 우리는 그 기원을 설명한 것이 아니다. 유용성은 결코 존재의 필연성을 설명하지 못한다. 그러나 정확히 그 반대의 견해―"유용하므로 존재한다"―가 지금까지 오랫동안 유지되어 왔으며, 심지어 가장 정밀하다는 과학의 영역에서도 그러했다.

천문학을 떠올려 보라. 우리는 몇몇 천문학자들이 위성계의 ^(가상의) '유용성'—즉 태양과 너무 멀어 빛이 약해지는 천체의 거주자들을 위해 빛을 보충한다는—을 바로 그 체계의 최종 목적으로 간주하고, 동시에 그 기원의 설명으로 삼는 진술을 들은 적이 있다. 이는 크리스토퍼 콜럼버스가 내렸던 결론을 떠올리게 한다.

"지구는 인간을 위해 창조되었다. 그러므로 나라가 있다면 반드시 사람이 살아야 한다."

"태양이 아무것도 없는 곳을 비추고, 별들의 밤샘 경계가 탐험되지 않은 바다와 사람이 살지 않는 땅에 낭비된다는 것이 가능한가?"

이러한 사고방식은 유용성으로부터 기원을 추론하는, 즉 결과를 원인으로 착각하는 전형적인 오류다.

도덕적 판단에 의해 변형된 충동

똑같은 충동이라 하더라도, 그것이 관습에 의해 비난받으면 비겁함이라는 고통스러운 감정으로 변하고, 기독교적 도덕처럼 그것을 받아들여 '선하다'고 부르면 겸손이라는 즐거운 감정으로 변한다. 즉 하나의 본능은 선한 양심 혹은 나쁜 양심 아래에서 전혀 다른 색채를 띤다. 그러나 그 본능 자체는—다른 모든 본능과 마찬가지로—어떤 도덕적 성격도, 어떤 도덕적 이름도, 심지어 분명한 쾌·불쾌의 감정도 갖지 않는다. 그것은 이미 선과 악이라는 세례를 받은 다른 충동과 접촉할 때, 혹은 인간이 도덕적 관점에서 어떤 속성을 평가하고 가치를 매기기 시작할 때 비로소 그러한 성격을 획득한다. 그래서 고대인들이 질투에 부여했던 의미는 우리의 개념과 전혀 달랐다. 헤시오도스는 질투를 '선하고 자비로운 에리스'[45]의 성질 중 하나로 여겼고, 심지어 신들에게도 일정한 종류의 질투를 귀속시키는 일이 불쾌하게 여겨지지 않았다. 경쟁이 선한 것으로 간주되던 세계에서는 질투 역시 자연스럽게 긍정된 것이다.

그리스인들이 희망을 대했던 태도 역시 우리와 달랐다. 그들은 희망을 맹목적이고 기만적인 것으로 여겼으며, 헤시오도스는 한 시에서 희망(Elpis)[46]에 대해 아주 강경하게 말했는데—현대의 주석

◇◇◇◇◇◇◇◇◇◇◇◇◇◇

45 에리스(Erīs): 헤시오도스는 『일과 나날』에서 에리스를 두 종류로 구분한다. 하나는 전쟁·폭력을 불러오는 악한 에리스, 다른 하나는 경쟁심과 분발을 자극하는 선한 에리스로, 후자는 인간에게 유익한 것으로 묘사된다.

46 헤시오도스의 판도라 이야기에서 희망은 항아리에 마지막까지 남은 항목으로, 그것이 '구원'인지 '또 다른 악'인지 논쟁적이다. 그리스인은 희망을 현실 인식의 장애물, 맹목적 기대감으로 보아 부정적으로 평가했다.

가들이 여전히 그 의미를 이해하지 못할 만큼 강렬했다. 이는 그리스인의 관점이 기독교적 세계관, 즉 희망을 미덕으로 높인 세계관과 정반대였기 때문이다. 그리스인들에게는 미래를 탐구하는 일이 종교적 의무였기 때문에, 희망은 미래를 알려 하지 않는 태도에 지나지 않았고, 따라서 악 또는 위험에 가까운 것으로 간주되었다.

유대인의 경우는 다시 다르다. 그들은 분노를 신성한 것으로 여겼으며, 진노하고 거룩한 여호와의 어두운 위엄을 유럽인이 상상도 할 수 없는 높이로 끌어올렸다. 그들은 자신들의 예언자들이 보여준 그 격렬한 분노의 이미지에 따라 여호와를 빚어냈으며, 그들에 비하면 유럽의 모든 분노는 단지 중고품에 불과했다.

"순수한 정신"에 대한 편견

순수한 영성의 교리가 지배했던 곳마다, 그 과잉은 신경의 긴장과 균형을 파괴했다. 그 교리는 육체를 경멸해야 하며, 무시하거나 고통받게 해야 한다고 가르쳤고, 인간은 자신의 충동 때문에 고문당하고 경멸받아야 한다고 주장했다. 그 결과 우울하고, 긴장되고, 낙담한 영혼들이 생겨났고, 그들은 오히려 자신들의 비참함의 원인과 그것을 어떻게 완화할지 알고 있다고 믿었다. 그들이 내린 결론은 이랬다.

"문제는 몸에 있다! 몸이 여전히 너무 잘 기능하고 있기 때문이다!" 그러나 실제로는 몸이 이러한 끝없는 조롱과 학대에 대해 항의하며 고통을 드러낸 것에 불과했다. 마침내 순수한 정신의 덕을 자처하는 이들은 보편적이고 만성적인 과민 신경증에 사로잡혔다. 그들은 황홀경과 정신 착란의 예비 증상에서만 기쁨을 느끼는 법을 배웠고, 그 체계는 황홀경을 삶의 최고의 목표로, 그리고 모든 지상의 것이 비난받아야 할 기준으로 삼을 때 절정에 달했다.

의례에 대한 명상

수많은 도덕적 계율은 한 번의 단일 사건에서 너무 성급히 도출되었고, 그 결과 금세 이해하기 어려워졌다. 그 의도의 원형을 어느 정도 확실하게 추론하는 것조차 규칙을 어겼을 때 뒤따를 처벌의 의미를 파악하는 것만큼 난해해졌다. 의식의 순서에 대해서도 끝없는 의심이 제기되었고, 사람들은 그 문제에 대해 무작위로 추측을 내놓았으며, 그동안 의례 자체의 중요성은 점점 더 커졌다. 이렇게 하여 의례의 가장 큰 부조리함이 지성소—가장 신성한 중심—로 승격되기에 이르렀다. 인간이 수천 년 동안 이 의례에 쏟아

부은 에너지, 그리고 그러한 명상이 끼친 영향을 가볍게 보아서는 안 된다. 여기에는 지성을 단련하는 광대한 훈련장이 있었다. 종교는 그 안에서 발전을 거듭했으며, 과학의 장엄하면서도 무시무시한 원시 세계도 이곳에서 태어났다. 이 자리에서 시인, 사상가, 의사, 입법자가 성장했다. 이해할 수 없는 것에 대한 두려움은 우리에게 의식을 요구했고—그 요구는 점차 복잡함의 매력을 띠게 되었으며—인간은 풀 수 없는 것 앞에서 비로소 창조하는 법을 배우게 되었다.

관조적 삶의 가치를 결정하기 위하여

관조적인 삶을 살아가는 사람으로서, 우리는 관조의 열매 때문에 활동적 인간이 겪는 특정한 악과 불행을 잊지 말아야 한다. 다시 말해 우리가 관조적 선행을 자랑하기 전에, 활동적 삶이 우리에게 들이밀 수 있는 '반대 계정'을 꼼꼼히 들여다봐야 한다.

첫째로, 우리는 종교적 인간들을 떠올릴 수 있다. 이들은 관조적인 사람들 가운데 가장 흔한 유형으로, 항상 실용적인 인간을 괴롭히고, 가능한 한 삶을 역겹게 만들려 애썼다. 그들은 하늘을 어둡게 하고, 태양을 지워버리고, 기쁨을 의심하게 만들고, 희망을 갉

아먹고, 활동하는 손을 마비시키는 일을 능숙하게 해냈다. 마치 비참한 시대와 감정의 순간들을 위해 자신들이 준비해온 위안과 축복과 축도를 내민다는 듯이 행동했다. 둘째로, 우리는 예술가들—관조적 인간의 또 다른 유형—을 떠올릴 수 있다. 이들은 종교적 인간보다는 드물지만 결코 적지 않다. 존재로서 그들은 보통 참기 어렵고, 변덕스럽고, 질투심이 많고, 폭력적이며, 다투기 좋아한다. 그러나 우리는 그들의 작품에서 느껴지는 기쁨과 고양을 통해 역으로 그들의 본성에 대해 추론해야 한다. 셋째로, 우리는 철학자들을 본다. 그들은 종교적 자질과 예술적 자질을 결합한 사람들이지만, 여기에 변증법과 논쟁을 사랑하는 성향까지 갖춘 이들이다. 그들은 종교적 인간이나 예술가들처럼 악의의 창시자들이었고, 게다가 변증법에 대한 열정을 통해 수많은 동료들을 지치게 만들었다. 그러나 그 수는 언제나 극히 적었다. 넷째로, 사상가와 과학자들이 있다. 그들은 거의 효과를 구하지 않았고, 조용히 자신의 영역 안에서 만족하며 살았다. 그 덕에 거의 질투나 적의를 불러일으키지 않았고, 종종 조롱과 비웃음의 대상이 되었으며, 자신도 원치 않는 방식으로 활동적인 삶의 인간들에게 삶을 더 쉽게 만들어주는 역할을 했다.

결국 과학은 모두에게 큰 유익을 가져다주었다. 그리고 오늘날 활동적인 삶을 위해 태어난 많은 사람들이, 땀을 흘리고 머리를 싸매며 저주하지도 않고, 천천히 과학의 길을 따라 걷는다면―그것은 사상가나 과학자의 잘못이 아니다. 그것은 그들이 스스로 초래한 고통일 뿐이다.

관조적 삶의 기원

야만적 시대, 비관적 판단이 인간과 세계를 지배하던 시절, 인간은 자신 안에 있는 힘을 온전히 의식했고, 그 힘을 자신이 내린 비관적 판단에 맞추어 행동으로 옮기려 애썼다. 그는 사냥하고, 약탈하고, 기습하고, 잔혹한 행위를 저지르고, 살인을 저질렀다. 공동체가 허락하는 범위에서는 그러한 행위의 더 약한 형태까지도 포함하여 말이다. 그러나 그의 힘이 약해지는 때―그가 피곤하거나 병들거나 우울하거나, 혹은 만족하여 잠시 욕망이 식는 순간―그는 상대적으로 '더 나은 인간', 즉 덜 위협적인 인간이 된다. 이때 그의 비관적 사고는 더 이상 행동으로 표출되지 않고 말과 성찰로만 흘러나온다. 그는 자신의 동료, 아내, 삶, 신들에 관해 악한 판단을 쏟아내며, 말과 판단 속에서 그 비관을 배출한다.

이런 심리 상태 속에서 그는 사상가나 예언자로 변모하기도 하고, 자신의 미신에 새로운 층위를 더하거나, 새로운 의례를 발명하거나, 적들을 조롱한다. 그러나 무엇을 만들어내든, 그의 모든 정신적 산물은 필연적으로 그 당시의 심리 상태를 반영한다. 즉 피로와 두려움의 증가, 행동과 즐거움에 부여하는 낮은 가치, 그리고 침잠해 있는 사제적·시적 기분이 바로 그 내용의 색조를 결정한다. 그 속에서는 악한 판단이 가장 높은 지위를 차지한다.

이후 이러한 특별한 상태―즉 끊임없이 비관적 판단을 내리고, 행동은 거의 없는 우울한 삶을 지속하던 이들―이 시인, 사상가, 사제, 혹은 '의술가'라 불리게 되었다. 활동적인 사람들은 이들을 무능하고 게으르다고 여겨 공동체에서 쫓아내고 싶어 했다. 그러나 이들을 몰아내는 일에는 위험이 있었다. 그 비활동적인 인간들이야말로 미신과 신성한 힘의 흔적을 찾아냈고, 아무도 그들이 어떤 설명할 수 없는 힘의 수단을 다루고 있다는 의심을 쉽게 버리지 못했기 때문이다.

이것이 고대의 '관조적 본성'을 가진 사람들에게 부여된 가치였다. 그들은 경멸받는 만큼이나 두려움을 샀다. 관조는 처음부터 가면을 쓴 채 등장했다. 모호함을 띠며, 악의적인 판단과 혼란스러운 머리를 가진 채 지상에 나타났다. 악하고 무서운 동시에, 비밀리에 경멸받고, 겉으로는 미신적 숭배의 대상이 되었다. 그러므로 여기서도 우리는 말해야 한다. 관조적 삶의 기원은 수치스럽다!

이제 사상가에게 얼마나 많은 힘이 통합되어야 하는가

과거에는 감각의 고려를 초월하여 추상적 관조로 자기를 끌어올리는 일이 고양으로 간주되었다. 그러나 이제 우리는 그러한 감정을 공유하는 것이 실용적이지 않다는 것을 안다. 한때는 단어와 사물의 음울한 그림자 속에서 사치하고, 보이지도 들지도 느껴지지도 않는 존재들과 노니는 것을 '다른, 더 높은 세계에서 살아가는 것'으로 여겼다. 그것은 감각으로 인지하는 이 세계—우리에게 유혹적이며 사악한 세계—에 대한 깊은 경멸에서 비롯된 것이었다.

"이 추상적 존재들은 더 이상 우리를 속이지 않지만, 여전히 우리를 이끌 수 있다."

이 말로 인간은 스스로를 높였다. 과학의 원시 시대에는 이러한 지적 놀이의 실제 내용이 아니라, 그 놀이 자체가 '더 높은 것'으로 여겨졌다. 이 때문에 플라톤은 변증법을 극진히 찬양했고, 변증법을 사랑하는 것과 감각적 고려를 초월한 선한 사람 사이에 필연적 관계가 있다고 굳게 믿었다. 지식이 조금씩 발견된 것은 사실이지만, 더 중요한 것은 지식을 얻기 위한 다양한 수단들―지식에 선행하는 인간 내부의 조건과 작용들―이 함께 발견되었다는 것이다. 새로 발견된 조건과 작용은 지식에 이르는 하나의 방법일 뿐이었지만, 그 당시 사람들은 그것을 알 만한 모든 것의 본질이자 목표이자 총합인 것처럼 착각했다. 사상가에게 필요한 것은 무엇인가? 상상력, 영감, 추상화, 영성, 발명, 예감, 귀납, 변증법, 연역, 비판, 자료 수집 능력, 비인격적 사고, 관조, 포괄성―그리고 마지막으로, 그러나 무엇보다도 중요한 것―정의와 존재하는 모든 것에 대한 사랑. 그러나 이 수단 하나하나는 관조적 삶의 역사 속에서 한때 목표, 즉 최종 목적 자체로 간주되었다. 그리고 그 목표들이 떠오르는 순간, 그것을 발견한 자들에게는 영혼을 가득 채우는 완전한 행복이 약속되었다.

기원과 의미

왜 이 생각이 내 마음속에서 계속 떠오르며, 갈수록 더욱 생생한 색채를 띠는 것일까?―과거의 탐구자들은 사물의 기원을 파헤치는 과정에서, 거기서 발견되는 것이 인간의 모든 행동과 판단에 가장 중요한 것이라고 생각했다. 그렇다, 그들은 심지어 인류의 구원이 사물의 기원에 대한 통찰에 달려 있다고까지 믿었다. 그러나 오늘날에는 전혀 다른 일이 벌어진다. 우리가 어떤 것의 기원을 더 깊이 들여다볼수록, 그것은 우리의 관심사와 점점 더 멀어지고, 심지어 아무 관련도 없다는 사실이 드러난다. 오히려 우리가 사물에 부여했던 온갖 가치 평가와 관심들은, 우리가 지식에 대해 한 걸음 물러서며 사물 그 자체에 가까워질수록 점차 그 의미를 잃는다.

기원에 대한 통찰이 깊어지는 만큼, 기원은 덜 중요해진다. 반면 우리 주변과 우리 내부에 있는 것들—우리에게 가장 가까운 것들은—점차 그 색채와 아름다움, 수수께끼, 그리고 그 다양한 의미의 풍부함을 드러내기 시작한다. 이러한 풍요로움은 초기 인류가 꿈도 꾸지 못했던 것이다. 이전 시대의 사상가들은 우리 안에 갇힌 야생 동물처럼 끊임없이 몸부림쳤으며, 그들을 가두고 있는 창살을 쉽 없이 노려보았다. 때때로 그들은 뛰어올라 그것을 부수고 나가려 했고, 창살 사이에서 바깥 세계를 조금이라도 볼 수 있다고 상상할 수 있었던 사람은 진정으로 행복한 사람으로 여겨졌다.

지식의 비극적인 종결

인간을 고양시키는 모든 수단 가운데, 인간 희생만큼 때때로 인간을 높여온 것도 없다. 그리고 어쩌면 하나의 강력한 생각, 즉 '자기희생하는 인류'라는 생각은, 다른 모든 인간적 열망을 능가하여, 그것들 가운데 가장 승리한 것마저도 압도할 수 있을 것이다. 그러나 누구에게 희생을 바칠 것인가? 그 질문은 여전히 남아 있다. 그리고 우리는 맹세할 수 있다. 만약 그러한 사상의 별자리가 언젠가 지평선에 떠오른다면, 그 희생이 겨눌 수 있는 유일한 대상—그러나 동시에 엄청난 대상—은 진리에 대한 지식일 것이라고. 지식을 위해서라면 어떠한 희생도 너무 크지 않을 것이기 때문이다.

그런데 지금까지 인류 전체가 지식의 발전을 위해 어떤 조치를 취할 수 있는지, 어떤 종류의 열정이 인류를 '예상되는 지혜의 미광' 앞에서 스스로를 희생으로 몰아갈 수 있는지, 이런 문제들은 제대로 탐구된 적이 없다. 아마도 지식이 다른 별의 존재들과 교류할 수 있을 만큼 성장하고, 수천 년 동안 지혜가 별에서 별로 전해지는 시기가 온다면, 그때는 인간의 지식 열정이 그토록 아찔한 높이에 도달할지도 모른다.

의심 속의 의심

"의심은 균형 잡힌 머리를 위한 얼마나 좋은 베개인가!"

이 몽테뉴의 말은 파스칼을 항상 분노하게 했다. 그토록 좋은 베개를 누구보다 절실히 필요로 했던 사람이 바로 파스칼이었기 때문이다. 그의 문제는 무엇이었는가? 그것이 바로 이 절의 질문이다.[47]

단어가 우리의 길을 막는다

원시인은 어떤 단어를 붙이는 순간, 그것이 하나의 '발견'이라고 믿었다. 그러나 실제 상황은 전혀 달랐다. 그는 문제에 부딪혀 단어를 통해 그 문제를 해결했다고 생각했지만, 사실은 그 해결로 나아가는 길 한가운데에 새로운 장애물을 설치해둘 뿐이었다. 오늘날 우리는 새로운 지식을 획득할 때마다, 오래전에 굳어버린 단어들—화석이 된 말과 미라처럼 굳은 개념들—에 계속해서 걸려 넘어지고 있다. 그리고 우리는 그 단어들을 깨뜨리는 것보다, 차라리 자기 다리를 부러뜨리는 쪽을 더 선호하곤 한다.

◇◇◇◇◇◇◇◇◇◇◇◇

47 몽테뉴(Montaigne)는 의심을 자연스러운 상태로 보는 회의주의 철학자였다. 그에게 의심은 마음을 편안하게 해주는 태도였고, 그래서 "의심은 균형 잡힌 머리를 위한 좋은 베개"라고 말했다. 반면 파스칼(Pascal)은 신앙을 절박하게 추구한 사상가로, 의심을 영혼의 불안과 고통의 원인으로 보았다. 그래서 몽테뉴의 이 문장은 파스칼에게 불편하고 위협적인 말이 되었으며, 니체는 바로 그 지점을 지적하고 있는 것이다.

"너 자신을 알라"는 과학의 전부이다

인간이 모든 것을 알게 될 때, 비로소 그는 자기 자신을 알 수 있을 것이다. 왜냐하면 사물이라 불리는 모든 것은 결국 인간 자체의 경계와 한계에 불과하기 때문이다.

새로운 근본 감정: 우리의 최종적인 부패 가능성

과거 시대는 인간의 위대함을 입증하기 위해 그의 신적 혈통을 들먹였다. 그러나 이런 길은 이제 막혀버렸다. 그 입구에는 원숭이가 서서 이를 드러내며, 뒤이어 온갖 끔찍한 생명들이 마치 이렇게 말하는 듯하다. "여기선 더 이상 나아갈 수 없다!" 그래서 사람들은 정반대 방향을 향해 시도한다. 인류가 앞으로 나아가고 있는 그 길―그 방향이야말로 인간의 위대함을 보여주고, 그 길 위에서 인간과 신의 관계가 증명될 것이라는 식으로 말이다. 그러나 아아, 이 길 역시 헛되다! 그 길의 끝에는 마지막 인간과 무덤 파는 자의 유골함이 서 있다. 거기에는 이렇게 적혀 있을 것이다.

"인간적인 것은 내게 낯선 것이 없다. (Nihil humani a me alienum puto―)"

인류가 아무리 높은 단계로 발전했다고 해도―혹은, 어쩌면 결국 시작점보다 못한 곳에 도달할 가능성이 더 크겠지만―개미나

집게벌레가 지구에서의 경력 끝에 신과 친족 관계를 맺을 가능성이 전혀 없는 것처럼, 인간 또한 더 높은 질서에 도달할 가능성은 거의 없다. 지나간 것은 다시 찾아오고, 앞으로 올 것 역시 그 뒤를 따를 뿐이다. 그렇다면 왜 어떤 작은 별—혹은 그 별에 사는 작은 종족 하나가—그 영원한 반복의 드라마에서 예외가 되어야 한다고 생각하는가? 그런 감상적 희망은 버려야 한다.

도취에 대한 믿음

숭고한 황홀경의 순간을 경험하는 사람들이 있다. 그러나 대부분의 시간에는 그 황홀경과 극명하게 대비되는 신경력의 고갈로 인해 비참함과 공허함 속에 빠져 있는 사람들이기도 하다. 그런 이들은 그 짧고 강렬한 도취의 순간을 자신의 '진정한 자아', 자신의 존재의 가장 본래적 표현이라고 여기며, 반대로 자신들의 우울과 비참은 '비자아'의 침입이나 외부의 영향 때문이라고 믿는다. 그렇기 때문에 그들은 자신이 사는 환경, 자신이 속한 시대, 자신이 존재하는 세계 전체를 향해 복수심에 찬 시선을 던진다. 그 황홀경 속에서만 그들은 살아 있다고 느끼고, 그 외의 모든 순간에는 단지 그 도취를 방해하는 지적·도덕적·종교적·예술적 장애물만을 볼 뿐이다.

 인류는 이 환상적 열광자들에게 적지 않은 악을 빚지고 있다. 이들은 자신과 타인에 대한 불만을 끝없이 퍼뜨리고, 세계와 시대에 대한 경멸을 뿌리며, 무엇보다도 세계 피로를 전염시키는 자들이기 때문이다. 아마도 범죄자들의 전체 지옥도가 이들이 불러온 것만큼 넓고 깊은 부패와 불안, 중독적 영향을 끼칠 수는 없을 것이다. 억제되지 않은 상상력과 환상 속에서만 살아가는 이들―심지어 '천재'라는 이름으로 불리는 이들도 포함하여―은 자신의 내면적 기쁨을 통제할 수 없으며, 자신을 완전히 잃어버리는 상태에서만 기쁨을 느낀다. 그들로 이루어진 그 '고귀한' 작은 공동체는 지상과 하늘을 동시에 병들게 한다. 반면 범죄자는 때로 놀랄 만큼 자기 통제와 희생, 지혜를 드러내어, 그를 두려워하는 사람들 사이에서 오히려 이러한 자질을 유지한다. 범죄자가 불러오는 하늘은 어둡고 위협적일 수 있으나, 그 분위기 자체는 항상 활기찰 뿐이다. 그런데 이 열광자들은 자신의 도취에 대한 믿음을 인류 전체에게 불어넣으려 모든 힘을 쏟는다―마치 그것이 삶 자체에 대한 믿음인 것처럼. 그러나 그것은 무시무시한 믿음이다. 야만인들이 '불타는 물'(술)에 의해 빠르게 디릭하듯, 인류 전체도 이러한 정신적 '불타는 물', 즉 도취적 감정과 그에 대한 갈망으로 인해 천천히, 그러나 철저하게 부패해 왔다. 온 인류가 결국 그로 인해 파괴될지도 모른다.

여전히 우리인 모습

스튜어트 밀은 "위대한 외눈박이에게 관대하라!"고 말했다. 그의 말은 마치 우리가 그들을 신뢰하고 거의 숭배할 의향이 있을 때에만 관용을 베풀 수 있다는 듯한 뉘앙스를 풍긴다. 그러나 나는 말하고 싶다. 위대하든 하찮든, 외눈박이가 아니라 두 눈박이 모두에게 관대하자. 지금의 우리에게는—우리의 자부심이 어떠하든—관용을 넘어서는 판단이나 태도를 취할 능력이 아직 없기 때문이다.

새로운 영혼의 의사들은 어디에 있는가?

우리가 지금 삶에 깊게 새겨진 그 우울한 기본 성격은, 실은 '위안'이라는 이름의 치료책들에서 비롯되었다. 인류의 최악의 질병들은 병과의 싸움 속에서 생겨났고, 겉으로는 치료처럼 보였던 것들이, 장기적으로는 오히려 그 병보다 더욱 해로운 상태를 만들어

왔다. 인간은 자신의 무지 속에서 몸과 정신을 잠시 마비시키고 도취시키는 각종 완화제—소위 '위안들'을—진정한 치유로 착각했다. 그들은 그런 위안이 즉각적으로는 마음을 진정시키지만, 나중에는 오히려 깊은 쇠약과 피로, 또는 더욱 심각한 형태의 불안, 우울증, 신경 발작으로 되돌아온다는 사실을 제대로 관찰하지 못했다. 그래서 병이 어느 정도 진행된 사람일수록, 그들은 회복할 기회를 아예 잃어버렸다. 이런 상태를 보편적인 치료로 설파하며 숭배받았던 그 '영혼의 의사들'이야말로 병을 고착시킨 장본인이었다.

쇼펜하우어가 인류의 고통을 다시 진지하게 직시한 사람이라는 말은 옳다. 그러나 묻지 않을 수 없다. 누가 이 고통의 해독제를 진지하게 받아들이며, 지금까지도 숭고한 이름으로 포장되어 남아 있는 그 전대미문의 영혼 치료술—사실상 돌팔이의 처방들—에 공개적으로 이의를 제기할 것인가? 누가 그 속임수들을 낱낱이 드러낼 용기를 낼 것인가?

양심적인 사람들의 남용

회개를 요구하는 설교와 지옥의 공포는 양심 없는 자들이 아니라, 양심적인 사람들, 특히 상상력이 풍부한 이들에게 가장 잔혹한 고통을 안겨 주었다. 그들은 누구보다도 명랑함과 밝은 이미지가 절실했던 사람들인데도, 그 삶이 무겁고 어두운 그림자로 가려졌다. 이는 그들이 자기 자신을 위로하고 회복하기 위해서만이 아니라, 그들의 기쁨을 통해 인류 전체가 위로받고, 그들의 아름다움 한 줄기를 나눠 가질 수 있도록 필요한 것이기도 했다. 그러나 아아, 죄를 발명해냈던 그 종교들, 그리고 그러한 종교를 통해 권력의 가장 강렬한 쾌감을 누리려 했던 자들은 얼마나 많은 불필요한 잔혹과 고통을 세상에 퍼뜨렸던가!

질병에 대한 생각

 환자의 상상력을 달래어, 적어도 그가 더 이상 자신의 병에 대해 집요하게 생각하지 않도록 하고, 그렇게 해서 병 그 자체보다 '병을 생각하는 것' 때문에 더 큰 고통을 받지 않게 만드는 일—이것이야말로 나에게는 대단히 중요해 보인다. 그리고 그것은 결코 사소한 일이 아니다. 이제 우리의 과제가 무엇인지 이해하는가?

"길"

소위 '지름길'이라는 것은 언제나 인류를 큰 위험으로 몰아넣었다. 사람들은 그 "지름길이 발견되었다"는 "기쁜 소식"만 들으면, 언제나 똑바른 길을 버리고—길을 잃어버렸다.

자유 정신의 변절자

신앙을 지키는 경건한 자들 가운데 형식적으로 자신의 믿음을 고수하는 사람들을 진심으로 미워하는 이가 있을까? 오히려 우리는 그들을 조용한 기쁨과 존경을 담아 바라보며, 동시에 그 훌륭한 사람들이 우리와 동일한 감정을 공유하지 않는다는 사실을 안타깝게 여길 뿐이다. 그런데 왜 한때 자유 정신을 지녔던 사람이 어느 날 갑자기 "신자"가 되어 나타날 때, 우리는 그에게서 설명할 수 없는 혐오—갑작스럽고 깊으며 불합리하기까지 한 혐오—를 느끼는가? 그를 떠올리는 순간 우리는 마치 기억 속에서 즉시 지워버리고 싶을 만큼 역겨운 어떤 장면을 보았던 것처럼 반응한다. 만약 우리가 그에 대해 조금이라도 의심을 품게 된다면, 우리는 그가 아무리 존경받는 인물이라도 등을 돌려야 한다. 도덕적 편견 때문이 아니라, 순전히 혐오와 공포가 먼저 치고 올라오기 때문이지. 도대체 이 감정의 날카로움은 어디에서 오는가? 혹시 우리는 근본적으로 우리 자신에게 확신을 갖지 못해서 그런가? 아니면 어린 시절, 우리가 늙어 약해지고 쉽게 잊게 되어도 스스로의 경멸을 떨쳐내지 못하도록 주변에 가장 날카로운 경멸의 울타리를 둘러놓았기 때문일까?

그러나 솔직히 말하자면, 그 의심은 완전히 잘못되었다. 그런 생각을 하는 사람은 '자유 정신'을 움직이고 결단하게 하는 것이 무엇인지 제대로 알지 못한다. 자유 정신에게는 '의견을 바꾼다'는 것이 조금도 경멸스러운 일이 아니다. 오히려 그는 의견을 바꿀 수 있는 능력을 드문 가치, 희귀한 고귀한 재능으로 여긴다—노년에 이르기까지 그것을 유지할 수 있다면 특히 더 그렇다. 그리고 그의 자부심(소심함이 아니라!)은 심지어 "경멸받는 것을 경멸하기(spernere se sperni)"—와 "자기 자신을 경멸하기(spernere se ipsum)"까지도 감당할 수 있을 만큼 높아져 있다. 헛되고 나약한 인간들이 가진 공포심의 괴롭힘에서 자유로울 정도로 말이다. 그에게 모든 '의견의 순수성'을 설교하는 가르침은, '행동의 순수성'을 설교하는 도덕만큼이나 확고한 것이다. 그렇다면 그가 어떻게 지적 자유의 변절자 앞에서 재판관이나 처형자의 역할을 맡을 수 있겠는가? 그는 그럴 수 없다. 그런 사람의 모습은 단지 의사에게 역겨운 질병의 모습이 역겹듯—순전히 육체적 혐오의 반응처럼—그에게도 혐오스러울 뿐이다. 그리하여 우리의 선한 의지는, 자유 정신이 변절한 자에게서 느껴지는 괴기한 부정직함—성격 전체를 좀먹는 일종의 내부적 부식—이라는 개념 앞에서 무력해진다. 그는 우리에게 일시적이고 인간적인 동정마저 불러일으키는 대신, 존재의 근본을 더럽히는 어떤 가증스러운 붕괴로만 보일 뿐이다.

다른 두려움, 다른 안전

기독교는 삶 전체를 새로운, 그리고 끝없는 불안정으로 뒤덮었고, 그 불안정 위에서 새로운 종류의 안전과 즐거움과 휴식, 그리고 모든 가치의 새로운 기준을 만들어냈다. 그러나 오늘날의 우리는 이 불안정이 존재한다는 사실 자체를 부정한다—의식적으로, 양심적으로 그렇게 한다. 그럼에도 지금의 우리는 기독교 시대의 확실성, 기독교적 즐거움, 기독교적 휴식, 그리고 기독교적 가치 평가 방식이라는 낡은 습관에 여전히 매달려 있다. 심지어 가장 고귀한 예술과 철학 안에서도 그러하다. 그러니 이제 그 모든 것이 얼마나 약하고 낡아 보이며, 얼마나 미완성적이고 어설프고, 얼마나 자의적으로 광신적이고, 무엇보다도 얼마나 불확실해 보이는

지 생각해보라. 왜냐하면 그 모든 것의 끔찍한 반대극—즉 "영원한 구원"을 향한 기독교인의 끊임없는 두려움—이 사라져 버렸기 때문이다.

기독교와 감정

기독교는 하나의 거대한 "민중적 반철학(反哲學)"으로 볼 수 있다. 고대의 현자들은 감정의 지배로부터 인간을 해방시키려 했지만, 기독교는 인간에게 그 감정을 되돌려주려고 했다. 이런 목표 아래, 기독교는 철학자들이 말하던 미덕—열정에 대한 이성의 승리라는 의미에서의 미덕—의 가치를 부정하고, 더 나아가 모든 종류의 '선함'을 비난하며, 오히려 열정이 가능한 한 강력하고 영광스러운 형태로 폭발하기를 요구한다. 그것은 사랑, 두려움, 광신적 신앙, 맹목적 희망이라는 이름으로, 즉 "신에 대한 열정"이라는 모습으로 감정이 다시금 전면에 등장하기를 원하는 것이다.

강장제로서의 오류

사람들이 뭐라고 말하든, 기독교가 실은 "완전함에 이르는 가장 빠른 길"을 제시함으로써 도덕적 의무의 무거운 멍에에서 인간을 해방시키고자 했다는 점은 분명하다. 이는 몇몇 철학자들이, 지루하고 고된 논증이나 엄밀한 증거 수집 없이도 진리에 이르는 왕도가 있다고 믿었던 태도와 정확히 동일하다. 두 경우 모두 '오류'였지만, 척박한 사막에서 지쳐 절망하는 이들에게는 강력한 자양제가 되어주었다.

모든 정신은 마침내 가시화된다

기독교는 본성적으로 순종적인 수많은 인간들—세련된 겸손에서부터 투박한 경외심까지, 온갖 종류의 열광자들—그 전체의 영성을 하나로 흡수했다. 그렇게 함으로써 기독교는 처음의 소박하고 거의 조잡했던 모습, 즉 사도 베드로의 가장 오래된 초상에서 생생하게 드러나는 그 원초적 단순함을 벗어던지고, 얼굴 곳곳에 수천 개의 주름과 숨겨진 의도와 가면을 지닌 지극히 지적인 종교가 되었다. 그것은 유럽 인류를 더 영리하게 만들었다—신학적 의미에서뿐 아니라, 교활하다는 의미에서도 말이다. 그리고 기독교가 유럽에 부여한 이 정신은, 자기부정의 힘 및 그 자기부정에 대한 깊은 확신과 충성을 결합함으로써, 인간 사회가 경험한 가장 정교한 개성들을 만들어냈다. 특히 가톨릭 사제 계급의 상층부 인물들, 그중에서도 귀족 가문 출신으로 태어나 처음부터 몸짓의 자연스러운 우아함, 지배적인 눈빛, 그리고 아름다운 손과 발을 자신들의 직무와 함께 타고난 이들에게서 그러한 개성은 가장 뚜렷하게 나타났다.

그들의 얼굴에는 인간 안의 동물적 욕망을 철저히 제압한 뒤, 두 종류의 행복―지배하려는 힘과 복종하려는 기쁨―이 교대로 밀려오는 과정을 통해 획득한 고유의 영성화가 드러난다. 축복을 내리고, 죄를 사하고, 전능자의 대리자로 행하는 이 활동 전체는, 영혼 속에서뿐만 아니라 몸속에서도 '자신이 최고의 소명을 수행하고 있다'는 확신을 언제나 살아 있게 만들었다. 그들에게서는 타고난 군인들에게서 발견되는 것과 같은, 인간 존재의 덧없음과 행복에 대한 고귀한 경멸이 보였다. 그들의 긍지는 복종에 있었으며, 이는 분명 귀족적 특성이다. 그들의 변명과 이상주의는 바로 그들의 임무가 지닌 근본적 불가능성에서 비롯되었다. 그리고 이 교회의 군주라 불릴 만한 이들의 고상함과 미묘함―형상, 지성, 소명 의식이 완벽하게 결합된 그 아름다움―은 언제나 교회의 진실을 증명하는 것처럼 보였다. 반대로, 성직자의 지적·영적 수준이 일시적으로 야만화된 시기(예컨대 루터 시대)는 언제나 그 반대 믿음을 강화하는 경향이 있었다.

그러니 묻자. 이 형상과 지성, 그리고 소명의 조화가 만들어내는 아름다움과 인간적 세련됨이, 종교의 붕괴와 함께 끝날 것이라고 말할 수 있는가? 그것보다 더 높은 것이 결코 얻어질 수 없거나, 심지어 상상조차 할 수 없다고 말할 수 있는가?

필요한 희생

깊은 감정을 지닌 진지하고, 능력 있으며, 공정한 사람들—마음 깊은 곳에서는 여전히 기독교인인 이들은—일정 기간 동안 기독교 없이 살아 보려고 스스로에게 요구할 의무가 있다. 그 이유는 단 하나다. 기독교가 정말 필요한지에 대한 판단을 내릴 자격을 갖추기 위해서다. 이들은 늘 자기들의 좁은 영역 안에 틀어박혀 있었고, 그 밖에 있는 사람들을 깔보았다. 기독교라는 작은 영토 바깥에 광대한 세계가 존재하며, 기독교는 그저 그 안의 한 구석에 불과하다는 사실을 들었을 때, 그들은 격하게 분노했다. 아니다. 당신들의 증언은, 당신들이 해마다 기독교 없이 살아보고, 나아가 그것 없이 존재하려는 가장 내밀한 욕망을 실천해 보기 전까지는 가치가 없다. 실제로 기독교로부터 널리, 아주 멀리 떠나가기 전까지는 그렇다. 당신의 향수가 당신을 되돌리는 것이 아니라, 엄격한 비교와 숙고 끝에 내린 판단이 당신을 귀환시키는 그 순간만이 의미가 있다. 다가올 세대는 이 방식으로 과거의 모든 가치 평가를 다시 다루게 될 것이다. 어떤 가치도, 그 반대편을 살아보고 난 뒤가 아니면 바꿀 권리를 가질 수 없다.

종교의 기원에 대하여

 어떻게 사람이 '자신의 의견'을 계시라고 믿게 되는가? 이 질문이 곧 종교 형성의 핵심이다. 이 현상이 가능하려면, 먼저 그 사람이 이미 계시를 믿고 있어야 한다. 그러다가 어느 날, 새로운 사상—그의 사상—이 떠오른다. 그리고 그 사상은 너무나 큰 축복처럼 그의 양심을 휩쓸기 때문에, 그는 자신이 그 축복의 창조자라고는 도저히 믿지 못하고, 그것을 신에게 돌린다. 그의 신이 그 생각의 원인이라고 믿는 것이다. "어떻게 인간이 이토록 큰 행복의 저자가 될 수 있는가?" 그가 가진 비관적 의심이 이렇게 묻는다.

 그러나 여기에는 또 다른 힘이 작용하고 있다. 어떤 의견은 '계시'로 간주될 때 오히려 더욱 강해지고, 그 의견의 가설적 성격은 완전히 지워진다. 그것은 비판과 의심을 넘어서는 것으로 선언되고, 신성한 것으로 격상된다. 그리고 인간은 '자신이 단지 신의 대변인 역할을 하고 있다'며 스스로를 낮추지만, 아이러니하게도 바로 이 과정에서 그 생각은 신적인 것으로 승리하고, 인간은 그 승리에서 일종의 기묘한 기쁨, 부모적 자부심을 느끼며 보상받는다. 자신의 산물을 자신보다 위에 두는 이 반전 속에서, 그는 동시에 겸손과 기쁨을 맛본다. 그리고 이 감정이야말로, 종교가 발생하는 비밀스러운 토양이다.

이웃에 대한 증오

우리가 이웃을 대할 때, 그가 자기 자신을 느끼는 방식 그대로 느껴준다고 가정해 보자. 쇼펜하우어는 이를 '연민'이라고 불렀지만, 사실 더 정확한 이름은 자기연민, 동료애에 가깝다. 그런데 만약 그 이웃이 파스칼처럼 '나는 혐오스러운 존재다'라고 느끼는 사람이라면? 그가 자신을 미워하듯, 우리 역시 그를 미워할 수밖에 없을 것이다. 아마 이것이 인류 전체에 대해 파스칼이 가졌던 근본 감정이었을 것이며, 타키투스가 전하듯, 네로 치하에서 초기 기독교도들이 "인류에 대한 증오(odium generis humani)"로 유죄 판결을 받았던 그 심정과도 맞닿아 있을 것이다.

상심한 사람들

기독교는 어떤 수단을 써서라도 '절망에 빠질 수 있는 사람'을 찾아내는 사냥꾼의 본능을 지니고 있다. 하지만 실제로 절망할 수 있는 사람은 극히 소수에 불과하다. 기독교는 바로 그 소수를 기다리고, 추적하고, 붙잡는다. 파스칼은 가장 미묘한 심리적 지식을 사용해 모든 인간을 절망케 할 방법을 찾아보려 했다. 그는 실패했다. 그리고 그 실패는 그에게 또 하나의 절망이 되었다.

브라만교와 기독교

권력의 감각을 획득하기 위한 계율에는 두 종류가 있다. 하나는 이미 자기 자신을 통제할 수 있으며, 따라서 권력의 감각에 비교적 익숙한 사람을 위한 것이고, 다른 하나는 자기 통제가 되지 않는 사람을 위한 것이다. 브라만교는 첫 번째 유형의 인간에게 초점을 맞추었고, 기독교는 두 번째 유형을 대상으로 삼았다.

환영을 보는 능력

중세 전체를 통틀어, 보다 높은 인간에게 필요한 고유한 능력은

'환영을 보는 능력'—즉, 심각한 정신적 혼란을 겪을 수 있는 능력—이라고 믿어졌다. 실제로 중세의 모든 고귀한 영혼(종교적 인간)의 생활 규칙은 인간을 환영을 볼 수 있는 상태로 만드는 데 목적을 두고 있었다. 그렇다면 이러한 반쯤 미친 광신자들—소위 천재들—에 대한 지나친 존경이 현대까지 이어졌다는 것이 과연 놀라울까? "그들은 다른 사람들이 보지 못하는 것을 보았다."—그렇지 않겠는가! 하지만 이 사실이 우리에게 주어야 할 것은 찬양이 아니라, 오히려 신중함이다.

신자들의 대가

자신이 믿고 있는 것을 값지게 여기려는 사람은, 결국 그 믿음의 보상으로 '천국'을 약속해야 한다. 그리고 모든 인간—심지어 십자가에 매달린 도둑조차도—엄청난 의심과 내적 십자가형을 겪었을 것이다. 그렇지 않았다면 그는 자신의 추종자들을 그렇게 비싼 값에 사들이지 않았을 것이다.

첫 번째 기독교인

오늘날도 세계는 여전히 "성령"의 문학적 활동을 진지하게 믿고 있으며, 많은 이들은 여전히 그 믿음의 영향 아래 있다. 우리는 성경을 펼칠 때, 그 안에서 교화를 얻고자 하며, 우리의 크고 작은 비참함을 달래줄 몇 마디 위안을 찾으려 한다. 다시 말해, 우리는 성경 속에서 우리 자신을 읽어 넣고, 또 그 속에서 우리 자신을 읽어낸다. 그러나 소수의 학자를 제외하면—그리고 그들조차 오래도록 주류가 아니었다—성경이 사실은 한 인간의 정신사, 그것도 미신과 교활함으로 가득 찬, 지금까지 존재했던 가장 야심차고 집요한 영혼 중 하나의 내면사, 곧 사도 바울의 역사를 기록한 책이라는 사실을 누가 알고 있었겠는가?

그러나 바로 이 독특한 내면사가 없었다면, 그 정신의 고난과 열정이 없었다면, 기독교 왕국은 결코 존재하지 않았을 것이다. 예수가 십자가에서 죽은 작은 유대 종파의 이야기는 아마 우리 귀에 들려오지도 않았을 것이다. 만약 이 역사가 제때 올바르게 이해되었다면—우리가 성 바울의 글을 "성령의 계시"라는 신앙의 장막 없이, 그리고 우리 개인의 고민을 던져둔 채, 정직하고 독립된 마음으로 읽을 수 있었다면—기독교는 오래전에 막을 내렸을지도 모른다. 왜냐하면 이 유대인 파스칼의 글은 기독교의 기원을 너무나 적

나라하게 드러내고 있기 때문이다. 프랑스의 파스칼이 기독교의 운명과 몰락의 길을 보여주듯 말이다.

기독교라는 배가 유대적인 짐 상당량을 바다로 던져버린 채 이교도들의 바다로 나아갈 수 있었던 것은 오로지 이 한 인간—고통으로 뒤틀린 영혼을 지녔지만 스스로에게도 타인에게도 가시 같은 존재였던 바로 이 사도—덕분이다.

바울은 하나의 고정 관념—혹은 고정된 질문—에 사로잡혀 있었다. 언제나 그 안에서 불타고 있었다. "유대 율법의 의미는 무엇인가?" 더 정확히 말해, "율법의 완전한 이행은 무엇인가?"

젊은 날의 그는 이 질문 앞에서 가능한 모든 것을 시도했다. 유대인들이 상상할 수 있는 최고 수준의 구별, 도덕적 고귀함에 대한 열망—이 민족은 그 어떤 민족보다 더욱 철저하게 인간의 도덕적 위엄을 신적 거룩함의 개념과 결합시키는 데 성공했다—을 이루고자 했다. 바울은 곧바로 이 율법, 이 신을 광신적으로 지키는 감시자이자 신성한 문지기가 되었다. 그는 율법을 위반하는 자들, 의심하는 자들과 싸우며 그들을 잔혹하게 단죄하기를 원했다.

그러나 곧 그는 스스로를 통해 깨닫게 된다. 그의 기질—폭력적이고, 감각적이며, 우울하고, 증오에 가득 찬 —는 이 율법을 끝끝내 이행할 수 없다는 사실을. 더욱이 그에게 이해할 수 없었던 것은, 그의 무한한 권력 욕망이 그를 끊임없이 율법으로부터 이탈하도록 자극했다는 점이다. 그는 그 충동을 억누를 수 없었다. 그를 범죄자로 만들었던 것이 정말 '육체'였을까? 아니면—그가 훗날 깨달았듯이—율법 그 자체가 저항할 수 없는 매력으로 인간을 죄로 끌어들인 것은 아니었을까?

그러나 그 깨달음은 아직 멀었다. 당시 그는 양심에 수많은 짐을 지고 있었다—증오, 살인, 마법, 우상 숭배, 방탕, 술취함, 그리고 광란의 난교. 그는 율법에 대한 극단적인 숭배와 광신적인 옹호로 이 양심의 고통과, 더 나아가 그 뒤집힌 형태—권력 욕망—를 달래 보려 했지만, 가끔씩은 이런 생각이 번개처럼 스쳤다.

"모든 것이 헛되다! 이행되지 않은 율법의 고통은 도저히 이겨낼 수 없다."

루터가 수도원에서 자기 안의 이상적 인간이 되려 몸부림치다 결국 교황과 성인 전체, 성직 체계까지 증오하게 되었던 그 감정이, 훨씬 더 치명적인 형태로, 바울을 사로잡았다. 율법은 그가 자신이 십자가에 못 박혀 있다고 느끼게 만드는 십자가였다. 그는 그것을 지독히 미워했고, 깊이 원망했으며, 자신이 더 이상 율법을 지킬 의무가 없게 될 수단을 찾기 위해 사방을 헤맸다. 그리고 어느 순간—해방의 생각과 함께—간질 환자에게서 흔히 나타나는 환영이 섬광처럼 그의 정신을 가르며 떠올랐다. 외로운 길 위에서 그리스도가 나타났고, 신적 광채 속에서 그에게 말을 건 것이다.

"네가 왜 나를 박해하느냐?"

그러나 실제로 일어난 일은 이렇다. 그의 내부에서 막혀 있던 통찰이 갑자기 열렸고, 그는 마음속으로 중얼거렸다.

"예수 그리스도를 박해하는 것은 부당하다! 여기에 나의 탈출구가 있다. 여기에 나의 최종 복수가 있다. 그리고 여기에, 다른 어디에도 없는, 율법을 무너뜨릴 수 있는 내가 있다!"

그의 고통받던 자부심은 즉시 회복되었다. 그의 도덕적 절망은 증발했다. 도덕 그 자체가 하나의 환상으로 사라져 버렸기 때문이다—십자가에서 이미 '이행된' 것이었다! 그때까지 예수의 치욕스러운 죽음은 바울에게 메시아적 주장에 대한 주된 반박처럼 보였다. 그러나 그것이 율법 파괴의 조건이라면? 이 생각의 엄청난 귀결이 눈앞에서 춤추자, 그는 그 즉시 세상에서 가장 행복한 인간이 되었다. 유대인의 운명, 나아가 인류 전체의 운명이 이 순간적인 번뜩임 한 줄기에 얽혀 있는 듯했다. 그는 사상의 열쇠 중 열쇠, 빛 중의 빛을 손에 쥐었다. 그때부터 그는 율법 파괴의 사도가 되었다. 죄에 대해 죽는다는 것은 곧 율법에 대해서도 죽는다는 뜻이었다. 육체 가운데 산다는 것은 율법 아래에 있다는 뜻이었다! 그러므로 그리스도와 하나가 된 자는 그리스도처럼 율법의 파괴자가 되었다. 그와 함께 죽었으므로, 마찬가지로 율법에 대해 죽은 셈이었다. 이제 죄를 짓는다 해도, 그 죄는 더 이상 '율법에 반하는 죄'가 될 수 없었다.

"나는 율법 위에 있다." 바울은 그렇게 생각했다.

그리고 덧붙여 이렇게도 말했다.

"만일 내가 다시 율법을 인정한다면, 나는 그리스도를 죄의 공범으로 만드는 셈이다."

왜냐하면 율법은 죄를 낳는 기계였기 때문이다. 구토제가 몸을 뒤틀며 병을 드러내듯, 율법은 인간 안에서 죄를 끌어내고 부풀리는 장치였다. 만약 율법 없이도 율법을 행할 수 있었다면, 신이 그리스도의 죽음을 요구했을 리가 없다.

이후로 모든 죄는 속죄되었고, 나아가 죄라는 개념 자체가 폐기되었다. 율법은 죽었다. 그것이 자리 잡았던 '육체'도 죽었으며—혹은 적어도 죽어가고 있었다. 이 부패 속에서 잠시 더 살아가야 하는 것—그것이 바로 기독교인의 운명이다. 언젠가 그리스도와 함께 부활하고, 신성한 영광을 공유하며, 신의 아들이 되는 순간까지 말이다. 그때 바울의 고양은 극에 달했다. 그의 끈질긴 심성 역시 그러했다. 그리스도와의 합일이라는 생각은 그에게서 모든 수치심, 모든 복종, 모든 억제력을 떼어냈고, 그의 폭발적인 야심은 신적 영광에 대한 기대 속에서 환희로 타올랐다. 이것이 바로 첫 번째 기독교인, 곧 기독교의 발명가이다. 그 전까지는 몇몇 유대인 종파주의자가 있었을 뿐이다.

흉내 낼 수 없는

질투와 우정 사이에는 깊고 위태로운 긴장이 있고, 자기 경멸과 자부심 사이에는 가늠할 수 없을 만큼 넓은 거리감이 있다. 그리스인은 이 두 감정 사이의 전자—질투와 우정 사이의 생생한 긴장 속에서—살아갔다. 반면 기독교인은 후자—자기 경멸과 자부심이 서로 교차하는 그 비틀린 심리 공간—에 살았다. 이 둘의 차이는 단순한 기질의 차이가 아니라, 인간 정신이 세계를 이해하고 자기 자신을 바라보는 근본적 구조의 차이다.

조잡한 지성의 사용

기독교 교회는 사실상 온갖 원시 숭배와 고대 신앙, 서로 다른 민족의 관념들을 한데 모아 놓은 거대한 백과사전이다. 이런 이유로 그것은 선교에 특히 잘 적응하는 성질을 가졌다. 과거에 교회는 자신이 원하는 곳이라면 어디든 갈 수 있었고—지금도 그렇다—가서 보면 언제나 자신과 닮은 무언가를 발견했고, 그 요소에 동화되며, 결국에는 그 영적 내용을 기독교적 의미로 바꾸어내는 데 성공했다. 우리가 이 보편적 종교의 팽창을 설명하려 할 때, 그 힘은 기독교가 '기독교적'이었기 때문이 아니라, 그 내부 깊은 곳에 이미 보편적으로 이교적인 성질이 자리 잡고 있었기 때문임을 이해해야 한다. 그 사고방식은 유대적 정신과 헬레니즘적 정신 양쪽에서 동시에 기원했으며, 처음부터 인종적·국가적 배타성과 편협을 뛰어넘는 성질을 갖추고 있었다. 그러나 우리는 이 모든 통합 능력 뒤에 숨어 있는 기독교적 지성의 조잡함과 편협함을 간과해서는 안 된다. 바로 이 조악한 지성 덕에 기독교는 어떤 사상도, 어떤 관습도—심지어 서로 모순되는 것들까지도—모래와 자갈을 씹듯 아무렇지 않게 소화해낼 수 있었던 것이다. 이 둔한 소화력, 그것이 바로 기독교가 확장될 수 있었던 비결이었다.

로마에 대한 기독교의 복수

끊임없이 정복을 거듭하는 제국의 모습만큼 피로를 가져다주는 것도 없을 것이다. 두 세기 넘게 세상은 로마가 한 나라씩 삼켜가는 광경을 지켜보았다. 마침내 원이 완성되었고, 미래는 끝난 듯 보였다. 로마가 세우는 모든 것은 "청동보다 오래 남으리라"(aere perennius)는 관점에서 만들어졌고, 이 견고함은 지켜보는 이들에게 묘한 절망과 무력감을 불러일으켰다. 우리는 '폐허의 우울함'만을 알고 있지만, 영원히 지속되도록 만들어진 건축물들에서 느껴지는 우울함은 그것과는 전혀 다른 종류의 것이다. 호라티우스의 명랑한 상상력이 그 우울함을 잠시 잊기 위한 방편이 되었을 뿐, 대부분의 사람들은 그 무력감을 다른 방식으로 달래야 했다. 즉, 앞으로는 어떤 사유와 어떤 진보도 더 이상 희망을 품을 수 없다는 체념—어디에나 거대한 거미가 도사리고 있고, 그 거미는 자신에게 접근하는 모든 생명을 빨아들일 것이라는, 그 무감각하고도 냉혹한 인식이 그들의 위안이었다.

로마의 지배가 가닿는 곳마다, 수 세기에 걸쳐 축적된 이 말없는 증오는 기독교라는 형태로 폭발했다. 기독교는 로마, "세계", 그리고 "죄"를 하나의 동일한 개념으로 합쳐버렸다. 그리고 기독교인들은 세계의 갑작스럽고 즉각적인 파괴를 선포함으로써 로마에 복수했다. 즉, 로마가 모든 미래를 묶어 과거의 연속으로 만들어버리던 그 폐쇄적 구조를 기독교는 다시 열어젖혔다. 로마가 더 이상 중심이 되지 않는 미래를 제시함으로써 말이다. 최후의 심판이라는 상상은—그리고 그 심판의 상징으로서 십자가에 달린 유대인—로마의 훌륭한 관리들에게는 무엇보다도 모욕적인 조롱이 되었다. 그 십자가 처형된 유대인은 이제 멸망을 향해 가는 "세계" 전체의 상징처럼 보였다. 기독교는 이런 방식으로 로마에 대한 거대한 복수를 완수했다.

"사후 세계"

기독교는 지옥에서의 처벌이라는 관념을 로마 제국 전역에서 이미 널리 퍼져 있던 신비주의 숭배들 속에서 발견했다. 이 숭배들은 이 관념을 자신들의 권력을 강화하는 가장 다산적인 알로 삼아 즐거움으로 부화시키고 있었기 때문이다. 에피쿠로스는 이 믿음을 흔들어 없애는 것이 그의 제자들에게 제공할 수 있는 가장 값진 선이라고 여겼다. 그리고 그의 승리는 그의 제자 중 한 사람, 즉 우울한 기질이지만 그 어둠 속에서 깨달음에 도달한 시인 루크레티우스의 입에서 가장 훌륭한 메아리로 남았다. 그러나 그 승리는 너무 일찍 도래한 승리였다. 기독교는 그 믿음을, 즉 인간의 마음속에서 점점 사라지고 있던 저 지하의 공포를 영리하게 부둥켜안

았고, 특별한 보호 아래 두었다. 그것은 놀라운 통찰이었다. 왜냐하면 이 대담한 이교적 도약이 없었다면, 기독교가 어떻게 미트라스와 이시스의 인기를 이겨낼 수 있었겠는가? 바로 이런 방식으로 기독교는 소심한 이들—새로운 신앙의 가장 열렬한 신봉자들—을 대거 끌어모으는 데 성공했다.

유대인들은, 그리스인들과 마찬가지로—어쩌면 훨씬 더—삶을 사랑하는 민족이었다. 그들은 이 사후 처벌의 관념을 그리 깊게 발전시키지 않았다. 죄인의 처벌로서의 최종적인 죽음, 즉 부활 없는 죽음이라는 극단적 위협: 이 생각만으로도, 그들의 육체를 버리려 하지 않고, 세련된 이집트주의에 기대어 영원히 보존되기를 바랐던 이 특유의 민족에게는 충분히 깊은 충격이었다. (마카베오기 2권의 순교자는 자신의 찢겨진 내장을 버릴 생각조차 하지 않는다. 그는 그것들을 부활 때 다시 돌려받기를 원한다. 실로 지극히 유대적인 모습이다!)

초기 기독교인들에게 영원한 저주의 개념은 낯선 것이었다. 그들은 죽음에서 이미 해방되었다고 믿었으며, 매일 도래할 변화를 기다렸지, 죽음 자체를 기다리지 않았다. (이 기대 속에서 첫 번째 죽음을 목격한 사람들은 도대체 어떤 감정의 소용돌이를 경험했을까? 놀라움, 환희, 의심, 수치, 열정—진정 위대한 예술가의 주제에 걸맞을 만큼 풍부한 감정들이 뒤섞였을 것이다!) 성 바울은, 그의 구세주가 인류 전체에게 불멸의 문을 열어주었다고 말하는 것보다 더 적절한 찬사가 없다고 생각했다. 그는 구원받지 못한 자들의 부활을 믿지 않았다. 더 나아가, 율법 준수의 불가능성, 그리고 죄의 결과로서의 죽음이라는 그의 교리를 따라갈 때, 그는 지금까지 아무도 불멸에 이르지 못했다는 의심마저 품었다. (아니, 특별한 은혜로 인해 아주 소수만이 가능했을지도 모른다—그들의 공로 때문이 아니라 다른 이유로.) 불멸의 문은 오직 그의 시대에 와서야 열리기 시작했으며, 그 문을 통과할 자는 오직 소수의 선택된 자들뿐일 것이라는—즉 선택받았다는 자만의 자부심이 말할 수 있는 그런 주장만이 존재했다.

  삶에 대한 충동이 유대인이나 기독교적 유대인만큼 강력하지 않았던 곳에서는, 불멸의 전망이 최종적 죽음의 전망보다 그다지 소중하게 보이지 않았다. 바로 그 지점에서, 완전히 비유대적인 것은 아니지만 분명 이교적 성격을 띤 '지옥' 개념의 추가는 선교사들의 손에 아주 쓸모 있는 도구가 되었다. 그리하여 죄인과 구원받지 못한 자들마저 불멸하게 된다는 새로운 교리, 즉 영원한 저주라는 교리가 탄생했는데, 이 교리는 최종적 죽음의 개념보다 훨씬 강력했다. 이것을 넘어뜨릴 수 있었던 힘은 오직 한 가지—과학뿐이었다. 과학은 이 개념뿐 아니라 죽음과 사후 세계에 대한 다른 모든 관념을 함께 쓸어버렸다.

우리는 한 면에서 더 가난해졌다. 이제 "사후 세계"는 더 이상 우리 관심의 대상이 아니다. 그러나 그것은 인류 전체가 너무나 오래도록 짊어져 왔던 무형의 짐이 마침내 우리 손에서 떨어져 나간, 말로 표현하기 어려운 해방이다. 그리고 이 지점에서 에피쿠로스는 또다시 승리한다.

"진리를 위하여!"

"기독교의 진리가 입증되는 것은 기독교인들의 덕 있는 삶, 고통 속에서도 흔들리지 않는 굳건함, 그들의 의심 없는 신앙, 그리고 무엇보다 온갖 재난을 뚫고도 믿음이 확산되고 증가한 그 사실 때문이다."—당신들은 지금도 그렇게 말한다. 안타까운 일이다. 이제 배워라. 이 모든 것은 진리를 찬성하거나 반대하는 어떤 것도 증명하지 못한다. 진리는 양심과는 전혀 다른 방식으로 입증되어야 하며, 양심은 진리를 가리키는 어떤 고귀한 증거도 아니라는 사실을 배워라.

기독교의 숨겨진 의도

초기 기독교인들 사이에는 어쩌면 다음과 같은 은밀한 전제가 있었던 것은 아닐까?

"우리가 무죄하다고 스스로를 설득하는 것보다, 우리가 유죄하다고 스스로를 설득하는 편이 더 낫다. 왜냐하면 그렇게 강력한 재판관을 향해 무죄를 주장하는 것은 불가능하며, 그가 죄책감을 느끼는 사람들만을 찾고 있을지도 모르기 때문이다. 그의 위대한 권능을 생각하면, 그는 누군가가 그 앞에서 '나는 무죄입니다'라고 말하는 것을 용서하는 것보다, 죄를 고백하는 자를 용서할 가능성이 더 높다."

이것은 로마 법무관들 앞에 선 가난한 지방민들이 품었던 감정이기도 하다.

"그는 너무나 자부심 강한 자여서, 우리가 그의 앞에서 감히 무죄일 수는 없을 것이다."

기독교인들이 최고 재판관의 얼굴을 마음속에 그리려 했을 때, 바로 이 감정이 작용했을 가능성이 있지 않을까?

유럽적이지도 고귀하지도 않은

기독교에는 어딘가 동양적이며 동시에 여성적인 정서가 스며 있다. 그것은 "주께서 사랑하시는 자를 징계하신다"는 생각 속에서 가장 선명하게 나타난다. 동양의 여성들은 남편의 사랑의 증거를 징계, 그리고 세상으로부터의 엄격한 격리로 이해한다. 그리하여 이런 "사랑의 징표"가 멈추면 오히려 불평한다. 기독교는 바로 이런 감정 구조와 닮아 있다. 고통을 사랑의 표식으로 이해하고, 훈계를 은혜로 받아들인다. 이러한 정서는 유럽적이지도, 고귀하다고 할 수도 없다.

당신이 그것을 악하다고 생각하면, 당신은 그것을 악하게 만든다

열정은, 그것이 악하다고 규정되는 순간 악으로 변한다. 기독교는 바로 이 방식으로 에로스와 아프로디테—즉 숭고하게 고양될 수 있는 힘—를 지옥의 정령과 괴물로 탈바꿈시키는 데 성공했다. 성적 충동이 신자의 양심 속에서 지속적인 고통을 일으키도록 조작함으로써, 기독교는 인간 존재의 가장 필요하고 규칙적인 감각을 내적 비참함의 원천으로 바꾸었다. 그리고 이 비참함은 은밀하게 진행되기에, 더욱 깊게 뿌리를 내린다. 셰익스피어처럼 이 기독교적 우울을 노골적으로 드러낼 용기를 가진 자는 극히 드물었다.

그러나 다시 묻자. 우리가 싸워야 하고, 조절해야 하고, 경우에 따라 마음속에서 몰아낼 필요가 있는 모든 감정이 정말 "악"이라 불려야 하는가? 적을 언제나 악이라 부르는 것은 저속한 영혼의 습관이다. 그런데 우리가 정말로 에로스를 적이라 불러야 하는가?

성적 감정은 연민이나 숭배처럼, 한 존재가 자신이 누리는 즐거움으로 다른 존재에게 즐거움을 주는 특수한 구조를 가진다—자연 속에서 이렇게 '자비로운 배열'을 만나는 경우는 드물다. 그럼에도 인간은 자신의 나쁜 양심으로 이 모든 것을 비방하고 오염시켜 왔다. 우리는 인간의 생식 자체를 죄책감에 연결해 버렸다.

이 에로스의 악마화가 가져온 결과는 단지 부정적인 것만도 아니다. 교회는 에로스를 악마로 만들었지만, 바로 그 악마는 교회가 만들어낸 모든 천사와 성인보다도 인간들에게 훨씬 더 강한 관심의 대상이 되었다. 사랑 이야기가 오늘날에도 모든 계층에서 통용되는 거의 유일한 공통 관심사가 된 것은 기독교 덕분이다—고대인에게는 전혀 이해할 수 없는 과장이며, 미래의 세대라면 폭소를 터뜨릴 과장이다.

가장 높은 것에서 가장 낮은 것에 이르기까지 우리의 모든 시와 사유는 사랑 이야기에 부여된 이 과장된 중요성의 흔적을 지니고 있으며, 그 영향은 기독교 문화 전체를 편협함, 광기, 감정 과잉의 색조로 물들게 했다.

영혼의 고문

오늘날 누군가가 다른 사람의 몸을 고문한다면, 세계 전체가 공포로 떨고 분노로 들끓는다. 인간이나 동물에게 신체적 고문이 가해진다는 생각만으로도 우리는 전율한다.

그러나 영혼에 가해지는 고문, 그 끔찍함과 잔혹함에 관해서는, 동일한 감정이 훨씬 약하게, 그리고 훨씬 작은 범위에서만 경험된다.

기독교는 이 영혼의 고문을 전례 없는 규모로 제도화했고, 지금도 그것을 설교한다. 심지어 그러한 고통이 전혀 없는 영혼의 상태를 발견하면, 기독교는 그것을 순진하게도 타락이나 무관심이라고 비난한다. 그 결과, 인류는 영적 고문대 앞에서—마치 신체적 고문대 앞에서 그랬던 것처럼—공포와 경외, 무력함을 반쯤 섞은 태도로 오늘날까지도 머뭇거리고 있다.

지옥은 결코 비말로만 존재한 것이 아니었다. 지옥에 대한 새로운 두려움과 함께, 또 하나의 새로운 연민—그 이전에는 존재한 적

없는, 무겁고 무시무시한 연민—도 함께 만들어졌다. "돌이킬 수 없이 정죄된 자들"을 향해 돌상조차 울게 만든 연민, 도나 후안에게 돌손님이 알려준 바로 그 연민이다.

플루타르코스는 이교도적 미신에 사로잡힌 인간의 우울한 내면을 묘사했지만, 이는 "영원한 고통"이라는 관념 속에서 살아간 중세 기독교인의 심리와 비교한다면 오히려 미약하게 느껴질 것이다. 그들의 세계에는 끔찍한 징조들이 넘쳐났다—황새의 부리에 물린 뱀이 몸속으로 들어가려는 모습, 갑작스레 창백해지는 대지, 불타는 색채가 하늘을 가르는 광경, 고통의 흔적으로 일그러진 얼굴을 한 죽은 자의 유령… 그리고 방의 벽이 갑자기 빛나며, 불꽃 속에 고문 도구와 악마가 드러나는 광경들.

기독교는 십자가를 온 세계에 세움으로써, 이 땅이 "의로운 자가 고문당해 죽는 곳"임을 선포했고, 그 때문에 이 세계는 더없이 공포스러운 거처가 되었다. 위대한 설교자가 군중 앞에서 영혼의 고통을 폭로할 때면—예를 들어 화이트필드가 "죽어가는 이에게 죽어가는 이처럼" 설교했을 때—현장은 거의 광기에 가까운 혼돈으로 변하곤 했다. 군중은 울부짖고, 비명을 지르고, 떨고, 쓰러지고, 숨을 헐떡였다. 어느 목격자는 이렇게 말했다.

"그 자리에서 들려오던 거의 모든 소리는, 극도의 고통 속에서 죽어가는 사람에게서 나오는 소리처럼 들렸다."

기독교가 처음으로 죽음의 침상을 고통의 침상으로 바꾸었으며, 그 악몽 같은 장면들과 소리들이 수많은 사람과 그들의 자녀들의 피 속에 스며들었다는 사실을 우리는 잊어서는 안 된다.

이제 상상해보라. 어느 평범한 사람이 다음과 같은 절규를 임종의 순간에 들었다고 하자—그 기억은 결코 사라지지 않을 것이다.

"오, 영원! 차라리 내게 영혼이 없었더라면!

차라리 태어나지 않았더라면!

내 영혼은 저주받았다—영원히 길을 잃었다!

엿새 전이었다면 당신이 나를 도울 수 있었을 것이다.

그러나 이제 모든 것이 끝났다.

나는 악마에게 속했고, 그와 함께 지옥으로 내려갈 것이다.

부서져라, 부서져라, 너희 돌 같은 마음들아!

너희는 금이 가지 않을 것인가? 무엇을 더 해야 하겠는가?

나는 너희가 구원받도록 하기 위해 저주받았다!

저기 그가 있다! 그렇다—저기 그가 있다!

오라, 착한 악마여! 오라!"

복수하는 정의

기독교는 불행과 죄를 하나의 저울 위에 올려놓았다. 그리하여 어떤 잘못 뒤에 큰 불행이 따라올 경우, 그 잘못은 반드시 그 불행에 상응하는 "거대한 악"으로 간주되었다. 이것은 고대 세계의 사고방식과는 완전히 다른 판단이었다. 그 때문에 고대 비극은—비록 그들 자신은 의식하지 못했지만—인간의 정신을 해방시키는 위대한 역할을 하게 된다. 그들은 죄와 불행 사이에 "비례 관계"를 강요하지 않았다. 비극 속에서 영웅들을 넘어뜨리는 것은 때로는 발밑의 작은 조약돌 하나이고, 그것 때문에 그는 팔이 부러지거나 눈을 잃을 수 있다. 이에 대해 고대인은 이렇게 말했을 뿐이다.

"그는 좀 더 조심했어야 했다. 오만하지 말았어야 했다."

그러나 기독교는 이렇게 말하기를 좋아한다.

"큰 불행이 있다면, 그 뒤에는 반드시 그만큼 큰 죄가 있어야 한다—설령 우리가 그것을 알 수 없더라도! 불쌍한 인간아, 네가 그 죄를 스스로 느끼지 못한다면, 그것은 네 마음이 완고해졌기 때문이다. 그리고 그 완고함 때문에 더 끔찍한 일이 너에게 닥칠 것이다."

고대인들은 '순수한 불행, 무고한 불행'이라는 개념을 똑바로 이해했다. 모든 고통이 "정당한 처벌"이 된 것은 오직 기독교 이후의 일이다. 기독교는 고통받는 인간의 상상력을 더욱 잔혹하게 만들었고, 고통받는 이는 자신의 고난 속에서 곧바로 도덕적 비난과 버려짐의 감정을 느끼게 되었다. 그리스인들은 타인의 불행을 보며 느끼는 한 특수한 감정―분노와 연민이 섞인 남성적인 감정―을 나타내는 고유한 단어까지 가지고 있었다. 그러나 기독교 문화에서는 이 감정이 억제되고, 자라나지 못했으며, 결국 이름조차 남지 않았다.

제안

파스칼의 논리를 따른다면, 그리고 기독교의 논증을 따른다면, 우리의 자아가 언제나 혐오스럽고 증오받아 마땅한 것이라면―어떻게 우리가 다른 존재들, 신이든 인간이든, 그것을 사랑할 수 있다고 가정할 수 있는가? 우리가 증오 외에는 어떤 것도 받을 자격이 없다는 것을 알고 있으면서 사랑을 요구하거나 허용하는 것은, 기존의 모든 "도덕 원칙"을 거스르는 일이 아니겠는가?

기독교는 이렇게 대답한다.

"이것이 바로 은혜의 왕국이다."

그렇다면 이렇게 되묻자. 당신은 이웃을 향한 당신의 사랑을 은

혜로 이해하는가? 당신의 연민을 은혜로? 그렇다면 한 걸음 더 나아가도 되지 않겠는가? 은혜를 통해 스스로를 사랑하라. 그렇게 된다면 더 이상 당신에게는 신이 필요하지 않을 것이고, 인류의 타락과 구속의 전체 드라마는 당신 자신의 내면에서 마지막 장면을 맞이하게 될 것이다.

연민하는 기독교인

기독교인의 연민에는 또 다른 면이 있다. 그는 이웃의 고통을 보며 연민하지만, 동시에 이웃의 기쁨을 의심한다. 그가 무엇을 원하는지, 무엇을 할 수 있는지, 그리고 어떤 즐거움을 누리는지—그 모든 것에 대해 기독교인은 깊은 불신을 품는다. 이것이 기독교적 연민의 숨겨진 이면이다.

성인의 인간성

어느 성인은 신자들 사이에서 그들의 끊임없이 반복되는 죄에 대한 증오의 외침을 더는 견딜 수 없었다. 마침내 그는 그들에게 이렇게 말했다.

"신은 죄를 제외한 모든 것을 창조하셨다. 그렇다면 그가 죄를 좋아하지 않는 것은 놀랄 일이 아니다. 그러나 인간은 죄를 만들어 냈다. 그렇다면 왜 인간이, 단지 이 죄가 '신—즉 인간의 할아버지'에게 우호적으로 보이지 않는다는 이유만으로, 자기 자신의 이 유일한 아이를 부정해야 한단 말인가? 그것이 과연 인간적인가? 존경해야 할 이에게 존경을 바치는 것은 옳다. 그러나 우리의 마음과 우리의 의무는 무엇보다도 먼저 우리의 아이, 즉 우리가 낳은 죄를 향해 말해야 하며—그 다음에야 비로소 할아버지의 명예를 고려해야 한다!"

신학적 공격

"당신은 스스로 이 문제를 정리해야 한다. 왜냐하면 당신의 영혼이 위험에 처해 있기 때문이다!"

루터는 이러한 말로 우리에게 갑자기 달려들어, 마치 우리가 실제로 목에 칼을 느끼는 듯한 공포를 상상하게 만든다. 그러나 우리는 그보다 더 높고, 더 사려 깊은 정신의 말로 그를 물리친다.

"우리는 어떤 문제에 관해 반드시 의견을 형성해야 할 의무가 없다. 그리고 우리의 영혼을 구하기 위해 억지로 판단을 내릴 필요도 없다. 왜냐하면 사물 자체는 그 본성상 우리에게 의견을 표현하라고 강요할 수 없기 때문이다."

불쌍한 인류여!

뇌 속의 피 한 방울—너무 많거나 너무 적은 단 한 방울—그것이 우리의 삶을 말로 표현할 수 없을 만큼 비참하고 고통스럽게 만들 수 있다. 우리는 그 한 방울로 인해, 프로메테우스가 독수리에게서 겪었던 고통보다 훨씬 심한 고통을 누릴 수 있다. 그러나 가장 무서운 것은, 우리가 그 한 방울이 우리의 고통의 원인이라는 사실을 알지 못할 때이다. 그때 우리는 자신의 고통의 근원을 "악마"라 부르거나, "죄"라 부르며 스스로를 살해한다.

기독교의 문헌학

기독교가 정직의 감각을 얼마나 빈약하게 길러왔는지는, 그 학자들의 글을 보면 즉시 드러난다. 그들은 추측을 교리처럼 제시하며, 성경 해석에 관해서는 어떤 불리함도 느끼지 않는다. 그들의 끊임없는 외침은 이렇다.

"내가 옳다. 왜냐하면 기록되어 있기 때문이다."

그리고 그 뒤에 이어지는 것은 뻔뻔하고 변덕스러운 해석뿐이다. 문헌학자는 이를 들을 때 분노와 실소 사이에서 멈춰 서서 스스로에게 묻게 된다. 정말 가능한가? 이것이 정직한가? 심지어 예의라고 부를 수 있는가? 이 부정직함을 과소평가하는 사람들은 둘 중 하나이다. 교회에 전혀 가지 않는 사람, 혹은 늘 가는 사람. 둘 다 설교자가 자신의 안전한 지위를 어떻게 마음껏 남용하는지 보지 못한다. 성경의 본문은 집요하게 비틀리고, 쥐어짜이고, 모든 형태의 잘못된 독법이 습관화된다. 그러나 결국, 무엇을 기대할 수 있었겠는가? 기독교는 구약성경을 자기 소유라고 주장하기 위해 처음부터 문헌학적 대소극을 벌였던 종교다. 그들은 구약이 사실은 기독교적 진리만을 담고 있으며, 유대인들이 근거 없이 그것을 자기 것으로 삼았다고 주장했다. 그리고 그 뒤에 이어진 것은, 양심과 결코 조화될 수 없는 해석과 위조의 광란이었다.

유대 학자들이 아무리 강력히 항의해도 소용없었다. 기독교는 구약성경이 모든 곳에서 그리스도를 말하고 있다고 주장했다—특히 그의 십자가를. 그리하여 나무, 지팡이, 막대기, 사다리, 작은 가지, 버드나무, 또는 어떤 종류의 나무든 언급만 되면, 그것은 십자가의 예언이 되었다. 유니콘, 놋뱀, 모세가 손을 들어 기도하는 장면—심지어 유월절 양을 굽는 꼬치까지—모두 십자가의 상징이 되었다. 이것을 주장한 사람들이 실제로 그것을 믿었을까? 게다가, 교회는 칠십인역 본문에 자신들에게 유리한 구절을 삽입하는 것도 주저하지 않았다(예: 시편 96:10). 그들은 싸우고 있었고, 싸움 속에서 정직함보다 우선되는 것은 적에 대한 승리였다.

궁핍 속의 미묘함

그리스 신화를 당신의 심오한 형이상학과 닮지 않았다는 이유만으로 조롱하는 일을 경계하라. 그 신화는 단순히 유치하거나 원시적인 산물이 아니다. 오히려 그 안에는 민족적 지성의 절도, 과잉 추상화로 빠지지 않기 위한 절제, 그리고 후대 스콜라주의나 궤변적 미신이 만들어낸 위험을 일찍이 회피할 수 있었던 재치가 있다. 그리스인은 지나치게 날카로운 사유를 억제하고, 지성이 빠르게 비틀거리기 쉬운 심연에 떨어지지 않도록 지켜낸 민족이었다. 그들의 신화는, 형이상학적 건물보다 덜 "심오"해 보인다 해도, 오히려 그만큼 더 현명한 것이었다.

몸의 기독교 해석자

위장, 장기, 심장 박동, 신경의 불안, 담즙의 변화, 정액의 분비—이 신체적 현상들이 만들어내는 불편함, 쇠약, 자극, 그리고 우리가 좀처럼 이해하지 못하는 이 기계 전체의 우연성. 파스칼과 같은 기독교인은 이러한 모든 신체적 작용을 도덕적·종교적 신호로 해석한다. 그들은 묻는다.

"이것은 신 때문인가, 아니면 악마 때문인가? 선의 징조인가, 악의 징조인가? 구원을 알리는가, 저주를 암시하는가?"

아아, 불운한 해석자여! 그는 자신의 체계에 맞추기 위해 자신의 몸을 끊임없이 왜곡해 해석해야 한다. 그리고 자신의 해석을 유지하기 위해 자신의 정신과 양심까지 괴롭혀야 한다. 이처럼 신체는 가장 단순한 현상조차 도덕적 고문대 위로 끌려가고, 해석자의 영혼은 그 위에서 스스로를 학대한다.

도덕적 기적

도덕의 영역에서 기독교는 기적 외에는 아무것도 알지 못한다. 갑작스러운 가치의 전도, 오래된 습관의 돌연한 폐기, 전혀 새로운 사람들과 새로운 목표를 향한 거역할 수 없는 충동—기독교는 이러한 모든 현상을 "신의 행위", 곧 거듭남의 기적이라 부르며 절대적이고 비교 불가능한 가치를 부여한다. 이와 반대로, 이러한 기적과 무관한 모든 도덕적 행위는 기독교인에게 거의 무가치하다. 심지어 그것이 그에게 행복감이나 자부심을 가져다주는 한, 오히려 의심과 두려움의 대상이 된다. 미덕—신약성경이 요구하는 미덕—은 실현 불가능하도록 규정된다.

그리고 도덕적 완벽함에 이르기 위해 애쓰는 사람은, 노력하면 할수록 자신의 목표와 더 멀어진다는 사실을 깨닫는다. 그러자 그에게 남는 것은 오직 절망뿐이며, 결국 그는 자비로운 분의 발 아래 몸을 던질 수밖에 없다. 기독교의 도덕은 이 절망에서야 비로소 "가치"를 얻는다. 그렇기에 도덕적 노력은 항상 불모하고, 고통스럽고, 우울함 속에서 유지되어야 한다. 그러나 바로 이러한 상태가, 기독교인이 말하는 "은혜의 넘침", 곧 도덕적 기적의 황홀경을 불러올 수 있는 토양이 된다. 그리고 또한, 이 기적은 언제나 죄인에게 가장 쉽게 일어난다— 심지어 그가 죄의 가장 깊은 진흙탕 속에 잠겨 있을 때조차. 더 정확히 말해, 그 지점이야말로 기적이 가장 인상적으로 보이는 순간이다. 심연에서 한 번에 정상으로 도약하는 것—그들은 이것을 신의 표지로 삼는다. 그러나 이 갑작스럽고 불합리하며 저항할 수 없는 변환, 비참함의 밑바닥에서 황홀경의 꼭대기로 뛰어오르는 이 현상은 무엇인가? 혹은 이것이 "위장된 간질"은 아닌가? 이 문제는, 살인광의 발작이나 자살 충동과 같은 비슷한 "기적"을 수없이 관찰해온 정신의학자가 다루어야 할 문제이다. 기독교인의 경우 결과가 보다 "즐거운" 쪽으로 나타난다고 해서, 그것이 본질적 차이를 만들어내는 것은 아니다.

루터, 위대한 은인

루터가 남긴 가장 큰 결과는, 성인(聖人)들과 기독교적 관조(觀照)생활 전체에 대한 근본적인 의심을 유럽 속에 불러일으켰다는 사실이다. 오직 그의 시대 이후에야 비로소 유럽인은 다시금 비기독교적 관조적 삶을 영위할 수 있게 되었으며, 그때 이후로 평신도와 세속적 활동에 대한 오랜 경멸도 서서히 사라졌다.

루터는 수도원이라는 굴 속에 갇혀 있었지만, 그곳에서도 여전히 정직한 광부의 아들이었다. 그는 수도원의 내면 깊이로 파고들어갈 "다른 종류의 시추 도구"가 없었기 때문에, 결국 자신 안으로 파고들어 자신에게 뚫린 무섭고 어두운 통로들과 마주해야 했다. 그리고 그는 마침내 인정하게 되었다. 내면의 성스러움이나 천상적 관조는 자신에게는 본실적으로 불가능하며, 자신의 타고난 체력과 기질—굳센 몸, 공격적 에너지, 활발한 생명력—이야말로 그를 끝내 파멸로 몰아갈 것이라는 사실을. 그는 아주 오랫동안, 너무 오랫동안, 수행과 금욕을 통해 성스러움에 도달할 수 있다고 믿으며 자신을 괴롭혔다. 그러나 그는 결국 체념하고 이렇게 말했다.

"진정한 관조적 삶이란 존재하지 않는다! 우리는 속았다. 성인들은 우리보다 더 나은 사람들이 아니었다."

이것은 투박하고 소박한 방식의 반란이었지만, 당시 독일인들이 이해할 수 있는 방식으로는 유일하게 효과적인 진실 말하기였다. 그리고 그들은 루터교 교리서에서 다음과 같은 문장을 읽을 때 강렬한 해방감을 느꼈다.

"십계명 외에, 신의 눈에 호의를 얻을 수 있는 행위는 없다. 이 많이 칭송받는 성인들의 영적 행위란 순전히 상상일 뿐이다!"

루터는 이 말로 기독교적 금욕주의와 성인 숭배 전체를 정면으로 해체했고, 그 붕괴 위에서 비기독교적 관조의 자유가 다시 피어났다.

죄로서의 의심

기독교는 가능한 모든 방식으로 자신을 하나의 원(圓) 안에 가두려 했다. 그 절정은, 마침내 "의심 그 자체"를 죄로 규정하는 데까지 나아간 것이다. 기독교적 믿음의 논리는 이렇다. 우리는 이성의 도움 없이, 기적에 의해 믿음 속으로 내던져져야 한다. 그리고 한 번 빠져들면, 우리는 아무런 의심도 없이 그 안에서 떠다녀야 한다. 어떤 '단단한 땅'을 바라보는 것 자체—즉, 믿음 바깥의 목적을 생각하는 순간—죄이다. 우리의 양서류적 본성, 즉 생각하고 질문하려는 작은 움직임조차도 죄이다. 이 결정에 따르면, 믿음을 위한 증거도 죄, 믿음을 위한 논증도 죄, 심지어 믿음의 기원을 파헤치려는 명상도 죄가 된다. 기독교의 이상은 다음과 같다. 맹목과 광란, 그리고 이성이 완전히 익사한 물 위에서 영원히 울려 퍼지는 백조의 노래.

이기주의 대 이기주의

지금도 여전히 많은 사람들이 다음과 같은 결론에 도달한다.

"신이 없다면 삶은 견딜 수 없을 것이다!"

"만약 삶이 윤리적 의미를 갖고 있지 않다면, 삶은 감당할 수 없다!"

그러므로 그들은 말한다.

"신이 있어야 한다."

"삶에는 반드시 윤리적 의미가 있어야 한다."

그러나 실제로 일어나는 일은 이렇다. 그러한 개념—신, 도덕적 의미—에 익숙해진 사람은, 그 개념들이 없다면 살아갈 수 없기에, 그들에게 그 개념은 필요하다. 그러나 어떤 사람이 자신의 생존을 위해 필요로 한다는 이유만으로, 그 개념이 현실에 존재해야 한다고 주장하는 것은 얼마나 주제넘은 일인가! 마치 그의 생존이 정말로 '절대적으로' 중요하기라도 한 것처럼! 그리고 더 나아가 생각해보라. 만약 다른 사람들이 정반대의 의견을 가지고 있다면? 만약 그들은 신 없이, 혹은 윤리적 의미 없이 사는 삶이 더 낫다고 느낀다면? 그리고 만약 신의 존재나 윤리적 의미가 실재한다면 오히려 삶이 견딜 수 없게 된다고 느낀다면? 그리고 그것이 바로 오늘날의 실제 상황이다.

신의 정직성

만약 전지전능한 신이 자신의 의도가 피조물에게 제대로 이해되도록 세심히 배려하지 않는다면—그가 과연 선한 신일 수 있을까? 수천 년 동안 인류는 수많은 의심과 혼란 속에서 헤매 왔는데,

신은 그 모든 방황이 아무런 의미도 없는 것처럼 태연히 바라보며, 동시에 그의 '진리'를 오해하면 가장 끔찍한 결과가 닥칠 것이라고 위협한다. 이런 신이라면, 그는 도덕적 완전성보다 잔혹성에 가까운 존재가 아닌가?

혹은 이렇게 반문할 수도 있을 것이다. 그는 선한 신이지만, 자기 뜻을 명료하게 표현할 능력이 부족했을지도 모른다고. 그렇다면? 그는 충분한 지성이 없었는가? 표현 능력이 부족했는가? 그러나 이 가정은 더 끔찍하다. 그가 스스로 '진리'라고 부르는 것조차 제대로 파악하지 못한 채 믿고 있었다면—그는 단지 또 하나의 "불쌍하고 속은 악마"에 불과하지 않겠는가? 그렇다면 지옥에서 가장 혹독한 고통을 겪어야 하는 존재는 바로 그 신 자신일지도 모른다.

자신의 피조물이 비틀거리며 무엇이 참인지 헤맬 때, 그는 귀머거리·벙어리처럼 모호한 신호만 보낼 수 있고, 결정적인 도움은 주지 못하는 신—그렇다면 그가야말로 가장 고독하고 가장 가련한 존재이지 않은가? 이런 사유 끝에 신자는 어느 순간 깨닫는다. 고통받는 이웃보다 고통받는 신 자체에 더 큰 연민을 느낀다는 사실을. 그러나 그렇게 느끼게 되는 순간, 이웃은 더 이상 그에게 이웃이 아니다. 그는 "연민의 방향"만을 남기고, 신과 인간 모두에 대한 감정을 혼란스럽게 뒤섞은 채 머뭇거리게 된다.

모든 종교는, 그 기원이 인간 지성의 미성숙한 시절에 놓여 있다는 사실을 지워버릴 수 없다. 그들은 신이 인간과 소통할 때 요구되는 명확함과 정직성이 무엇인지조차 알지 못했다. 파스칼은 "숨겨진 신$^{(deus\ absconditus)}$"의 문제를 누구보다 웅변적으로 이야기했지만, 그가 왜 신이 숨어 있어야만 했는지 끝내 설명하지 못한 채, 불안을 억누르기 위해 더 큰 목소리로 떠들었을 뿐이다. 그는 어쩌면 신 안에서 어떤 부도덕성의 그림자를 감지했을지도 모른다. 그러나 그것을 인정하길 두려워했기 때문에, 오히려 더 완고하게 주장해야 했던 것이다.

기독교의 임종에서

오늘날 진정으로 활동적이고 창조적인 사람들은 이미 내면에서 기독교를 버리고 살아간다. 지적 중산층의 온건하고 양심적인 이들조차 이제는 기독교를 일종의 "순한 형태의 도덕주의"로만 받아들인다. 이들이 믿는 신은 이렇다.

"신은 사랑으로 모든 것을 우리의 최선의 방향으로 이끌며, 우리에게 미덕과 행복을 주었다가, 적절한 때에 그것을 거둬가기도 하며, 결국 우리가 삶에 대해 불평하지 않도록 모든 것을 조율한다."

이 신은 더는 초월적 존재가 아니라, 신격화된 체념과 겸손, 즉 "모든 것은 잘 될 것이다"라는 순한 낙관주의의 상징에 가깝다. 이렇게 기독교는 점차 부드러운 휴머니즘으로 녹아들어 사라진다. 신·영혼·불멸이라는 거대한 약속 대신, 우리는 "자비", "정직한 감정", "따뜻한 인간성"만을 남겨 두었다. 그리고 이 감정들이 언젠가 우주의 보편적 원리가 되리라는 막연한 희망. 이것이 바로 기독교의 안락사이다. 조용히, 저항 없이, 천천히, 하나의 문화적 감정으로 녹아 사라지는 죽음.

진리란 무엇인가?

신자들은 흔히 다음과 같은 논리를 즐겨 사용한다.

"과학이 신을 부인한다면, 과학은 진리일 수 없다. 왜냐하면 신은 진리이기 때문이다."

여기서 오류는 논리의 흐름이 아니라 전제 자체에 있다. 신이 '진리 그 자체'가 아니라면? 그가 사실은 인간의 허영, 권력 욕망, 불안, 혹은 광기 어린 영적 흥분에서 비롯된 가설적 산물이라면? 그가 진리가 아니라, 인간 정신의 그림자라면? 만약 이것이 증명된다면—신의 진리싱이라는 선제가 부너진다면—그때야말로 우리는 진리를 더 높은 기준에서 다시 질문할 수 있게 된다.

불만족한 사람들을 위한 치료법

심지어 바울도 이미, 신이 인간의 죄로 인해 느끼는 불쾌감을 달래기 위해서는 희생이 필요하다고 믿었다. 그 이후 기독교는 이 구조를 끊임없이 반복했다. 즉, 기독교인은 자신 안의 불쾌함·죄책·자기혐오를 누군가 혹은 무엇인가에게 전가해야만 안심했다. 그 희생양은 시대에 따라 달라졌다.―그것이 "세계"든, "역사"든, "이성"이든, 기쁨이든, 다른 사람들의 평온이든, 혹은 인간의 어떤 훌륭한 가치들이든― 그들은 스스로의 죄와 불편한 감정을 털어내기 위해, 항상 무언가를 죽여야 했다―비유적이든 실제적이든. 이것이 기독교가 불만족을 다루는 방식이었다. 불쾌함은 언제나 희생을 요구하는 감정으로 치환되었고, 그 희생은 결국 기독교가 세계와 인간을 바라보는 구조를 형성했다.

결정적인 것으로서의 역사적 반박

예전에는 신이 없다는 것을 직접 증명하려는 시도가 있었다. 그러나 이제는 완전히 다른 길이 열렸다. 우리는 "신이 존재한다는 믿음이 도대체 어떻게 생겨났는가?", "그 믿음은 어떻게 권위와 중량을 획득했는가?"를 추적함으로써, 신의 존재를 부정할 필요 자체를 없애 버렸다. 믿음의 기원을 밝히는 것―그것으로 충분하다. 그 순간 '신 없음'은 더 이상 가설이 아니라, 증명 불필요한 사실로 전환된다. 이전 시대의 무신론자들은 "신의 존재 증명"을 하나하나 깨뜨리면서도, 늘 마음속에 이런 잔여 의심을 남겼다. "혹시 우리가 아직 모르는 더 강력한 증명이 숨어 있는 건 아닐까?" 그래서 그들은 언제나 불안했고, 상대를 완전히 제압하지 못했다. 그들은 진정한 무신론자가 되기 위해 필요한 기술, 백지의 기술$^{(tabula\ rasa)}$[48], 즉 머릿속을 완전히 비우고 문제의 근본을 새롭게 구성하는 능력을 갖추지 못했던 것이다.

"이 표식으로 승리할 것이다"

유럽이 많은 영역에서 진보했다고 자부하더라도, 종교 문제에

---

48 라틴어로 '백지(白紙)'를 뜻하며, 원래는 인간의 정신이 경험 이전에는 아무것도 적혀 있지 않은 빈 상태라는 철학적 개념을 가리킨다. 여기서 니체는 이 개념을 비유적으로 사용하여, 기존의 믿음·도덕·관념을 완전히 지워낸 상태에서 처음부터 다시 사유할 수 있는 능력을 의미한다.

관해서만큼은 아직 고대 브라만의 자유로운 천진함에 도달하지 못했다. 4천 년 전 인도의 브라만들은 이미 깊은 명상 속에서, 우리 시대 인간이 결코 흉내내지 못하는 평화와 사고의 여유를 후손에게 물려주었다. 그들에겐 두 가지 근본 신념이 있었다.

첫째, 사제는 신보다 강하다.

둘째, 의례가 사제의 힘을 구성한다.

이 신념 때문에 그들의 시인들은 끊임없이 노래했다. 기도, 찬송, 희생, 의식, 즉흥적 멜로디가야말로 모든 축복을 분배하는 진정한 힘이라고. 물론 그 안에는 미신과 시가 뒤섞여 있었지만, 그 근본 원리는 나름의 진실성을 지니고 있었다. 그러나 사유는 여기서 멈추지 않았다. 한 걸음 더 나아가 신들 자체가 폐기되었다. 유럽도 언젠가는 그 경지에 이르게 될 것이다. 또 한 걸음 더 나아가 사제와 중개자 없이도 살 수 있는 시대가 열렸다. 바로 그때 등장한 이가 붓다, 자기 구원의 종교를 가르친 자였다. 유럽은 아직 이 수준에 비하면 부끄러울 만큼 멀리 있다. 신과 사제와 구세주의 힘을 지탱해 온 관습과 의례가 완전히 붕괴되고, 그와 함께 오래된 의미의 도덕이 죽을 때, 비로소 "그 다음의 시대"가 도래할 것이다. 그러나 그것이 어떤 시대일지, 섣부른 추측은 삼가야 한다. 확실한 것은 하나—유럽은 결국 오래전 인도의 사색가들이 도달했던 높이를 되찾게 되리라는 점이다. 그리고 지금, 유럽 곳곳에 흩어져 있는 "신을 믿지 않는 자들"—그 수는 이미 천만에서 이천만에 이르고 있다—이들이 서로를 알아볼 수 있는 신호나 표식을 갖는 것이 과연 지나친 요구인가? 그들이 서로를 알아보는 순간, 그들은 서로 알게 되고, 그 즉시 유럽에서 하나의 힘이 될 것이다.

국가들 사이에서!

계층들 사이에서!

부자와 가난한 자 사이에서!

명령하는 자와 복종하는 자 사이에서!

가장 불안한 영혼들과 가장 평온한 영혼들 사이에서!

2. 도덕 감정의 역사

사람은 도덕적이 된다―그러나 도덕적이기 때문이 아니다!

도덕에 대한 복종은 노예 근성, 허영심, 이기심, 체념, 우울한 광신, 혹은 무분별함 때문일 수 있다. 때로는 단순히 통치자의 권위에 굴복하는 절망적 행위일 뿐이기도 하다. 그러나 이러한 복종 그 자체 안에는 어떤 '도덕성'도 존재하지 않는다.

도덕의 변화

도덕은 성공한 범죄들에 의해 끊임없이 변화하고 변형된다. 도덕적 판단의 모든 혁신이 바로 이 범주에 속한다.

우리 모두가 비이성적인 점

우리는 이미 거짓이라고 생각하는 판단, 혹은 더 이상 믿지 않는 교리에서조차―감정을 통해―여전히 결론을 끌어낸다.

꿈에서 깨어나기

고귀하고 현명한 사람들은 한때 '천체의 음악'을 믿었다. 지금도

"존재에는 도덕적 의미가 있다"고 믿는 고귀하고 현명한 사람들이 있지만, 언젠가 그들도 이 음악이 더 이상 들리지 않는 날을 맞이할 것이다. 그때 그들은 자신들의 귀가 한동안 꿈꾸고 있었음을 깨달을 것이다.

의심의 여지가 있는

단지 '관습'이라는 이유만으로 어떤 믿음을 받아들이는 것은, 그 사람이 부정직하고 비겁하며 게으르다는 의미다. 그렇다면 부정직함·비겁함·게으름이야말로 도덕의 기본 조건이어야 하는가?

가장 오래된 도덕적 판단

이웃의 행동을 평가할 때, 우리는 먼저 그것이 우리에게 어떤 이익을 주는지를 살핀다. 우리는 그 행동을 항상 이 관점에서 바라본다. 그리고 이러한 영향 자체를 그 사람의 '의도'라고 간주한다. 마침내 우리는 그 의도를 그 사람의 고정된 성질로 단정하고, 그를 "위험한 사람"이라고 부른다.

이것이 바로 세 가지 오류이며, 도덕에서 가장 오래된 실수다.

아마 우리는 이 오류를 동물들의 판단 방식에서 물려받은 것일지 모른다. 어쩌면 모든 도덕의 기원은 다음과 같은 이 불쾌한 결론에서 비롯된 것 아닐까?

"나에게 해를 끼치는 것은 악하다(그 자체로 해로운 것이다). 나에게 이익이 되는 것은 선하다(그 자체로 유익하다). 한 번 혹은 여러 번 해를 끼친 존재는 본질적으로 적대적이다. 한 번 혹은 여러 번 이익을 준 존재는 본질적으로 우호적이다."

오, 부끄러운 기원이다!

이는 타인과의 우연하고 개인적 관계를 그 사람의 본질적 자질로 확대 해석하는 일이며, 그가 우리에게 했던 행동을 모든 사람에게도 그대로 할 것이라 단정하는 것이다. 이 어리석음은 또한 우리가 선악을 결정하는 순간, 자신을 그 판단의 기준으로 삼는 가장 오만한 태도와 연결되어 있지 않은가?

도덕을 부인하는 두 부류의 사람들

도덕을 부인한다는 말은 두 가지 의미를 가질 수 있다.

첫째, 인간이 특정 행동을 하도록 촉구했다고 주장하는 '도덕적 유인'을 부정하는 것이다. 그러한 주장에 따르면 도덕은 단지 말과 형식으로만 이루어진 것이며, 인류가—특히 미덕을 내세우는 사람들까지 포함해—오랫동안 사용해온 조잡하고 미묘한 속임수(특히 자기기만)의 일부일 뿐이다.

둘째, 도덕적 판단이 진리에 근거한다는 것을 부정하는 것이다. 이 관점에서는 도덕적 판단이 실제로 행동의 동기라는 점을 인정하되, 그 판단은 결국 오류에 기반한 것이며, 바로 그 오류가 인간을 도덕적 행동으로 이끈다는 것이다. 이것이 나의 입장이다. 그러나 나는 전자의 관점—라 로슈푸코적인 심리 통찰—역시 많은 경우 정당하며, 일반적으로도 큰 유용성을 지닌다고 본다.

따라서 나는 연금술을 부정하듯 도덕을 부정한다. 즉, 나는 그 '가설'을 부정한다. 그러나 연금술사들이 실제로 그 가설을 믿었고, 그 믿음에 따라 행동했다는 사실까지 부정하지는 않는다. 나는 '부도덕'도 부정한다. 많은 사람들이 어떤 행동을 부도덕하다고 느낀다는 사실을 부정하는 것이 아니라, 그들이 그렇게 느껴야 할 정당한 이유가 존재한다는 생각을 부정한다는 뜻이다. 물론—내가 바보가 아니라면—'부도덕한 행동'이라고 불리는 많은 것들이 피해야 할 것이며, '도덕적 행동'이라고 불리는 많은 것들이 행해지고 장려되어야 한다는 점을 부정하지 않는다. 그러나 나는 두 경우 모두 지금까지 지배적이었던 동기와는 완전히 다른 동기에서 행해져야 한다고 주장한다. 우리는 마침내, 비록 너무 늦게일지라도, 더 많은 것을 행하기 위해 새롭게 배워야 한다.

즉, 우리는 새롭게 '느끼는 법'을 배워야 한다.

우리의 가치 평가

모든 행동은 결국 어떤 가치 평가로 거슬러 올라간다. 그런데 우리가 사용하는 가치 평가는 대부분 '우리 자신의 것'이라기보다, 타인에게서 채택한 것이다. 우리는 왜 그들의 평가를 받아들이는가? 이유는 단순하다. 두려움 때문이다. 남들과 다르게 판단하기보다, 그들의 판단을 마치 자신의 판단인 양 채택하는 편이 더 안전하다고 느끼기 때문이다. 그렇게 남의 평가를 흡수하는 데 익숙해지면서, 그것은 마침내 우리의 '제2의 천성'처럼 굳어져 버린다.

실제로 자기 자신의 가치 평가—자신에게 직접 즐거움이나 불쾌함을 일으킨다는 이유만으로 사물을 판단하는 일—은 극히 드물다. 그렇다면 우리는 왜 이처럼 타인의 평가를 채택하면서도, 정작 타인을 판단할 때에는 '우리 자신의 판단에서 출발해야 한다'고 믿는가? 그 이유는 이 판단들이 대부분 유년기에 형성되어 거의 변하지 않기 때문이다. 우리는 평생 동안, 어린 시절부터 주입된 방식 그대로 타인의 마음, 지위, 도덕, 성격, 비난 가능성을 평가한다. 그리고 자연스럽게, 그들의 가치 평가에 동의해야 한다고 느끼는 사람으로 남는다.

가짜 이기주의

대부분의 사람들이 자기 자신에 대해 말하는 "이기심"은 사실과 다르다. 그들은 평생 동안 진짜 '자아'를 위해 아무것도 하지 않는다. 대신 그들은 친구와 주변 사람들이 만들어낸 '자아의 환영'을 위해 산다. 이 때문에 사람들은 비인격적이고 반(反)개인적인 의견 속에서 살아간다. 한 사람의 머릿속에는 또 다른 사람이 상상한 '자아'가 들어 있고, 그 사람의 머릿속에는 다시 또 다른 사람이 만든 '자아'가 들어 있다. 그야말로 스스로에게 합리적 외양을 부여하는 기괴한 환영의 연쇄다.

이 의견과 습관의 안개는 시간이 지날수록 더 커지며, 그 안에 갇힌 사람들로부터 거의 독립적으로 유지된다. 결국 사람들은 자신이 실제로 어떤 존재인지 모른 채, "인간"이라는 피 없는 추상화, 즉 허구를 믿는다. 그렇기 때문에 군주나 철학자처럼 강한 개성을 가진 소수의 판단은, 이 추상적 허구 전체에 큰 충격을 주며, 다수에게는 비이성적일 정도로 강한 영향을 미친다. 그 이유는 안개 속의 그 어떤 개인도, 자기 자신이 직접 접근하고 이해할 수 있는 실제 자아를 내세워 이 허구에 맞서 싸우지 못하기 때문이다. 만약 그런 사람이 있다면, 그는 이 허구를 단번에 무너뜨릴 수 있을 것이다.

도덕적 목표의 정의에 반대하여

요즘 우리는 도덕의 목표가 "인류의 보존과 발전"이라고 말하는 소리를 흔히 듣는다. 그러나 이것은 단지 그럴듯한 '공식'을 갖고 싶어 하는 욕망에 불과하다. 정작 중요한 질문—"무엇을 보존할 것인가?", "어디로 발전할 것인가?"—에는 답하지 않는다. 이 본질적인 물음이 빠져 있다면, 그 공식은 아무 역할도 하지 못한다.

이 공식으로부터 우리가 도덕적 의무를 추론할 수 있는가? 가령 그것이 인류의 생존을 가능한 한 오래 유지해야 한다는 의미인가, 아니면 인간을 가능한 한 '비동물적' 존재로 발전시켜야 한다는 의미인가? 두 해석이 서로 다르다면, 실천적 도덕의 모습은 완전히 달라질 것이다.

또는 "가장 큰 행복"을 목표로 한다고 해석해 보자. 그렇다면 그것이 의미하는 것은 몇몇 개인이 누릴 수 있는 최고의 행복인가? 아니면 모든 인간이 언젠가 도달할 수 있는 평균적 행복 상태인가? 그리고 왜 도덕이 반드시 그 목표로 가는 길이어야 하는가?

사실 도덕은 지금까지 숱한 불쾌감과 불만의 원천이었다. 도덕이 정교해질수록 인간은 자기 자신과 이웃, 그리고 자신의 운명에 더 큰 불만을 느껴왔다. 가장 도덕적인 사람조차도, 인류가 도덕 앞에서 유일하게 정당화될 수 있는 상태는 "가장 깊은 비참함"의 상태라고 믿지 않았던가? 그렇다면 과연 인류의 보존과 발전이라는 말은 무엇을 의미할 수 있는가?

우리의 어리석음에 대한 우리의 권리

우리는 "어떻게 행동해야 하는가?", "왜 행동해야 하는가?"라는 질문을 끊임없이 마주한다. 일상의 즉각적이고 단순한 필요를 다룰 때라면 답하기 쉽다. 하지만 행동의 영역이 조금만 더 중요하고 섬세해지면, 답은 불확실해지고 해결책은 점점 더 자의적이 된다. 그런데 바로 이 자의성을 배제하라고 명령하는 것이 도덕의 권위다. 도덕은 우리가 목표도, 수단도 즉시 파악할 수 없는 행동들 앞에서 막연한 불안과 경외심에 사로잡히도록 가르친다.

이런 권위는 "잘못 생각하는 것은 위험하다"는 이유로, 우리 스스로 판단하는 능력까지 약화시킨다. 하지만 그 '위험'은 누구에게 위험한가?

도덕의 지지자들이 두려워하는 것은, 행동하는 사람의 위험이 아니라 자신들의 위험이다.

만약 모든 인간에게, 자신의 크고 작은 이성에 따라 제멋대로—때로는 어리석게—행동할 권리가 허용된다면, 그들은 자신의 권력과 영향력을 잃게 된다. 하지만 정작 그들 자신은, 자기 마음대로 행동하고 어리석음을 행사할 권리를 마음껏 누린다. 심지어 "어떻게 행동해야 하는가?", "왜 행동해야 하는가?"라는 질문 자체가 거의 불가능한 순간에도, 그들은 명령하기를 주저하지 않는다.

그리고 인간의 이성이 이렇게까지 느리게 성장해 왔다면, 그 가장 큰 책임은 무엇인가? 바로 이 도덕적 명령의 엄숙함, 그리고 그 편재성이다. 이 명령은 개별적인 "어떻게"와 "왜"라는 질문조차 묻지 못하게 막는다. 우리는 가장 신중해야 할 순간—즉 중요한 선택 앞에서—도리어 감상적으로 느끼도록 교육받는다. 그 결과 우리의 판단은 흐려지고, 시야는 가려진다. 이보다 더 비난받아야 할 일이 무엇이 있을까?

몇 가지 명제

우리가 어떤 개인의 '행복'을 진심으로 바란다면, 그에게 행복으로 나아가는 계율을 주어서는 안 된다. 개인의 행복은 누구도 알 수 없는, 그 개인만의 고유한 법칙에서 발생한다. 외부에서 제공되는 충고는 그의 행복을 돕기는커녕 방해할 뿐이다.

'도덕적' 계율이라 불리는 것들은 실은 개인을 겨냥하지만, 그 개인의 행복을 위한 것이 전혀 아니다. 또한 이런 계율과 "인류 전체의 행복" 사이에는 아무런 관련도 없다. 애초에 "인류의 행복"이라는 말에 명확한 개념을 부여하는 것조차 불가능하기 때문이다. 그것은 도덕이 말하는 '어두운 바다' 속에서 방향을 제시할 별이 될 수 없다.

도덕이 비도덕보다 이성의 발전에 더 유리하다는 믿음은 단순한 편견이다. 또한 모든 의식적 존재(동물, 인간, 인류 등)의 발전에서 무의식적 목표가 '최대의 행복'이라고 가정하는 것도 잘못이다. 우리의 발전 과정은 각 단계마다 비교 불가능한, 고유한 형태의 행복을 포함한다. 그것은 더 높거나 더 낮은 행복이 아니라, 그 단계에서만 가능한 개인적 행복이다.

진화는 행복을 목표로 하지 않는다. 진화는 그저 진화 자체를 향해 나아갈 뿐, 그 이상은 아니다.

인류가 모두에게 인정되는 명확한 목표를 가지게 될 때에만, 우리는 "무엇을 해야 한다"고 말할 수 있다. 하지만 현재 인류에게 그런 목표는 없다. 따라서 도덕이 인류 전체에 무엇을 요구하려 드는 것은 유치하고 비이성적일 뿐이다.

물론 '인류에게 목표를 추천하는 일'은 가능하다. 하지만 그 목표는 우리 자신의 의지와 즐거움에 기반한 것일 뿐이다. 만약 인류가 스스로 그런 목표에 동의한다면, 그때 인류는 자체적으로 도덕법을 부과할 수 있을 것이다. 그러한 법은 그들의 자유 의지에서 나온 것이니 정당할 것이다.

그러나 실제로는—지금까지—도덕법이 우리의 자유 의지에서 나온 적이 거의 없다. 사람들은 스스로 그 법을 만들고자 한 적이 거의 없다. 그들은 언제나 도덕법을 어딘가에서 가져오고, 어딘가에서 발견하고, 어딘가로부터 명령받기를 원했다.

자기 통제와 절제, 그리고 그들의 최종 동기

우리가 강렬한 충동(Trieb)과 맞서 싸우는 방법은 본질적으로 여섯 가지뿐이다. 첫째, 우리는 충동을 만족시킬 기회를 피하고, 가능한 오래, 점점 더 긴 시간 동안 그 만족 자체를 금지함으로써 충동을 약화시킬 수 있다. 충동은 사용되지 않으면 쇠약해지기 때문이다.

둘째, 우리는 우리 자신에게 엄격한 질서와 규칙을 부과해, 욕구의 밀물과 썰물을 일정한 간격으로 제한할 수 있다. 이렇게 충동의 주기를 규제하면, 그 충동이 우리를 방해하지 않는 시간대가 생긴다. 그리고 이 규칙적 조절이 익숙해지면, 결국 첫 번째 방식—장기적 절제—로 나아갈 수도 있다.

셋째, 우리는 충동에 스스로를 완전히 내맡겨 과도한 만족에 빠짐으로써 역겨움을 경험하고, 그 역겨움을 통해 충동을 제압할 수 있다. 다만 우리가 말처럼 쓰러져 죽을 때까지 달리다가 결국 스스로도 목이 꺾여 죽는 기수를 따라하지 않는다는 전제에서만 가능하다. 실제로는 대부분 그 꼴이 나기 때문이다.

넷째, 우리는 지적 속임수를 사용할 수 있다. 즉, 어떤 충동의 만족을 고통스러운 생각과 확고히 결부시키는 것이다. 일정한 연습 후에는, 만족에 대한 생각 자체가 즉각적인 고통을 불러일으키게 된다.

예를 들어 기독교인은 감각적 즐거움과 '악마의 존재', '지옥의 처벌' 같은 생각을 결합해 스스로 억누르려 한다. 어떤 사람은 자살 충동을 억제하기 위해 가족의 슬픔과 자기 비난의 장면을 떠올린다. 이러한 연습을 통해 사고의 연결은 원인과 결과처럼 굳어진다.

바이런이나 나폴레옹 같은 이들은 인간적 자부심이 자신을 통제하려는 이성의 질서에 맞서 격렬히 반항했다. 그들은 욕망이 자기에게 이빨을 갈도록 만들고, 욕망을 폭정으로 만들며, 그 폭정과 맞서 싸우는 데 묘한 기쁨을 느꼈다. "나는 어떤 욕구의 노예도 되지 않겠다." 바이런은 이렇게 일기에 적었다.

다섯째, 우리는 의도적으로 자신에게 힘든 과제를 부과하거나, 새로운 즐거움에 몰두하여 주의를 다른 곳으로 돌릴 수 있다. 즉, 한 충동이 원하는 힘을 다른 충동에 낭비하게 하는 것이다. 가끔은 다른 열정들의 일시적 폭주를 허용함으로써, 특정한 폭군적 충동을 약화시키기도 한다. 여러 충동을 서로 경쟁시키는 것이다.

여섯째, 어떤 사람들은 자신 전체를 약화시키는 길을 선택한다. 금욕주의자들처럼, 그들은 관능성과 활력까지 굶주리게 하여 궁극적으로 강력한 충동 하나를 약화시키려 한다. 이 과정에서 이성까지 희생되는 경우도 드물지 않다.

이렇게 보면 충동과 싸우는 방법은 여섯 가지—기회 차단, 주기적 규제, 포만과 역겨움, 고통스러운 연상, 힘의 우회적 소진, 전면적 약화—로 요약된다.

그러나 우리가 어떤 방법을 선택하든, 그것을 성공적으로 적용하든, 충동의 격렬함과 싸우려는 의지 자체가 이미 우리의 힘을 넘어선다. 이 모든 과정에서 우리의 이성은 경쟁하는 충동들 사이의 싸움에서 그저 도구로 동원될 뿐이다. 휴식을 향한 충동이 이성을 이용할 수도 있고, 불명예에 대한 두려움이나 사랑이 이성을 내세울 수도 있다.

우리가 흔히 "우리"가 충동의 격렬함에 대해 불평하고 있다고 믿는 동안, 실제로는 한 충동이 다른 충동에게 불평하고 있을 뿐이다. 우리가 느끼는 고통조차, 더 강한 충동이 존재하고 있다는 사실을 전제한다. 그리고 이성은 그 투쟁에 각기 다른 충동이 가져오는 무기 역할을 할 뿐이다.

반대하는 것

우리 안에서는 가끔 설명하기 어려운 일종의 '쾌감의 향기', 그리고 그 향기에서 비롯된 새로운 갈망이 솟아오른다. 그런데 이 갈망에 가장 먼저 맞서 싸우는 것은 무엇인가? 흔히 우리가 낮게 평가하는 사물들, 혹은 별로 존중하지 않는 사람들의 의견이다. 그런 것들이 반대 세력으로 등장할 때, 새로운 갈망은 스스로를 '고귀하고 선하며 칭찬할 만한 것'처럼 꾸민다. 마치 희생할 가치가 있는 숭고한 목표인 양 위장한다.

우리가 물려받은 도덕적 성향은 이 갈망을 기꺼이 받아들이고, 그 목표 목록에 하나 더 얹는다. 그러면 우리는 더 이상 즐거움을 좇는 것이 아니라 '도덕'을 추구하고 있다고 스스로를 속이며, 그 착각 때문에 오히려 더 강한 자신감에 사로잡힌다.

객관성을 존경하는 사람들에게

어린 시절, 감정은 크고 격렬했지만 분별력이나 지적 공정성을 거의 배우지 못한 사람은, 성인이 된 뒤에도 자신이 만나는 모든 사물과 사람에게 본능적으로 동정이나 혐오, 질투나 경멸을 느낀다. 그는 이 감정들의 지배에서 벗어날 힘이 없다. 이런 사람에게 '감정적 중립성', 즉 객관성은 특별한 능력, 천재성, 혹은 고도의 도덕성과 같은 것으로 보인다. 그는 심지어 이 객관성조차도 교육과 습관으로 획득될 수 있다는 사실을 믿지 못한다.

의무와 권리의 자연사에 대하여

우리의 의무란 결국 다른 사람들이 우리에게 세운 요구다. 그들은 왜 이런 요구를 가질 권리가 있다고 생각하는가? 그것은 그들이 우리를 계약을 맺고 지킬 수 있는 능력 있는 사람, 자신들과 동등한 존재로 인정했기 때문이다. 그들은 우리에게 기대를 걸고, 우리를 양육하고, 가르치고, 도와주었다.

우리는 이러한 기대가 틀리지 않았음을 증명하기 위해 의무를 수행한다. 그것이 곧 우리에 대한 그들의 평가―우리의 힘에 대한 그들의 개념―을 정당화하는 일이다. 따라서 의무를 수행하라고 우리를 밀어붙이는 첫 번째 동기는 바로 우리의 자부심이다. 그들은 우리의 삶 속으로 깊숙이 손을 넣었고, 우리가 의무를 통해 되갚지 않는다면 그 힘은 영원히 거기에 머물기 때문이다.

다른 사람들의 권리는 어디에 근거하는가? 그것은 오직 우리의 힘 안에 있다고 그들이 상상하는 것에 근거한다. 그리고 그들이 그렇게 상상하기 위해서는 우리가 스스로도 그 힘을 가지고 있다고 믿는다는 전제가 필요하다. 쌍방 모두 같은 오해를 공유할 때 의무감이 생긴다. 즉, 내가 특정한 일을 약속했고, 그것을 자유 의지로 이행할 수 있다고 믿는 것이다.

한편 권리란, 다른 사람들이 우리에게 양도하거나 우리가 포기하기로 한 힘의 일정한 몫으로 이루어진다. 사람들은 지혜나 두려움, 신중함 때문에 우리에게 어떤 권리를 인정한다. 우리와 싸우는 것이 위험하거나 불리하다고 판단할 수도 있고, 우리의 힘이 약해지면 그들이 함께 맞서야 할 적에 대해 열세에 놓이기 때문이기도 하다. 또한 그들은 자신에게 남는 힘이 충분하기 때문에 일부를 양도함으로써 상대에게 제한된 힘을 부여하기도 한다. 이와 같이 권리는 결국 인정되고 보장된 힘의 양이다.

그러나 힘의 관계가 변하면 권리도 변한다.

우리가 약해지면, 이전에 우리의 권리를 인정하던 사람들도 태도를 바꾼다. 그들은 우리가 옛 지위를 회복해야 하는지 고민하다가, 방법이 없다고 판단되면 우리의 권리를 부정한다. 반대로 우리가 강해지면, 이미 우리를 인정을 할 필요가 없어진 사람들은 우리의 힘을 줄이려 들고, 자신의 "의무"를 핑계 삼아 간섭하려 한다. 그러나 그 모든 말은 허구다. 힘이 우세한 곳에서 권리가 유지되며, 그 힘을 줄이거나 늘리려는 시도는 언제나 저항에 부딪힌다.

다른 사람들의 권리는 결국 그들의 힘의 감각을 우리에게 투사하는 것이다. 우리가 완전히 무력해지면 그 권리는 중단되고, 우리가 훨씬 강해지면 그들이 주장하던 권리는 더 이상 우리에게 중요하지 않다.

그러므로 공정하고자 하는 사람은 끊임없이 저울의 미세한 움직임, 즉 힘의 증감과 권리의 변화를 관찰해야 한다. 인간사의 모든 상황이 잠시 균형을 이루는 듯 보이지만 대부분 끊임없이 흔들리기 때문이다. 그래서 공정함은 극도로 어렵다. 그것은 많은 경험과 선의, 그리고 비범할 정도의 균형 감각을 요구한다.

탁월함을 위한 노력

우리가 탁월함을 추구할 때, 우리는 끊임없이 이웃을 관찰하며 그가 어떤 감정을 품는지 알아내려 한다. 그러나 이때 요구되는 '통찰'은 연민이나 친절과는 아무 관련이 없다. 오히려 우리는 이웃이 우리로 인해—겉으로든, 그의 내면 깊은 곳에서든—어떻게 고통받는지, 어떻게 자기 통제력을 잃고 우리의 손짓이나 심지어 단순한 존재의 인상에 굴복하는지를 파악하고자 한다.

탁월함을 열망하는 사람이 즐거운 인상, 고양된 인상, 혹은 유쾌한 인상을 주고자 애쓸 때에도, 그는 이웃이 기뻐하는 것 자체를 즐기는 것이 아니다. 그가 진정으로 즐기는 것은, 그의 영향이 타인의 영혼 안에 흔적을 남기고, 그 영혼의 형태를 바꾸고, 자신의 의지에 맞게 지배하는 순간이다.

결국 탁월함에 대한 욕망—즉 힘에의 의지—은 이웃을 복종시키려는 욕망이다. 그것이 직접적이든, 간접적이든, 심지어 상대가 의식하지 못하는 방식이든. 이 은밀한 복종의 의지에는 끝없는 단계가 존재하며, 그 모든 단계를 기록한다면 그것은 아마도 인류 문명의 전체 역사—야만에서 시작해 과도한 세련됨과 병약한 이상주의에 이르는—와 거의 같을 것이다. 탁월함을 향한 욕망은 이웃에게 다음과 같은 감정과 경험을 일으킨다.

첫째로 고문, 그 다음에는 구타, 그 다음에는 공포, 불안한 놀라움, 경이로움, 질투, 감탄, 고양, 즐거움, 기쁨, 웃음, 조롱, 비웃음, 경멸, 채찍질, 그리고 스스로 가한 고통을 초래한다. 사다리 가장 위에는 금욕주의자와 순교자가 서 있다. 그는 가장 큰 만족을 느낀다. 왜냐하면 그는 탁월함을 향한 자신의 욕망을 실현하기 위해, 사다리의 첫 단계에 있던 야만인이 "타인에게 가했던 고통"을 이제 스스로에게 가하기 때문이다.

금욕주의자의 이 승리는 잔혹하다. 그는 자신을 고통 주는 자와 고통받는 자로 쪼개어 바라보고, 이제는 바깥세계를 오직 자신의 장작더미를 쌓을 재료를 찾기 위해서만 바라본다. 한 인간이 자신을 내부에서 소모시키는 이 극적 장면—이는 그 욕망의 시작에 걸맞은 끝이다.

두 경우 모두, 즉 타인의 고통이든 자기 자신의 고통이든, 그 고통을 바라보는 데에는 형언할 수 없는 행복이 있다. 가능한 한 최대로 발전된 힘의 감각은 아마도 미신적 금욕주의자의 영혼 속에서 절정에 달했을 것이다.

고대 브라만 전승에서, 비슈바미트라 왕이 수천 년의 고행 끝에 스스로 너무 많은 힘을 얻어 새로운 하늘을 만들려 했다는 이야기는 바로 이러한 상태를 묘사한다. 오늘날 우리의 내적 경험은 초보적이다. 수천 년 전에는 이미 이러한 자기 만족의 저주받은 세련됨이 더 깊이 탐구되고 있었다. 아마도 어떤 힌두 몽상가는 세계 창조가 신이 스스로에게 부과한 금욕적 작전이라고 상상했을지도 모른다. 그는 고문의 도구로서 움직이는 자연 전체와 자신을 결합시킴으로써, 자신의 힘과 행복이 두배로 커지는 쾌감을 느끼고자 했을지도 모른다.

심지어 그가 '사랑의 신'이었다 해도, 자신의 피조물들을 영원한 고통 속에 두어, 그 고통을 바라보며 스스로 더 깊이 고통받고 쾌락을 느끼는 일이 그에게 얼마나 큰 행복이었겠는가! 그리고 그가 사랑뿐 아니라 '거룩함'의 신이었다면? 그렇다면 그는 죄, 죄인, 영원한 처벌, 그리고 그 왕좌 아래 끝없이 울부짖고 이를 갊이 가득한 영원한 고문의 세계를 창조하는 순간 엄청난 황홀경을 느꼈을 것이다. 성 바울, 단테, 칼뱅 같은 사람들의 영혼이 한때 이 잔혹한 비밀을 꿰뚫었을 가능성도 배제할 수 없다. 이런 영혼들을 생각해 보면 우리는 묻게 된다. 이 탁월함의 욕망이라는 거대한 원은 금욕주의자에서 끝나는가?

혹은 그 원이 다시 한 번 가로질러져, 금욕주의자의 근본적 사고와 동시에 연민하는 신의 사고가 결합될 수 있는가? 즉, 타인에게 고통을 주어 그 고통을 자기 자신에게 되돌아오게 하고, 그리하여 자신과 자신의 연민 위에서 승리하여 권력의 가장 극단적 관능을 맛보는 것―그런 가능성도 있지 않을까? 권력 의지가 불러올 수 있는 광대한 심리적 방탕을 생각하다보니, 다소 벗어난 이 사색을 양해해 주기 바란다.

고통받는 사람의 지식에 대하여

오랫동안, 그리고 극도로 심한 육체적 고통을 견딘 사람―그럼에도 이성이 손상되지 않은 사람―의 상태는 인식의 관점에서 특별한 가치를 지닌다. 그가 얻게 되는 지적 이익은, 깊은 고독이나 일상적 의무에서 벗어난 해방이 가져오는 장점과는 또 다른 것이다. 심하게 고통받는 사람은 자신의 고통 속에서 외부 세계를 무섭도록 침착하게 바라본다. 건강한 사람의 눈에는 사소한 거짓된 매력들과 달콤한 현상들이 사물의 표면에 층층이 덧칠되어 있지만,

고통받는 사람에게서는 그러한 겉모습(Schein)이 완전히 벗겨진다. 자신의 삶마저 모든 색과 아름다움이 사라진 채 눈앞에 놓인다.

만약 그가 그전까지 어떤 위험한 환상 속에서 살았다면, 고통이 가져온 이 극도의 환멸만이 그를 환상에서 벗어나게 하는 유일한 수단이 될 수도 있다. (아마도 십자가 위의 예수에게도 그런 일이 일어났을 것이다. "나의 하나님, 나의 하나님, 어찌하여 나를 버리셨나이까?"라는 절규는, 그 말이 지닌 가장 깊은 의미로 이해된다면, 삶의 속임수에 대한 완전한 환멸이자 명료한 인식의 순간을 나타낸다. 바로 그 순간, 그는 자신에 대한 통찰을 획득했을 것이다—마치 시인의 이야기 속에서 마지막에 명료해지는 돈키호테처럼.)

고통으로부터 자신을 지키려는 이성의 지독한 긴장은 모든 사물을 새로운 빛 아래 드러내며, 그 새 빛의 형언할 수 없는 매력은 자살의 유혹마저 이겨내게 만들 정도로 강력하다. 고통받는 사람에게 삶은 오히려 견디고 싶어지는 가치를 지닌다.

그의 마음은 건강한 사람들이 아무 생각 없이 들락거리는 따뜻한 꿈의 세계를 경멸하며, 자신이 예전에 소중히 여기고 탐닉했던 가장 고귀한 환상들조차 혐오한다. 그는 마치 지옥 깊은 곳에서처럼 모든 것에 대해 경멸을 불러일으키며, 그 경멸이 자신의 영혼에 가하는 고통에서 오히려 묘한 쾌감을 느낀다. 바로 이 쾌감이 그가 육체적 고통을 견디기 위해 필요하다고 느끼는 균형추가 된다.

그는 어느 무서운 순간에 스스로에게 이렇게 말한다.

"이번만큼은 너 스스로를 고발하고, 너 스스로를 처형해라. 이번만큼은 네 고통을 네가 스스로에게 내린 형벌로 받아들여라! 재판관으로서의 너의 우월함을 즐겨라. 더 나아가 네 의지와 즐거움—네 폭군적 자의성—을 마음껏 즐겨라! 네 삶과 고통 위에 올라서서, 이성과 비이성의 깊은 골짜기를 내려다보아라!"

이때 우리의 자부심은 이전과는 비교할 수 없을 만큼 강하게 반항한다. 고통이라는 폭군이 삶을 부정하도록 우리를 몰아붙이려고 할 때, 우리는 그 폭군에 맞서 삶의 편을 들며, 그 안에서 강렬한 기쁨을 경험한다.

이 심리 상태에서 우리는 모든 비관주의에 대해 쓰디쓴 반감을 품는다. 비관주의가 우리의 상태의 산물처럼 보이는 것을 막고, 그것이 우리를 패배자로 만들지 않도록 하기 위해서다. 지금 이 순간, 공정한 판단의 매력은 그 어느 때보다 크다. 왜냐하면 공정하려는 시도 자체가, 우리의 짜증 나고 흐려진 심리 상태에 대한 승리이기 때문이다. 불공정해지는 것이 용서될 수도 있었겠지만, 우리는 용서받기를 원하지 않는다. 오히려 변명이 필요하지 않다는 것을 증명하고자 한다. 이때 우리는 자부심의 광란을 온몸으로 관통한다.

곧이어 회복의 첫 빛이 스며들고, 그 빛의 첫 번째 효과는 우리가 방금까지 누렸던 자부심의 우월함에 대해 반감을 느끼는 것이다. 우리는 마치 기이한 체험을 겪은 사람처럼 스스로를 어리석고 허영된 존재로 부르며, 오랫동안 고통을 견디게 해준 이 전능한 자부심을 배은망덕하게도 다시 끌어내린다.

우리는 그 자부심을 무너뜨릴 해독제를 요구한다. 고통이 우리를 너무 오래 개인적으로 만들었기 때문에, 이제는 자기 자신에게서 벗어나고 싶어 한다.

"이 자부심은 사라져라!" 우리는 이렇게 외친다. "그건 또 하나의 병일 뿐이었다!"

우리는 다시 인간과 자연을 갈망하며 바라본다. 베일이 벗겨진 지금, 그동안 보지 못했던 많은 것들이 새롭게 보였음을 슬픈 미소로 떠올린다. 그러나 동시에 삶의 부드러워진 빛이 다시 우리를 감싸며, 우리는 고통의 시기에 보았던 그 무섭도록 냉정한 대낮에서 서서히 벗어난다. 건강의 매력이 되살아나는 것을 보며 우리는 화내지 않는다. 다만 변화된 듯, 부드럽고 아직은 지친 마음으로 그 빛을 바라본다. 그리고 이 상태에서 우리는, 눈물 없이 음악을 들을 수 없다.

소위 "자아"

언어와 언어에 기반을 둔 편견은 우리가 내부의 현상과 충동을 탐구하려 할 때 매우 자주 장애물이 된다. 그 한 가지 예는, 우리가 이러한 현상과 충동을 표현하는 데 극단적 상태를 가리키는 최상급 단어들만 가지고 있다는 사실이다. 우리는 적절한 단어가 없으면 정확히 관찰하고 사고하기 어렵다고 느끼기 때문에, 사유를 포기하는 나쁜 습관을 지니고 있다. 예전의 인간들은 단어의 영역이 끝나는 곳에서 존재의 영역도 끝난다고 무의식적으로 믿었다. 분노, 증오, 사랑, 연민, 욕망, 인식, 기쁨, 고통—이 모든 이름은 극단적인 상태만을 가리킨다. 그러나 더 온화하고 중간적인, 그리고 그보다 더 미세하고 언제나 작동하는 하위 단계의 감정과 충동은 우리의 주의를 벗어난다. 하지만 우리의 성격과 운명의 날실과 씨실은 바로 이 낮은 단계의 반복 속에서 짜인다.

반대로, 이런 극단적인 폭발—그리고 심지어 우리가 의식하는 가장 약한 즐거움이나 불쾌조차도, 적절하게 평가한다면 단지 극단적인 폭발일 뿐이다—는 우리의 삶의 직조를 찢어놓으며, 폭력적인 예외가 된다. 대부분의 경우 그 원인은 단순한 울혈, 즉 일시적 정체이다.

그런데 우리는 이 예외적인 상태들에 너무 쉽게 속는다―그것은 마치 행동하는 사람이 자신을 오도하는 것과 같다. 우리는 단지 그 경우에만 의식과 단어가 있다는 이유로, 우리가 보이는 모습과 다르며, 그에 따라 칭찬과 비난도 잘못 이루어진다. 우리는 우리 자신에게 알려진 이 조잡한 폭발들을 겪은 뒤, 스스로를 알아보지 못한다. 그리고 이 예외적 순간들이 "규칙보다 더 강하다"고 착각한다.

우리는 너무나 명확해 보이는 자아의 선언문을 읽고도 스스로를 잘못 해석한다. 하지만 그렇게 형성된 우리 자신에 대한 의견, 즉 우리가 잘못된 방식으로 도달한 이 "자아"라는 관념은 이후에 실제로 우리의 성격과 운명을 형성하는 데 계속 영향을 미친다.

"주체"의 알려지지 않은 세계

인류는 가장 오래된 시대부터 오늘날에 이르기까지, 자기 자신에 대한 무지를 거의 깨닫지 못했다. 그것은 단지 선과 악에 관한 무지가 아니라, 훨씬 더 본질적인 무지다. 가장 오래된 환상은 여전히 살아 있다—즉 우리는 행동이 어떻게 시작되는지 안다, 그리고 각 경우에 정확히 안다고 믿는 것이다. 사람은 스스로 말한다.

"나는 내가 무엇을 원하고, 무엇을 했는지 알고 있다. 나는 자유로우며 내 행동에 책임이 있다. 다른 사람들도 자신들의 행동에 책임이 있고, 나는 그들이 왜 그렇게 행동하는지 이해한다. 나는 모든 도덕적 가능성과 행동에 선행하는 내부의 움직임에 이름을 붙일 수 있다. 너희는 너희 뜻대로 행동할 수 있다! 나는 나를 이해하고, 너희 모두를 이해한다!"

이것이 한때 모든 인간이 확신했던 것이며, 지금도 거의 모든 사람들이 그렇게 생각한다.

위대한 회의주의자이자 혁신가였던 소크라테스와 플라톤조차 "올바른 지식은 필연적으로 올바른 행동으로 이어진다"는 치명적 오류를 굳게 믿었다. 그들은 이 원칙을 고수함으로써, 행동의 본질에 대해 우리가 이미 지식을 가지고 있다는 오래된 오만함의 상속자였다. 그들은 이렇게 생각했다.

"올바른 행동의 본질을 이해했음에도, 그 이해가 올바른 행동으로 이어지지 않는다면—그것은 끔찍한 일이다."

그리고 그들에게 그 반대는 상상할 수도 없는 광기였다. 그러나 바로 그 반대가 태초부터 매일, 매시간 반복해서 드러나는 벌거벗은 현실이다.

우리가 어떤 행동에 대해 아는 모든 것은 그 행동을 실제로 이루기에는 결코 충분하지 않다. 행동에 대한 지식과 행동 자체를 연결하는 다리는 아직도 건설되지 않았다—이것이야말로 진정 "끔찍한 진실"이 아닌가? 행동은 우리가 보는 것과 결코 동일하지 않다. 우리가 외부 사물이 보이는 그대로가 아니라는 것을 배웠듯이—내부 현상 역시 마찬가지다. 모든 도덕적 행동은 실제로는 "다른 어떤 것"이다. 우리는 그것이 정확히 무엇인지 말할 수도 없으며, 모든 행동은 본질적으로 우리에게 알려지지 않은 것이다.

그럼에도 불구하고 일반적 믿음은 그 반대이며, 지금 이 순간에도 인간은 여전히 이렇게 생각한다.

"행동은 그것이 보이는 그대로다."

이것이야말로 가장 오래된 도덕적 현실주의다. 쇼펜하우어의 한 구절은 이 단순한 오류를 극적으로 보여준다. 그는 이렇게 말했다. "우리 각자는 실제로 유능하고 완전한 도덕적 재판관이다. 우리는 선과 악을 정확히 알고, 선을 사랑하고 악을 경멸함으로써 거룩해진다—단, 다른 사람의 행동을 판단해야 할 때, 그리고 그 수행의 부담이 우리 어깨에 있지 않을 때에 한해서 말이다. 그러므로 모든 사람은 고해성사자로서 신의 자리를 차지할 자격이 있다."

이 말은 바로 그가 아무런 거리낌도 없이 도덕적 현실주의를 계속 고수하고 있음을 입증한다.

감옥에

나의 시력—그것이 날카롭든 약하든—은 일정한 거리까지만 도달할 수 있으며, 나는 그 시야가 허락하는 공간 안에서만 살아가고 움직일 수 있다. 이 지평선이 곧 나의 즉각적인 운명이며, 그것이 크든 작든 나는 그 경계를 벗어날 수 없다. 따라서 모든 존재는 자신을 중심으로 하는 고유한 동심원을 가지고 있으며, 각자는 자신만의 감각적 감옥 안에서 살아간다.

우리의 귀도 우리를 작은 공간 안에 가두며, 촉각 또한 마찬가지다. 우리는 감각이 설정한 이 좁은 지평선에 따라 세상을 측정하고, 그것을 "가깝다" 혹은 "멀다", "크다" 혹은 "작다", "단단하다" 혹은 "부드럽다"고 부른다. 그리고 이 감각의 판단들을 자연스럽게 '올바른 경험'이라고 생각한다—그러나 이 모든 것은 그 자체로 오류이다.

주어진 시간과 공간 안에서 평균적으로 우리가 경험할 수 있는 사건과 감정의 수에 따라, 우리는 우리의 삶을 "짧다, 길다", "풍부하다, 가난하다", "가득 차 있다, 비어 있다"라고 평가한다. 그리고 인간 삶의 평균을 기준으로 다른 존재의 삶까지 추정한다. 그러나 이것 역시 오류다.

만약 우리가 지금보다 백 배 더 날카로운 눈을 가지고 있다면, 인간은 우리에게 지금보다 훨씬 거대한 존재처럼 보일 것이다. 우리는 인간의 신체 기관이 단일 세포처럼 빽빽하게 모여 있는 것으로 인식될 수도 있다. 반대로, 우리의 시야를 역으로 바꾸어 보면, 인간의 단일 세포 하나가 그 구조와 움직임, 조화 속에서 하나의 태양계처럼 보일 수도 있다.

우리의 감각적 습관은 우리를 잘못된 감각의 직물로 감싸고, 그 직물이 우리의 모든 판단과 우리가 "지식"이라고 부르는 것의 기초가 된다. 그 감각 구조 밖으로 나가는 출구는 없다. 우리는 우리가 만든 거미줄 속의 거미와 같다. 그 안에서 무엇을 붙잡든, 그것은 오직 우리의 거미줄이 붙잡을 수 있는 것일 뿐이다.

우리의 이웃은 무엇인가?

우리는 이웃에 대해 그 사람의 한계를 넘어서는 어떤 것을 알고 있다고 생각한다. 즉, 그가 우리 안에 새기고 찍어낸 것처럼 보이는 흔적들 말이다. 그러나 우리가 실제로 아는 것은, 결국 그가 우리 내부에서 일으킨 변화—그 변화가 우리에게 보이는 방식—밖에 없다. 그의 행동이 우리에게 일으키는 감정을 우리는 곧장 그에게 귀속시키며, 그를 하나의 "실체"로 만들어버린다. 그 결과 우리는 그에게 잘못된, 뒤집힌 긍정성을 부여한다. 우리는 우리가 이해하는 방식으로 그를 우리 체계의 위성으로 만들어버리고, 그가 우리를 밝혀줄 때든 어둡게 만들 때든, 그것이 결국 우리 안에서 일어난 결과라는 점을 망각한 채, 여전히 그 반대를 믿는다.

오, 우리가 살고 있는 이 환영의 세계여! 왜곡되고 뒤죽박죽이며, 속은 텅 비어 있으면서도, 겉으로는 가득 차 있고 곧게 서 있는 듯한 이 세계여! 우리는 이 세계를 현실이라고 꿈꾸며 살아간다.

경험과 발명

인간이 자기 자신에 대해 아무리 높은 수준의 지식을 얻는다 해도, 자기 개성을 구성하는 본능들(Triebe)에 관해 그가 갖는 개념만큼 불완전한 것은 없다. 그는 흔한 본능들의 이름조차 제대로 말하지 못한다. 본능의 수아 강도, 그 밀물과 썰물, 상호 작용과 반작용, 무엇보다 그 영양(滋養)의 법칙은 그에게 전혀 알려지지 않은 채 남는다.

결국 본능의 영양은 우연에 맡겨진다. 우리의 일상 경험에서 특정 사건이 어떤 본능에게 먹잇감으로 주어지고, 본능은 그것을 붙잡아 자란다. 그러나 경험의 공급·부족의 흐름은 전체 본능의 실제 영양 필요와 아무 합리적 관계도 없다. 따라서 항상 두 가지 현상이 발생한다. 어떤 갈망은 무시되고 굶어 죽을 것이며, 다른 갈망은 과하게 먹여질 것이다. 인간의 삶의 모든 순간은, 그 순간에 주어지는 영양에 따라 우리의 존재를 이루는 폴립(polyp)[1] 같은 촉수를 어느 것은 자라게 하고, 어느 것은 시들게 만든다. 내가 이미 말했듯, 우리의 경험은 본능을 먹이는 수단이지만, 음식을 배고픈 것·배부른 것을 구분하지 않고 무심하게 흩뿌리는 손과 같다. 이 우연적 영양 덕분에 각 본능은 우연한 계기에 의해 성장하거나 쇠약해진다.

이를 더 명확히 하자. 어떤 본능이나 갈망이 이제 만족을 요구할 만큼 성장했다고 해보자. 본능의 '힘의 행사', 혹은 '비어 있는 곳을 채우기'—이 모든 표현은 은유에 불과하다—가 필요한 지점에 도달

---

[1] 히드라·말미잘과 같은 자포동물을 가리키는 생물학적 개념. 니체는 이를 비유로 사용해 우리의 본능들이 일정한 질서나 의도의 통제를 받는 것이 아니라, 우연적 경험(영양)에 따라 어떤 것은 과도하게 자라고 어떤 것은 죽어버리는 방식으로 발달한다는 점을 설명한다.

했을 때, 그 본능은 하루 동안 일어나는 모든 사건을 자신의 목표에 활용할 수 있는지 조사한다. 인간이 달릴 때든, 쉬거나 화를 낼 때든, 읽고 말하고 싸우고 기뻐할 때든, 만족을 얻지 못한 본능은 인간이 처해 있는 모든 조건을 매복하듯 살핀다. 적절한 먹이가 발견되지 않으면 만족되지 않은 채 기다린다. 곧 약해지고, 며칠 또는 몇 달 동안 만족을 얻지 못하면 물 주지 않은 식물처럼 시든다. 우리 본능의 굶주림이 언제나 이렇게 격렬하다면—즉 상상할 만한 어떤 음식으로도 만족하지 못한다면—이 우연의 잔혹함은 훨씬 더 극적일 것이다. 그러나 우리의 본능 다수, 특히 '도덕적'이라 불리는 본능들은 아주 쉽게 만족한다. 아마도 꿈이 낮 동안의 우연한 영양 부족을 어느 정도 보상한다면 말이다.

지난밤 꿈이 왜 그토록 부드럽고 눈물겨웠는가? 왜 그 전날 밤 꿈은 유쾌하고 경쾌했는가? 그 이전 밤은 왜 모험과 모호한 탐색으로 가득했는가? 왜 어떤 꿈에서는 말로 할 수 없는 음악을 즐기고, 어떤 꿈에서는 독수리처럼 높이 솟아올라 나는가? 부드러움·명랑함·모험심·음악·산에 대한 욕망 같은 본능이 꿈에서 자유롭게 작용하며 자기 몫의 범위를 확보하는 이러한 발명들은, 실제로는 수면 중 일어나는 신경 자극의 해석일 뿐이다. 우리는 피와 장의 움직임, 팔과 침구의 압력, 교회 종소리, 풍향계, 날갯짓 등 온갖 자극을 매우 자유롭고 자의적으로 해석한다. 하룻밤과 그 다음 밤의 자극은 거의 비슷하지만, 우리는 이를 완전히 다르게 해석한다. 즉, 꿈의 해석자—우리의 창조적 정신—이 매일 다르기 때문이다. 오늘은 어떤 본능이 절정에 달하고, 지난밤에는 다른 본능이 절정에 달한다.

현실의 삶은 꿈처럼 무제한의 해석의 자유를 갖지 않는다. 그러나 우리는 깨어 있을 때에도 본능이 우리의 신경 자극을 해석하여, 그들의 요구에 맞는 "원인"을 만들어낸다는 점을 잊지 말아야 한다. 깨어 있음과 꿈꾸는 것 사이에 본질적인 차이는 없다. 심지어 문화 수준의 차이를 비교하더라도, 하나의 '의식적 해석'은 꿈의 해석보다 결코 열등하지 않다. 우리의 도덕적 판단과 가치 평가도 사실 모두 우리에게 알려지지 않은 생리적 과정의 이미지와 환상, 특정 신경 자극을 해석하는 습관적 언어에 불과할 수 있다. 결국 우리의 모든 '의식'은 알 수 없는 텍스트에 붙인 다소 환상적인 주석이며, 그 텍스트는 아마 끝내 알 수 없으나 느껴지는 것이다.

일상적인 한 사건을 고려해 보자. 어느 날 거리에서 누군가가 나를 비웃는다고 가정해 보자. 그 순간, 내 안에서 절정에 이른 갈망이 무엇인지에 따라, 이 사건은 전혀 다른 의미를 갖는다. 그리고 그것은 사람의 계층에 따라 정반대의 반응이 나타난다. 어떤 이는 그것을 빗방울처럼 여길 것이고, 어떤 이는 파리처럼 털어 내버릴 것이고, 또 다른 이는 싸움을 걸 것이며, 또 어떤 이는 자신의 옷차림을 살피며 이유를 찾을 것이고, 또 다른 이는 무엇이 본질적으로 우스꽝스러운지를 생각할 것이고, 마지막 사람은 자신이 무심코 누군가에게 작은 즐거움을 주었다며 기뻐할 것이다. 각 경우, 분노·투쟁심·명상·자비 등 어떤 갈망 하나가 만족된다. 이 본능은 자신의 먹잇감을 붙잡았을 뿐이다. 왜 하필 이것인가? 그것이 그 순간 가장 굶주린 본능이었기 때문이다.

그렇다면 우리의 경험은 무엇인가? 경험은 실제로 그러한 것보다 우리가 그 안에 투사하는 것이 훨씬 더 많다. 아니, 어쩌면 우리는 이렇게 말해야 할지도 모른다. 경험은 그 자체로는 아무것도 포함하지 않는다. 경험은 단지 하나의 환상으로 만들어진 작품일 뿐이다.

회의론자를 안심시키기 위하여

"나는 내가 무엇을 하고 있는지 전혀 모른다. 나는 무엇을 해야 하는지도 모른다!" 당신은 옳다. 그러나 이 점을 확신해도 좋다. 당신은 매 순간 '행해지고 있을 뿐'이다. 인류는 언제나 능동을 수동으로 착각해 왔다. 그것은 영원한 문법적 오류이며, 인간 정신이 가장 오래 고집해 온 착각이다.

원인과 결과

우리의 지성은 하나의 거울이다. 그 거울 위에는 어떤 규칙성이 있는 것처럼 보이는 연속이 나타난다. 특정한 것이 반복해서 다른 특정한 것을 뒤따른다. 우리는 이 단순한 나열을 인지하고 이름 붙이고 싶어 한다. 그래서 우리는 그것을 "원인과 결과"라 부른다. 그러나 우리는 얼마나 어리석은가! 마치 우리가 그 이름을 붙였다는 이유만으로, 그 연속을 이해했거나 이해할 수 있는 것처럼 착각한다. 실제로 우리가 보는 것은 원인과 결과라는 이미지, 그 은유적 도식뿐이다. 바로 그 은유가 우리 시야를 막기 때문에, 우리는 이 단순한 순서 이상의 관계, 즉 더 깊은 실재를 보지 못한다.

자연의 목적

눈의 역사와, 낮은 생물에서 그 눈이 가지던 원시적 형태를 조사해 본 모든 공정한 관찰자는, 시력은 눈의 첫 목적이 아니었다고 인정할 것이다. 시력은 그 장치가 우연히 적절한 방향으로 모이고 결합했을 때 비로소 나타난 기능일 뿐이다. 이런 예 하나만으로도, 우리가 자연 속에서 상상해 왔던 '최종 목적(final cause)'[2]이라는 개념은 눈에서 비늘이 떨어지듯 사라진다.

이성

이성(Vernunft)은 어떻게 세상에 들어왔는가? 적절하지 않게도, 지극히 비이성적인 방식으로, 우연히 들어왔다. 우리는 이제 이 우연을 수수께끼처럼 추측할 수밖에 없다.

의지란 무엇인가?

우리는 해가 막 떠오르는 순간 방에서 뛰어나와 "나는 해가 떠오르기를 원한다"고 말하는 사람을 비웃는다. 바퀴를 멈출 수 없으면서 "나는 그것이 굴러가기를 원한다"고 말하는 사람, 레슬링 경기에서 던져져 바닥에 눕혀진 상태에서 "나는 여기 누워 있기를

⋄⋄⋄⋄⋄⋄⋄⋄⋄⋄⋄⋄⋄⋄⋄⋄⋄⋄

2 고대 철학, 특히 아리스토텔레스의 형이상학에서 나온 개념으로, 모든 사물은 어떤 '목석(teleology)'을 향해 존재한다는 생각을 말한다.

원한다"고 말하는 사람을 비웃는다. 하지만 정말 농담을 제쳐두고 보면, 우리가 "나는 원한다"라고 말할 때마다, 우리도 이 세 사람 중 하나처럼 행동하는 것은 아닌가?

자유의 영역에 대하여

우리는 우리가 실제로 할 수 있고 경험할 수 있는 것보다 훨씬 더 많은 것을 생각할 수 있는 존재다. 즉 사고 능력은 본질적으로 피상적이며, 표면적인 것(Schein)에 만족한다. 그리고 우리는 그 표면조차 제대로 인식하지 못한다. 만약 우리의 지성이 우리의 힘(Kraft)과 그 행사에 비례해 엄격하게 발전했다면, 사고의 첫 원칙은 이렇게 되었을 것이다.

"우리는 우리가 할 수 있는 것만을 이해할 수 있다." (물론 '이해'라는 것이 정말 존재한다면 말이다.) 목마른 사람에게 물은 없다. 그러나 그의 상상력은 물의 이미지를 끝없이 떠올린다. 마치 물이 세상에서 가장 쉽게 얻을 수 있는 것인 것처럼. 지성은 그 피상성과 자기 만족 때문에 실제의 필요를 이해하지 못하며, 오히려 스스로를 우월하다고 느낀다. 지성은 더 빨리 달리고, 더 많이 할 수 있으며, 거의 한순간에 목표에 도달할 수 있다고 믿으며 자부심을 느낀다. 그래서 사고의 영역은 행동, 의지(Wille), 경험의 영역과 비교될 때 마치 '자유의 영역'처럼 보인다. 그러나 이미 말했듯이, 그것은 단지 피상성과 자기 만족의 영역일 뿐이다. 사고의 자유란, 실은 우리가 할 수 있는 것과 아무 상관도 없는 말의 자유, 상상의 자유, 착각의 자유일 뿐이다.

망각

 망각이라는 것이 실제로 존재한다는 것은 아직 증명되지 않았다. 우리가 확실히 아는 것은 단지 우리가 회상 능력을 갖지 못하는 순간들이 있다는 사실뿐이다. 그 간극을 우리는 "망각"이라고 불러 왔고, 마치 그것이 우리의 정신 능력 목록에 속하는 고유 기능인 것처럼 간주했다. 그러나 결국, 우리 능력의 범위 안에 놓여 있는 것이란 무엇인가? 만약 '망각'이라는 단어가 단순히 능력의 결핍을 채우는 말일 뿐이라면, 우리가 우리의 힘과 능력에 대해 알지 못하는 다른 간극들을 채우기 위해서도 수많은 단어가 만들어질 수 있는 것 아닌가? 즉, 우리는 "망각"이라는 말을 사실상 무지를 설명하는 마스크로 쓰고 있을지도 모른다.

명확한 목적을 위하여

인간의 행동 가운데 오히려 가장 이해되지 않은 것은, 놀랍게도, 명확한 목적을 위해 수행되는 행동들이다. 왜냐하면 우리는 이 행동들을 언제나 지성(Vernunft)이 가장 쉽게 파악할 수 있다고 생각해 왔기 때문이다. 그러나 경험해 보라. 큰 문제는 큰길뿐 아니라 작은 길에서도 언제든 주워진다. 명확한 목적 아래 있는 행동조차 그 실제 동기는 언제나 단선적이지 않다.

꿈꾸는 것과 책임

당신은 꿈을 제외한 모든 것에만 책임을 지고 싶어 한다! 이 얼마나 비참한 약함인가, 이 얼마나 논리적 용기의 부족인가! 당신에게는 당신의 꿈보다 더 많이 '자신의 것'인 것이 없다. 그 내용, 형식, 지속 시간, 등장인물, 구경꾼—이 모든 것은 당신의 전체 자아가 연기한 코미디다. 그럼에도 불구하고 당신은 슬그머니 두려움을 느끼고, 부끄러워하고, 꿈에서만큼은 자신이 책임에서 벗어나 있다고 믿고 싶어 한다. 오이디푸스—그 현명한 오이디푸스조차—"우리는 꿈에 대해서는 비난받을 수 없다"는 생각으로 위안을 얻었다. 그러므로 나는 다음과 같은 결론을 내리지 않을 수 없다. 대다수의 사람들은 자신을 책망할 만한 끔찍한 꿈을 가지고 있기 때문에, 꿈에서 도망치고 싶어 하는 것이다. 그렇지 않았다면, 인간의 자부심은 이 야간의 허구를 얼마나 크게 이용해 왔을까? 물론 오이디푸스는 부분적으로 옳다. 우리는 꿈에도 깨어 있는 시간만큼 책임이 없다. 그리고 자유 의지의 교리란, 결국 인간의 자부심과 힘의 감각이 낳은 자식이라는 사실을 나는 다시 강조해야겠다. 나는 이 말을 반복한다―그러나 그것이 사실이 아니라는 증거는 어디에도 없다.

동기의 주장되는 싸움

사람들은 "동기의 싸움"을 말한다. 그러나 그들이 이 표현으로 지칭하는 것은 실제 '동기의 싸움'이 아니다. 일반적으로 사람들이 말하는 '동기의 싸움'이란 이런 것이다. 우리의 명상적 의식 속에서 여러 행동의 가능한 결과가 하나씩 떠오르고, 우리는 이들을 머릿속에서 비교한다. 우리는 어떤 행동이 유리한 결과를 가져올 것이라고 스스로 확신한 뒤, 마침내 행동하기로 결정했다고 믿는다. 하지만 그 과정 속에서, 우리는 다음과 같은 어려움으로 거의 언제나 불안에 빠진다. 먼저, 결과가 무엇일지 정확히 추측해야 하는 데, 이는 대단히 어렵고, 그 결과를 그 전체 중요성 속에서 파악하는 것도 어렵고, 발생 가능한 우연 요소까지 계산해야 하며, 마지막으로, 그 모든 결과를 하나의 저울에서 비교해야 한다는 것도 또 하나의 어려움이다.

그리고 여기서 우리는 자주 깨닫는다. 이 다양한 결과를 한데 비교할 만큼 충분한 저울도, 저울추도 우리에게는 없다. 그러나 설령 이 문제들이 기적처럼 해결되고, 우연히 비교 가능한 결과들이 우리의 저울 위에 나란히 놓였다고 하자. 그러면 우리는 그 경험들로 인해 특정 행동의 결과를 상상하고, 그 상상된 결과가 행동의 동기처럼 보이게 되는 단 하나의 동기를 얻게 된다. 그러나 실제 행동의 순간에, 우리는 이 '결과의 이미지'보다 전혀 다른 동기에 의해 움직인다.

그 동기들은 우리의 내부 기계의 습관적인 작동일 수도 있고, 우리가 두려워하거나 존경하거나 사랑하는 사람의 작은 격려일 수도 있고, 가장 가까이에 있는 것을 선호하는 편안함에 대한 사랑일 수도 있다. 또는 하찮은 사건이 불러일으킨 상상력의 급격한 동요일 수도 있고, 갑작스러운 신체적 영향일 수도 있다. 단순한 변덕 혹은 이미 폭발할 준비가 되어 있던 충동 하나의 돌발적 분출일 수도 있다. 요컨대, 우리가 전혀 이해하지 못하거나, 서로 비교할 수도 없는 동기들이 실제로는 결정적인 역할을 한다.

이 무수한 동기들 사이에서도 실제로는 싸움이 벌어진다―서로 밀고 당기고, 높아지고 낮아지는 전투. 이것이야말로 진짜 '동기의 싸움'이다. 그러나 이 싸움은 우리에게 완전히 보이지 않으며, 전혀 알려져 있지 않다. 우리는 결과와 성공을 계산했을 뿐이다. 그렇게 함으로써 특정 동기를 다른 동기들과의 싸움의 전선에 배치했다. 그러나 우리는 그 전선도 볼 수 없고, 싸움 자체도 볼 수 없다. 우리가 결국 어떤 행동을 하게 되는지는 알지만, 어떤 동기가 최종 승리했는지는 결코 알지 못한다. 그럼에도 우리는 이런 무의식적 현상들을 고려하지 않는 습관에 젖어 있다. 그래서 우리는 행동의 '준비 과정'을 오직 의식적인 단계에서만 이해하려고 한다. 그 결과, 우리는 '동기의 싸움'을, 행동의 가능한 결과들에 대한 비교로 착각한다. 그리고 이 착각은 도덕의 발전에 있어 가장 치명적인 오류 가운데 하나다.

목표? 의지?

우리는 오래전부터 '두 왕국'을 믿도록 길들여져 왔다. 하나는 목표와 의지의 왕국, 다른 하나는 우연(Zufall)의 왕국이다. 우연의 영역에서는 모든 것이 아무 의미 없이 일어나고, 왜 또는 무엇 때문에 그렇게 되는지 말할 수 있는 존재도 없이 끊임없이 요동친다고 여겨진다.

우리는 이 거대한 우주적 어리석음의 영역 앞에서 일종의 경외를 느낀다. 왜냐하면 이 영역은 우리의 세계 위로 지붕에서 떨어지는 슬레이트처럼, 우리가 애써 세워 놓은 '아름다운 목적들' 위로 쏟아져 내려 항상 그것들을 짓이기기 때문이다.

우리는 우리를 하나의 '지적 난쟁이'로 상상한다. 우리의 의지, 목표, 계획은 좁고 섬세한 거미줄처럼 짜여 있으나, 이 거대한 세계의 어리석음—즉 사고(事故)의 거인들—이 언제든 이 거미줄을 갈기갈기 찢어버린다. 하지만 우리는 이 거인들이 주는 공포와 시적 매혹을 잃고 싶어 하지 않는다.

왜냐하면 의지와 목표의 거미줄 속 삶이 우리에게 너무 지루하거나 숨 막히게 느껴질 때, 이 거인들은 종종 나타나서, 자신의 의도 따위는 전혀 없이, 거칠고 뼈만 남은 손으로 우리의 거미줄을 한 번에 산산조각 내어 신성한 오락을 선사하기 때문이다.

그리스인들은 이 헤아릴 수 없고 숭고하며 영원한 제한의 영역을 모이라$^{(Moira)3}$라고 불렀다. 그들은 이를 신들의 세계 위에 드리운 지평선처럼 묘사했다. 신들은 그 너머를 볼 수도, 그 너머에서 행동할 수도 없었다. 여기에는 인간이 조용히 품고 있던 신들에 대한 반항이 스며 있다. 신이 숭배의 대상이긴 하나, 인간은 항상 결정적인 순간에 신을 맞설 비장의 카드를 간직해 두고 있었다. 이것의 사례로 우리는 모든 신들이 필멸자의 희생에 의존해야 한다고 생각했던 인도인과 페르시아인을 회상할 수 있다. 그래서 최악의 경우 필멸자들이 적어도 신들을 굶어 죽게 할 수 있었다. 또는 그들의 악한 신들이 그들에게 야기한 영구적인 두려움에 대한 어떤 보상으로서 신들의 황혼이 올 것이라는 생각에서 조용한 복수를 즐겼던 완고하고 우울한 스칸디나비아인들의 신들을 회상할 수 있다.

기독교는 이전의 민족과 전혀 다른 태도를 취했다. 기독교의 핵심 감정은 인도인·페르시아인·그리스인·스칸디나비아인의 감정과 전혀 달랐다. 기독교는 그 제자들에게 이렇게 가르쳤다.

"권력의 정신을 먼지 속에서 숭배하라. 그 먼지에 입을 맞추라."

---

3   고대 그리스 신화에서 운명(Fate)을 뜻하는 개념으로, 인간의 삶을 배정하고 그 한계를 정하는 운명의 힘을 의인화한 존재를 가리킨다. 니체는 모이라를 언급할 때 보통 인간의 의지나 도덕을 초월하는 필연적 힘, 즉 인간이 거스를 수 없는 비인격적 운명의 질서를 강조하기 위해 사용한다.

기독교는 세상에 설파했다. 우리가 '어리석음의 영역'이라고 부르는 이 거대한 우연의 세계는, 사실 어리석은 것이 아니라 우리가 신의 의도를 이해하지 못하는 우리의 어리석음일 뿐이라고. 신은 어둡고, 비틀리고, 놀라운 길을 걷지만, 결국 모든 것을 '영광스러운 끝'으로 이끈다고. 이 새로운 신화—신이 우리보다 훨씬 더 미묘하고, 심지어 비이성적으로 보이는 방식으로 목적을 짜는 존재라는 신화—는 너무도 대담하여, 지나치게 세련되기까지 했던 고대 세계의 마음을 사로잡았다. 비록 그 안에는 치명적인 모순이 숨겨져 있었음에도—만약 인간의 지성이 신의 지성과 목적을 짐작할 수 없다면, 어떻게 인간의 지성은 신의 그 '이해할 수 없음' 자체를 짐작할 수 있었단 말인가?

현대에 이르러 사람들은 지붕에서 떨어지는 슬레이트가 정말로 "신성한 사랑"에 의해 던져진 것인지 의심하기 시작했다. 그리하여 인류는 옛날의 로맨스로 되돌아갔다. 거인과 난쟁이, 즉 우연과 의지의 세계로. 하지만 이제 우리는 이렇게 인정해야 한다. 인간의 목적과 이성 자체도 사실은 난쟁이가 아니라 거인이다. 우리의 거미줄은 우연이라는 슬레이트뿐 아니라, 우리 스스로에 의해 자주 찢어진다. 목적이라고 불리는 모든 것이 실제로 목적이 아니며 의지라고 불리는 모든 것이 실제로 의지가 아니다. 그리고 당신이 결국 "그렇다면 어리석음과 우연의 영역만 있는 것인가?"라는 결론에 도달한다면, 그 뒤에는 또 다른 결론이 따라붙어야 한다. 아마도 왕국은 하나뿐이며, 의지도 목적도 없고, 우리는 단지 그것들을 상상했을 뿐인지도 모른다고.

우연의 주사위를 흔드는 필연(necessity)의 철의 손은, 무한대로 계속되는 게임을 즐긴다. 주사위의 특정한 한 던지기는 모든 정도의 질서와 양식, 완벽성에 닮아야 한다. 어쩌면 우리가 "자발적인 행동과 목적"이라고 부르는 것들은 단지 그 주사위의 한 던지기에 불과할 수도 있다. 그리고 어쩌면—우리는 지나치게 제한적이고 허영된 존재인지도 모른다—우리가 철의 손으로 스스로 주사위 상자를 흔들며, 가장 신중한 행동 속에서도 필연의 게임만을 반복할 뿐인지도 모른다. 아마도! 이 "아마도"를 넘어 확신에 도달하기 위해서는, 우리는 정말로 지하 세계의 손님이 되어, 여신 프로세르피나의 테이블에서 그녀와 함께 주사위를 던지고 내기를 해보았어야 했을 것이다.

도덕적 유행

도덕석 판난 선체가 어떻게 변화했는지는 놀라울 정도다. 고대에서 가장 탁월한 도덕적 경이로움 가운데 하나였던 에픽테토스의 윤리는, 현재 우리가 너무나 당연하게 생각하는 희생 정신, 즉 "타인을 위해 사는 것의 영광"에 대해 전혀 알지 못했다. 오늘날 도덕의 유행을 기준으로 한다면, 우리는 오히려 그들을 부도덕한 자들이라고 불러야 할지도 모른다. 왜냐하면 그들은 오직 자신을 위해 살았고, 타인에 대한 동정심—특히 타인의 고통이나 도덕적 결함에 대한 연민—에 맞서 자기 자신을 지키기 위해 모든 힘으로 싸웠기 때문이다. 그들이 우리에게 대답한다면 아마 이렇게 말할 것이다.

"만약 당신들이 스스로를 그렇게 둔하고 볼품없는 인간이라고 느낀다면, 가능한 한 자신보다 다른 사람을 더 많이 생각하십시오. 당신들은 그렇게 하는 것이 전적으로 옳을 것입니다!"

도덕에서 기독교의 마지막 메아리

오늘날 지배적인 도덕 감정은 이 프랑스어 구절이 가장 잘 표현한다.

"연민을 통해서만 선해진다. 그러므로 모든 감정 속에 일정한 연민이 있어야 한다."

그렇다면 어떻게 이런 도덕 감정이 탄생했는가? 사회적이고, 동정심 많고, 사심 없고, 자비로운 행동을 하는 사람이 오늘날 "도덕적 인간"으로 간주된다는 이 사실 자체가, 기독교가 유럽 전체에 남긴 가장 거대한 영향력, 가장 철저한 변형일 것이다. 하지만 이 변화는 기독교 스스로 의도한 결과가 아니었다. 기독교의 핵심 교리는 언제나 "영원하고 개인적인 구원의 절대적 중요성"이라는 매우 이기적인 믿음이었기 때문이다. 그러나 이 믿음은 시간이 흐르면서 교리 자체가 약해지자 함께 후퇴했고, 그 틈을 교회의 자선 활동과 조화를 이루는 "사랑"과 "이웃 사랑"이라는 부차적 가르침이 대신 채우게 되었다. 신앙의 본질과 동떨어진 이 교리적 잔여물이 바로 현재 유럽 도덕의 기반이 된 것이다.

사람들이 교리와 점점 거리를 두기 시작하자, 그들은 "인류애"라는 새로운 가치에서 자신의 정신적 공백을 정당화하려 했다. 심지어 프랑스의 자유 사상가들—볼테르에서 오귀스트 콩트에 이르는 계열—은 기독교적 이상을 능가하는 새로운 윤리적 헌신을 찾으려 했다. 특히 콩트는 "타인을 위해 살라(vivre pour autrui)"는 유명한 도덕 공식으로 기독교조차 압도하는 지점을 만들었다.

독일의 쇼펜하우어와 영국의 존 스튜어트 밀 역시, 연민(Mitleid)과 타인에 대한 유용성을 도덕의 원칙으로 강조하는 데 특별한 영향을 미쳤지만, 그들조차도 더 오래된 흐름의 메아리였을 뿐이다. 프랑스 혁명 이후 이런 도덕 감정과 교리는 유럽 전역에서 폭발적으로 성장했고, 거칠든 섬세하든 모든 사회주의적 원칙의 공통 기반이 되었다. 오늘날 "도덕이란 무엇인가"에 대해 일반 대중이 갖는 통념보다 더 널리 퍼진 편견은 없다. 우리는 사회가 개인을 전체의 필요에 맞추는 방식이 옳다고 믿도록 교육받고 있으며, 각 개인은 전체라는 기계 속의 유용한 부품이 되는 것을 자신의 행복이자 의무라고 배운다.

하지만 이 전체가 도대체 무엇인가?

이미 존재하는 국가인가?

아직 도래하지 않은 국제적 형제애인가?

혹은 새로운 경제 공동체인가?

여기에는 여전히 끝없는 논쟁, 의심, 열정이 있다. 하지만 그 가운데서 단 하나만은 분명하다. 현대 도덕은 개인에게 자기부정을 실천하라고 요구한다. 개인은 전체에 적응하는 과정 속에서 자신의 고정된 권리와 의무의 영역을 다시 확보하려고 애쓰고, 결국 완전히 다른 존재가 된다. 사실상 지금 시도되고 있는 것은 개인의 완전한 변형—약화, 억압, 그리고 기능적 재배치이다. 이 도덕의 지지자들은 지금까지의 "개인성" 속에서 나쁘고 낭비적이며 위험하고 비효율적인 모든 요소를 끝없이 열거하며 비난한다. 그들은 사회가 하나의 거대한 기업처럼 운영되어야 한다고 믿고, 모든 인간이 그 기업의 균일한 부품으로 살아가기를 기대한다. 그 결과 현대 도덕의 핵심은 이렇다.

"사람들을 하나의 사회로 묶는 경향을 가진 모든 것이 선(善)이다."

동정심과 사회적 감정은 서로 손을 잡고 도덕의 중심에 자리 잡았다. (흥미롭게도, 칸트는 이 흐름 바깥에 있는 유일한 사상가였다. 그는 '자비가 도덕적 가치를 가지려면 타인의 고통에 무감각해야 한다'고 주장했다. 이 사실은 쇼펜하우어를 격분시켰고, 그는 칸트의 이 교리를 '부조리'라고 맹렬하게 공격했다.)

"더 이상 자신을 생각하지 않는 것"

누군가가 눈앞에서 물에 빠졌을 때, 우리는 왜 물에 뛰어들어 그를 구해야 한다고 느끼는가? 심지어 그에게 어떤 특별한 연민(Mitleid)을 느끼지 않는다 해도 말이다. 이것은 연민 때문이다—적어도 우리는 그렇게 생각한다. "아무도 이제 자신을 생각하지 않는다, 오식 이웃만을 생각한다." 이것이 흔히 말하는 연민의 도덕적 찬사이다.

하지만 실제로 우리가 누군가가 피를 토하는 모습을 보고 슬픔과 불안을 느낄 때, 우리는 과연 그를 생각하고 있는가? 아니면 오히려 우리 자신을 생각하고 있는가? 심지어 그에게 악감정을 가지고 있더라도, 우리는 여전히 슬픔을 느낀다. 이것이 연민이라고 사람들은 말한다—"우리는 자신을 생각하는 것을 멈추고 타인을 생각한다." 그러나 진실은 이렇다.

우리는 연민을 느끼는 순간 의식적으로는 자신을 잊지만, 무의식적으로는 아주 예민하게 자기 자신을 생각한다. 미끄러질 때 우리 몸이 무의식적으로 균형을 회복하려고 반대 동작을 하는 것처럼, 연민도 그런 무의식적 자기 방어의 움직임이다.

타인의 불행은 우리에게 불쾌한 감각을 준다. 우리는 그를 도울 수 없다면 스스로를 무능하거나 비겁하게 느끼게 된다. 또한 타인의 고통은 우리 자신의 위험을 환기시키는 표지(sign)처럼 작용하며, 인간 존재의 취약성을 적나라하게 드러내기 때문에 우리를 괴롭게 한다. 우리는 이 고통을 견디기 위해 연민의 행위를 한다. 마치 자기 내부에서 균형을 잡기 위한 보상 행동처럼 말이다.

우리가 본질적으로 자기 자신을 생각한다는 사실은 너무나 쉽게 드러난다. 우리는 가능하면 고통받는 사람을 보지 않으려 한다―단, 우리가 그들에게 도움을 줄 수 있고, 그 도움으로 칭찬을 받을 수 있을 때는 예외다. 혹은 우리의 기분이 좋아지는 대조 효과를 원할 때, 혹은 지루함을 달래기 위해서도 우리는 그들에게 다가간다.

이처럼 우리가 타인의 고통 앞에서 느끼는 불편함을 "동정심"이라고 부르는 것은 오해다. 우리가 제거하려는 것은 타인의 비참함이 아니라, 그 비참함을 보며 스스로 느끼는 불쾌감이다. 우리가 연민의 행위를 할 때, 그 속에는 단일한 동기가 존재하지 않는다. 우리는 불쾌함에서 벗어나고 싶어 하며, 동시에 즐거움의 충동에 굴복한다. 타인을 돕는 행위 자체가 주는 힘의 감각, 자신이 유능하다는 느낌, 타인의 칭찬, 교정 가능한 불의(不義)를 해결한다는 만족감―이 모든 것이 우리의 즐거움이다.

결국 "연민"은 이 모든 요소―불쾌, 자기 방어, 보상, 기쁨, 의무감, 우월감―이 뒤섞인 복잡한 유기체다. 그러나 언어는 이 복합적인 작동을 하나의 단어 '연민(Mitleid)'으로 단순하게 뭉뚱그려 표현한다.

그럼에도 연민이 고통에 대한 미묘하고 깊은 이해에서 비롯된다는 생각은 경험과 모순된다. 연민을 너무 고결하게 높여 부르는 사람은 도덕적 경험이 부족한 경우가 많다. 그래서 나는 쇼펜하우어가 연민에 부여한 과도한 의미를 읽을 때마다 의심을 갖게 된다. 그는 연민—그가 지나치게 단순화하고 잘못 설명한 바로 그 연민—이 모든 도덕적 행동의 원천이라고 주장했다. 그러나 그가 연민에 부과한 바로 그 초월적 기능들 때문에, 우리는 그의 주장을 신뢰할 수 없다.

 결국 연민이 적은 사람들과 연민이 많은 사람들을 가르는 것은 무엇인가? 대략적으로 말하자면, 연민이 적은 사람들은 더 두려움이 적고, 위험을 감지하는 감각도 덜 예민하다. 그들의 허영심은 자신이 막을 수 있었던 불행에 대해 쉽게 상처받지 않는다. 그들의 자부심은 "다른 사람의 일에 쓸데없이 끼어들지 말라"고 지시한다. 그들은 대부분의 경우 고통을 더 잘 견딜 줄 알고, 다른 사람들의 고통도 자연스러운 것으로 받아들인다. 부드러운 마음의 상태는 그들에게 오히려 위험한 무너짐처럼 느껴진다. 그들은 눈물을 숨기고, 스스로에게 화를 내며 그 눈물을 닦는다.

 이들은 동정심 많은 사람들과는 다른 형태의 이기주의자일 뿐이며, 이들을 선하다거나 악하다고 단정하는 것은 단지 "도덕적 유행"에 지나지 않는다. 도덕의 유행은 언제나 반대 방향으로 흘렀고, 또다시 흐를 것이다.

우리가 연민을 얼마나 경계해야 하는가

연민은 실제로 고통을 야기하는 한—그리고 여기서 우리의 관점은 오직 그것뿐이어야 한다—다른 모든 해로운 감정의 탐닉처럼 약점이다. 연민은 전 세계적인 고통을 증가시킨다. 비록 연민의 결과로 일부 고통이 사라지거나 줄어드는 경우가 있다 하더라도, 그것은 전체적 해악을 덮을 만큼 중요한 긍정적 효과가 아니다.

연민이 단 하루만 만연해도, 그것은 인류 전체를 완전한 파멸로 몰아갈 것이다. 연민은 다른 어떤 갈망이나 충동보다 근본적으로 우월하지 않다. 연민이 칭찬받고 선한 양심으로 정당화되는 순간은 단 하나, 사람들이 그 안에서 쾌감을 발견할 때다. 그 순간에만 사람들은 기꺼이 연민에 굴복한다. 반대로 연민이 위험하다고 여겨지는 상황에서는 그것은 약점으로 간주된다.

그리스인들은 연민을 주기적이지만 건강에 해로운 감정으로 보고, 그 위험은 일시적 방출을 통해 제거할 수 있다고 보았다.

어떤 사람이 실제 삶 속에서 연민을 발휘할 기회를 의도적으로 찾고, 주변의 비참함을 반복해서 자신의 마음속에서 되새긴다면, 그는 필연적으로 우울하고 병들 것이다. 그는 인류에게 의사처럼 봉사하려 한다면 연민에 대해 강력한 예방조치를 취해야 한다. 그렇지 않으면 연민은 결정적 순간에 그의 손을 마비시키고, 판단력과 지식의 기반을 약화시키며, 섬세하고 정확해야 할 그의 도움 행위를 손상시킬 것이다.

연민을 불러일으키기

야만적 사회에서는 "연민의 대상이 된다"는 가능성 자체를 도덕적 몸서리로 여겼다. 그들은 연민을 받는 상태를 모든 미덕이 박탈된 상태로 간주했다. 연민을 받는다는 것은 곧 경멸의 대상이 된다는 뜻이었기에, 그들은 경멸할 만한 자가 고통받는 모습을 보고도 아무런 즐거움을 얻지 못했다. 반면, 그들의 적^(敵) 가운데 한 사람이 고통받는 장면―특히 그들이 자신과 동등하다고 생각하는 강한 자가 끝까지 자부심을 굽히지 않고 고문을 견뎌내는 장면―은 야만인에게 최고로 흥분되는 즐거움이었다.

그 이유는, 누구라도 연민을 호소하며 스스로를 낮추지 않고, 신음도, 굴욕도 보이지 않은 채 고통을 버텨내는 모습이 야만인의 영혼에 가장 깊은 경외심을 불러일으켰기 때문이다. 그들은 이러한 불굴의 자를 자신의 힘 안에 들었을 때 죽이고, 이후에 장례의 영예를 바쳤다.

그러나 만약 그가 신음했다면? 그의 얼굴에서 침착한 경멸의 표정이 사라졌다면? 그가 스스로 경멸받아 마땅한 존재처럼 보였다면? 그때 그는 개처럼 살아도 된다고 여겨졌을 것이다. 그는 더 이상 구경꾼의 자부심을 자극하지 못했고, 그 자리를 연민(Mitleid)이 차지했을 것이기 때문이다.

연민 속의 행복

힌두 문화처럼 모든 지적 활동의 궁극적 목적을 "인간의 비참함을 인식하는 것"으로 규정한다면, 그리고 그러한 결의를 세대에 걸쳐 유지한다면, 사람들은 유전적 비관주의로 인해 연민이 생존을 위한 수단으로 여겨지기 시작한다.

연민은 비록 공포스럽고 혐오스러워 보일지라도, 삶을 견딜 만하게 만드는 감정으로 기능한다. 그것은 자살에 대한 해독제처럼, 작은 용량으로 우월감을 맛보게 하고, 마음을 채우고, 두려움과 무기력을 몰아내며, 말하고 불평하고 행동하도록 자극한다.

비참함에 대한 지식이 개인을 완전히 압도하고 숨통을 조일 때, 연민은 상대적으로 하나의 오락이자, 활력의 원천이 된다. 그 어떤 형태이든, 행복은 우리에게 공기와 빛, 그리고 움직임의 자유를 제공하기 때문이다.

"자아"를 왜 두 배로 만드는가?

한 가지 유익한 조언이 있다. 우리 자신의 경험을, 우리가 다른 사람들의 경험을 평가하듯 바라보라. 이는 마음을 안정시키며 훌륭한 치료책이 될 수 있다. 반면, 다른 사람의 경험을 우리의 경험으로 받아들이는 것—즉 연민의 철학이 요구하는 방식—은 우리를 빠르게 파괴할 것이다. 이론으로 상상하지 말고 직접 해보라. 우리는 타인에게 벌어지는 사건을 평가할 때, 그 가치를 더 객관적으로 판단한다. 죽음, 손실, 모욕 같은 사건도 마찬가지다. 따라서 "타인의 불행을 그가 느끼는 만큼 느껴라"는 원칙을 행동의 기준으로 삼는다면, 우리는 우리의 자아뿐 아니라 타인의 자아까지 함께 짊어지는 셈이 된다. 그렇게 되면, 우리는 자기 자신의 짐을 가볍게 만들기는커녕, 이중의 비이성으로 스스로를 공격하게 될 것이다.

더 부드러워지기

우리가 누군가를 사랑하고, 존경하고, 감탄한다가, 어느 날 그가 고통받고 있음을 알게 될 때—이것은 항상 최대의 놀라움을 준다. 왜냐하면 우리가 그에게서 얻는 행복이 마치 영원한 풍요의 원천에서 흘러나온 것이라고 느껴졌기 때문이다. 그 순간 우리의 감정은 근본적으로 바뀐다.

사랑도 존경도 감탄도 모두 더 부드러워지고, 우리를 그로부터 분리하던 간극이 좁혀지며, 일종의 평등감이 생긴다. 이제 우리는 그가 우리에게 준 것에 대해, 우리가 그에게 되돌려줄 수 있는 것을 찾는다. 이는 우리에게 기쁨을 준다—왜냐하면 "보답할 수 있다"는 감정이 작은 행복을 불러일으키기 때문이다. 그래서 우리는 그의 슬픔을 달랠 방법을 찾는다. 친절한 말, 표정, 관심, 도움, 선물—그가 원하는 것은 무엇이든 준다. 그가 우리가 그의 고통을 보고 괴로워하고 있다는 사실을 보고 싶어 한다면, 우리는 고통받는 것처럼 행동하기까지 한다. 이는 우리에게 감사의 능동적 즐거움, 즉 일종의 선한 복수처럼 느껴진다. 그러나 만약 그가 우리의 보답을 거부한다면? 우리는 차갑고 슬프게 돌아선다. 거의 굴욕감을 느끼며 떠난다. 우리의 감사가 거절되었다고 여기는 것이다. 이 문제에 관해서는, 가장 선량한 사람조차도 자존심이 발동한다. 이 모든 사실은 다음을 분명하게 한다. 고통받는 것에는 언제나 약간의 굴욕이 섞여 있고, 연민에는 언제나 약간의 우월감이 섞여 있다. 이 두 감정은 본질적으로 영원히 구별된다.

이름만 더 높은

당신은 연민의 도덕이 스토아주의의 도덕보다 더 높은 도덕이라고 말하는가? 그것을 증명하라! 그러나 도덕을 평가하는 기준을 다시 도덕 그 자체에서 가져오지 않도록 조심하라. 왜냐하면 절대적인 도덕은 없기 때문이다. 그러므로 비교의 기준은 도덕 외부에서 가져와야 하며, 다시 그것을 도덕적 판단으로 바꾸지 않도록 경계해야 한다. 그렇지 않다면, "더 높다"는 말은 단지 이름뿐이며 실제의 우열은 아무것도 말해주지 못한다.

칭찬과 비난

전쟁이 실패로 끝나면 사람들은 그 책임을 떠넘길 대상을 찾는다. 실패는 낙담을 불러오고, 이 낙담에서 벗어나는 가장 즉각적인 방법은 힘의 감각을 되찾는 일이다. 그리고 이 힘의 감각은 누군가를 비난하는 순간 되살아난다. 비난받는 사람이 실제로 그 잘못을 저질렀는지는 중요하지 않다. 그는 단지 약하고 낙담한 사람들이 자신들의 힘이 아직 남아 있다는 것을 느끼기 위해 붙잡는 희생양일 뿐이다. 심지어 패배 뒤의 자기비난조차도 같은 작용을 한다. 사람은 스스로를 책망함으로써 힘을 회복한다.

반대로, 승리가 너무 크고 매혹적이면 자부심이 넘치고 그 자부심은 방출을 원한다. 이때 사람들은 성공의 책임을 돌릴 대상을 찾고, 그 인물은 칭송의 표적이 된다. 이런 칭송도 하나의 희생이다. 단지 이 경우에는 그 '희생'이 달콤하게 느껴질 뿐이다.

결국 칭찬이든 비난이든, 개인은 타인이 쌓아두었던 감정의 표적이 된다. 우리는 그들에게 어떤 '혜택'을 제공할 뿐이며, 우리가 그것을 받을 자격이 있었는지, 그들이 줄 자격이 있었는지는 이 과정에서 거의 문제가 되지 않는다.

더 아름답지만 덜 가치 있는

그림 같고 인상적인 도덕, 즉 갑작스러운 정념의 폭발과 극적인 몸짓, 비장함과 긴장감으로 장식된 도덕은 미적 매력을 갖는다. 그러나 이런 도덕은 여전히 반(半)야만적인 단계에 머물러 있는 도덕이다. 그 드라마틱한 아름다움 때문에 더 높은 가치가 있는 것처럼 보이지만, 그 매력에 이끌려 그것을 더 뛰어난 도덕으로 오해해서는 안 된다.

동정심

우리는 다른 사람의 감정을 이해하기 위해, 즉 그 감정을 우리 안에서 재현하기 위해 종종 그 감정의 원인을 먼저 추적하려 한다. 예컨대 누군가 슬퍼 보이면, 우리는 왜 그가 슬픈지를 알아내고, 같은 이유로 슬퍼함으로써 그와 함께 느끼고자 한다. 그러나 실제로는 이러한 원인 탐구보다 훨씬 더 자주, 우리는 상대의 표정·목소리·걸음·태도—혹은 그것들과 닮은 말, 그림, 음악—을 우리 몸으로 모방함으로써 그의 감정을 우리 안에 불러온다. 얼굴 근육과 신경 체계의 움직임을 따라 하려는 이 무의식적 노력 때문에, 감정은 움직임과 연동된 오래된 연결고리의 작용을 따라 우리 안에서 일어난다.

이 감정 모방 능력은 매우 빠르고 정교해서, 사람 앞에 있을 때 우리는 거의 의식하지 못한 채 상대의 감정 구조를 따라 모방한다. 상대에 대한 감정적 반응은 이것을 통해 형성된다. 예민한 관찰자는 특히 여성의 얼굴에서 나타나는 생생한 미묘한 떨림—그녀 주변에서 벌어지는 감정적 반향과 모방의 미세한 진동—을 통해 이를 쉽게 파악할 수 있다.

그러나 음악은 우리가 감정을 모방하고 예측하는 능력이 얼마나 뛰어난지를 가장 잘 보여준다. 음악은 감정의 직접적 재현이 아니라, 감정의 모방을 다시 모방한 것에 불과함에도 불구하고, 우리는 그 모호하고 흐릿한 신호를 듣고도 슬퍼할 이유가 없음에도 슬픔에 젖는다. 단지 어떤 소리·리듬·억양이 슬퍼하는 사람의 움직임을 암시하기 때문일 뿐이다.

전해지는 이야기 하나가 있다. 전쟁도 없고, 적도 없던 때 한 덴마크 왕이 음유시인의 노래에 지나치게 고양된 나머지 자리에서 벌떡 일어나 궁정에 있던 사람 다섯을 죽여 버렸다고 한다. 단지 감정에서 원인으로 거슬러 가는 상상력이 그 왕에게 너무 강하게 작용해 그의 관찰력과 이성을 압도했기 때문이다. 그러나 이런 극단적 사례가 아니더라도 우리는 음악이 우리를 움직일 때—우리를 전율하게 만들 때—그 감정은 거의 항상 실제 상황과 모순되는 형태로 발생한다는 사실을 알고 있다. 음악 속 감정과 우리의 실제 상태는 대부분 일치하지 않는다.

왜 인간은 이렇게까지 감정 모방에 익숙해졌는가? 그 이유는 인간이 본래 매우 소심하고 섬세한 존재이기 때문이다. 인간은 오랫동안 모든 낯선 것과 모든 생명 있는 것을 두려움의 눈으로 보며 살아왔고, 위험을 예감할 때마다 상대의 태도와 움직임을 빠르게 모방하여 그 속에 감추어진 의도를 추측했다.

이 감정-의도 해석 능력은 무생물에 대해서조차 확장되었다. 인간은 한때 '무생물'이라는 개념 자체를 거의 믿지 않았기 때문이다. 그는 바람과 숲과 물결의 움직임에서조차 의도를 읽으려 했고, 그렇게 해서 오늘날 우리가 "자연에 대한 감정"이라 부르는 정서—하늘, 들판, 바위, 숲, 별, 풍경, 봄의 도래를 보며 느끼는 기쁨—이 형성되었다.

기쁨과 놀라움, 조롱의 감정은 모두 동정심의 자식이며, 동정심은 다시 오래된 두려움의 후예이다. 인간이 이러한 감정을 빠르게 인식할 수 있는 능력은 동시에 빠르게 감정을 감추고 변장하는 능력에 기반한다. 그래서 위장은 인간 지능의 고향이며, 특히 소심한 민족에게서 발달해왔다. 반대로 강하고 독단적인 민족에게서는 이런 능력이 상대적으로 줄어든다.

이러한 인간의 감정 모방을 차근히 따져본 뒤, 흔히 "연민이 두 존재를 하나로 합쳐 즉시 서로를 이해하게 만든다"라는 지금의 신비화된 관념을 떠올리면, 니체는 깊은 놀라움과 연민을 느낀다. 심지어 날카로운 이성을 가진 쇼펜하우어조차 이러한 환상적 헛소리에 매혹되어 있었고, 그 매혹을 다시 다른 지성들에게 전염시켰다. 우리는 이 허무맹랑한 관념에서 얼마나 큰 즐거움을 얻고 있는가?

쇼펜하우어가 특히 칸트에게 고마워했던 이유를 떠올려 보라.

누군가 칸트의 정언명령이 가진 "숨은 속성" (qualitas occulta)을 제거해 더 이해할 수 있게 만들 방법에 대해 말하자, 쇼펜하우어는 이렇게 외쳤다.

"정언명령이 이해 가능해진다면? 말도 안 되는 생각이다! 스틱스강의 어둠이다! 그런 일이 일어나지 않게 신이 막아야 한다! 이해할 수 없는 어떤 것이 존재한다는 사실, 그리고 이해한다는 우리의 능력이 얼마나 비참하고 제한적이며 조건적이고 기만적인가—이 점을 알게 해준 것이야말로 칸트의 위대한 선물이다."

도대체 어떤 종류의 사람이 도덕적 사태를 이해하려는 욕망을 품을 수 있는가? 그런 사람이 도리어 그 이해할 수 없음으로부터 처음부터 위안을 얻으면서 말이다. 위로부터의 계시, 마술, 유령, 비논리적인 추함을 여전히 정직하게 믿는 그런 사람 말이다.

이 충동이 격렬해진다면 우리에게 화가 있을진저!

헌신과 타인을 향한 보살핌의 충동—즉 "동정적인 애정"이 지금보다 두 배로 강해진다고 상상해보라. 그 순간 지상의 삶은 도저히 견딜 수 없게 될 것이다. 각자는 매일, 매 순간 자기 자신에 대한 염려 때문에 얼마나 많은 어리석음을 저지르는가, 그리고 그러는 동안 그의 모습이 얼마나 괴상하고 부담스러워지는가를 생각해보면 된다. 만약 우리가 지금까지 자신을 괴롭혀 온 바로 그 어리석음과 끈덕짐의 대상이 타인을 향해 돌려진다면, 즉 우리의 이웃들이 우리에게 다가오는 순간마다 그들의 헌신과 감정적 개입이 우리에게 몰려든다면, 우리는 그 즉시 도망치고 싶어질 것이다. 결국 우리는 이기심을 향해 내던지던 온갖 욕설을, 두 배로 늘어난 이 동정적 충동 앞에 맞서기 위해 다시 사용해야 하는 상황이 오지 않겠는가?

다른 사람들의 불평에 귀를 막는 것

다른 필멸자들의 불평과 고통이 우리의 하늘을 흐리게 할 때, 그 우울함의 대가는 결국 누구에게 돌아가는가? 분명히 또다른 짐을 지고 살아가는 바로 그 필멸자들에게 돌아간다. 우리가 그들의 불평을 단순히 메아리처럼 되풀이하고 있을 뿐이라면, 우리는 그들에게 아무런 위안도 도움도 줄 수 없다. 더구나 우리가 늘 귀를 열어 그들의 고통을 받아들인다면, 그러한 상태에서는 오히려 그들을 위해 아무것도 할 수 없는 존재가 된다.

올림포스의 신들이 지녔다고 전해지는 능력을 배우지 않는 이상—그 고통을 자기 삶을 괴롭게 만드는 대신 인류 전체의 불행으로 치환하여 스스로를 '교화되었다'고 느끼는 능력을 말한다—우리가 이를 견딜 방법은 없다. 하지만 그 능력은 우리에게 지나치게 '신적'이다. 우리가 할 수 있는 일이라곤, 비극을 즐길 때만 잠시 그 신적 식인적 관능에 가까워지는 것뿐이다.

"비이기적인"

어떤 사람은 비어 있어 채움을 원하고, 또 다른 사람은 너무 가득 차 비워지기를 원한다. 두 사람 모두, 자신을 도와줄 누군가를 찾아 나선다는 점에서는 같다. 이 두 현상을 더 높은 의미에서 바라보면, 둘 다 "사랑"이라는 동일한 이름이 붙는다. 그렇다면 이런 사랑이 정말 "비이기적"일 수 있을까? 그 이름이 그러할 뿐, 그 움직임의 바탕에는 여전히 자신을 채우거나 비우고자 하는 충동이 있지 않은가?

우리의 이웃을 넘어 바라보기

진정한 도덕의 핵심이 우리가 행위가 타인에 미치는 사상 즉각적이고 직접적인 결과만을 바라보고 그에 따라 결정을 내려야 한다는 데 있다면, 그것은 다만 좁고 부르주아적인 도덕일 뿐이다. 비록 도덕이라는 이름을 지닐지라도 말이다.

그러나 우리의 자유 사상이 어떤 영향을 줄 것인지—그것이 타인에게 의심이나 슬픔, 혹은 더 극단적인 고통을 불러올 것이라는 사실을 알고 있음에도—더 먼 목적을 위해 그 즉각적인 결과를 넘어 바라보는 일은 더 높고 더 자유로운 행위가 아닐까? 우리는 적어도 우리 자신을 대하는 것처럼 이웃을 대할 권리가 있어야 하지 않은가? 우리의 삶에 대해서는 그토록 직접적이고 근시안적인 잣대를 들이대지 않으면서, 왜 이웃을 대할 때만 그런 잣대로 스스로를 구속해야 한다는 말인가?

만약 우리가 스스로를 희생할 준비가 되어 있다면, 국가와 군주가 늘 해왔듯이—"공익을 위하여"라는 말 아래—한 사람을 또 다른 사람에게 희생시켜 온 것처럼, 우리도 우리 자신과 함께 우리의 이웃을 희생하는 것을 막는 근거는 무엇인가? 우리에게도 '일반적인 이익'이 있으며, 어쩌면 그것은 그들의 이익보다 더 보편적인 것일지도 모른다. 그렇다면 왜 우리는 다가올 세대의 이익을 위해 현재 세대의 일부 개인을 희생시키는 일을 고려하지 못하는가? 새로운 쟁기가 땅을 갈아엎어 모든 이에게 비옥한 결실을 줄 수 있다면,

그 과정에서 발생하는 고통·불안·절망·실수·비참함 역시 필수적인 것이 아닐까?

우리는 결국 우리의 이웃에게 그가 '희생자'라고 느끼는 성향을 건네고, 그가 우리가 부여하는 임무를 수행하도록 설득한다. 이런 과정이 우리에게 연민이 부족하다는 증거인가? 그러나 오히려, 우리가 연민을 넘어—연민에 대한 자기 승리를 이루어—보다 큰 목적을 향해 나아가려 한다면, 그것은 즉각적인 해악과 효용만을 따져 안전한 선을 긋는 부르주아적 태도보다 훨씬 더 높고 자유로운 도덕적 용기라고 할 수 있지 않을까?

나아가, 이런 희생을 통해 우리는 인간 일반의 힘에 대한 감각을 더 강하게, 더 높게 끌어올릴 수 있다. 설령 우리가 그것 이상을 달성하지 못한다 해도, 그것만으로도 행복은 증가한다. 그렇다면… 더 말할 필요가 있을까? 당신은 이미 내 말을 이해했을 것이다.

"이타주의"의 원인

인간은 오래도록 사랑에 관해 지나친 찬사와 숭배를 쏟아왔다. 그 이유는 단 하나다. 그들은 지금까지 늘 사랑을 충분히 갖지 못했으며, 그 결핍을 결코 채우지 못했기 때문이다. 그래서 사랑은 마치 신들의 음료처럼 신성한 것으로 찬양받아 왔다. 만약 어떤 시인이 유토피아의 모습으로 '보편적 자비'가 실현된 세계를 그리려 한다면, 그는 필연적으로 괴상하고 우스꽝스러운 장면을 묘사해야 할 것이다. 지금처럼 단 한 사람에게서가 아니라, 수천 명에게, 아니 모든 사람에게 둘러싸여 매 순간 요구받고, 호소받고, 매달려지고, 한숨 섞인 시선을 받는 세계를 말이다. 그 속에서 사람들은 과거의 사람들이 이기심을 저주하고 모욕했던 것처럼, 과도한 사랑과 끈덕진 애정의 압력 앞에서 격렬하게 괴로워하며 도망치고 싶어질 것이다.

 만약 이 새로운 시대의 시인이 글을 쓸 여유를 갖게 된다면, 그가 갈망하는 것은 분명할 것이다. 축복할 만한 사랑 없는 과거, 옛 시대의 거룩한 이기심, 아무에게도 따라붙지 않고 홀로 있을 수 있었던 놀라운 가능성 말이다. 심지어 사랑받지 못하고, 미움받고, 경멸받는 상태조차 그 유토피아의 끈덕진 자비보다 더 달콤하게 회상될 것이다. 지금 우리가 아름답다고 부르는 동물 세계가 만들어냈던 그 다양한 냉담함과 무관심까지도 말이다.

멀리 내다보기

만약 도덕의 정의를 "오직 다른 사람을 위해서만, 그리고 그들을 위해서만 행해지는 행동만이 도덕적이다"라고 설정한다면, 도덕적 행동이라는 것은 세상에 존재하지 않는다. 또 다른 정의—"오직 우리 자신의 자유 의지에서 비롯된 행동만이 도덕적이다"—를 채택하더라도 사정은 마찬가지다. 이 경우에도 도덕적 행동은 존재하지 않는다.

그렇다면 지금까지 우리가 "도덕적 행동"이라고 불러온 것은 무엇인가? 그것은 몇 가지 지적 오류에서 비롯된 결과일 뿐이다. 우리가 이 오류를 벗어난다면, "도덕적 행동"이라는 것은 어떤 모습이 될까? 지금까지 특정 행동에 실제보다 훨씬 더 큰 가치를 부여해온 것은 바로 이러한 오류 때문이었다. 우리는 그것들을 "이기적인 행동"과 "비자유적인 행동"과 구별하며 특별한 영역에 배치해왔다. 그러나 이제 우리는 그 행동들을 다시 원래의 범주, 즉 이기적이며 비자유적인 행동의 범주 속에 돌려놓아야 한다.

그렇게 되면 그 행동들의 가치는 무엇인지? 당연히 합리적인 수준 아래로 낮아질 것이다. 지금까지는 그 행동들이 '본질적으로 다른 종류'라고 믿어왔기 때문에, 반대로 이기적이고 비자유적이라고 불린 행동들은 부당하게 과소평가되어 왔다.

앞으로는 어떤 일이 벌어질까? 우리가 이전보다 덜 높이 평가하게 된 만큼, 이러한 "도덕적 행동"은 덜 자주 행해지지 않겠는가? 필연적이다. 적어도 한동안은 그렇다. 우리의 가치 평가 기준이 이전의 오류에 반작용하듯 작용하는 동안, 이러한 변화는 계속될 것이다.

하지만 동시에 우리는 한 가지 중요한 차이를 만든다. 인간이 이기적이라고 비난받아온 행동들을 수행하는 데 필요한 '용기'를 돌려주고, 그 행동에 대한 부당한 멍에를 벗겨주는 것이다. 우리는 그들이 지고 있던 나쁜 양심을 풀어준다. 그리고 실제로 지금까지 그리고 앞으로도 가장 흔히 일어나는 행동은 바로 이 이기적인 행동들이다. 그러므로 이 행동들을 악한 외양에서 해방시키는 것은 인간 전체 삶을 구해내는 일이다.

이 변화는 매우 크고 중요한 결과를 낳는다. 인간이 더 이상 스스로를 "악하다"고 믿지 않게 되는 순간, 그는 더 이상 악하게 행동하지 않는다.

3. 종교적 삶

작은 비관습적 행동의 필요성

우리는 관습적 사안에서 때때로 우리 자신의 더 나은 판단을 뒤로하고, 실제로는 굴복하면서도 겉으로는 지적 자유를 유지하는 척 행동한다. 사람들처럼 행동하고, 모두에게 상냥하고 사려 깊어 보이기 위해, 다시 말해 우리가 가진 비관습적 견해에 대한 일종의 보상처럼 행동하는 것이다. 많은 "자유로운 사람들" 사이에서는 이런 태도가 오히려 "고결함", "인도적 태도", "관용", "비학문적 선의" 같은 이름으로 정당화되곤 한다.

그래서 무신론자라 하더라도 자신의 아이를 관습적인 기독교 방식으로 세례받게 하고, 국가 간 증오를 비난하는 사람도 군 복무를 하고, 종교적 가정에서 자란 소녀를 사랑한 사람은 그녀와 함께 교회로 가서 주저 없이 사제 앞에서 서약을 한다.

"우리 같은 사람이 다른 사람들이 늘 해온 일을 한 번쯤 따라 한다고 해서 뭐가 달라지겠는가?" — 무지한 편견은 이렇게 말한다. 그러나 이것이야말로 심각한 착각이다. 오래도록 굳어지고 강력하며 비이성적인 관습은, 이성적이라고 여겨지는 사람이 그 관습을 따르는 행동을 한 번 보이는 것만으로도 다시 정당성을 부여받는다. 그 절차는 곧 이성에 의해 승인된 것처럼 보이기 때문이다.

그러므로 당신의 의견이 아무리 훌륭하다 해도, 작은 비관습적 행동 하나가 가지는 가치는 훨씬 더 크다.

결혼의 위험

내가 만약 자비로운 신이라면, 인간의 온갖 일 가운데 결혼이라는 제도가 가장 견딜 수 없을 것이다. 한 개인은 그의 칠십 년 평생—아니, 심지어 삼십 년 동안에도—놀라운 수준까지 성장할 수 있다. 신들조차 감탄할 정도다.

그런데 바로 그가 쌓아 올린 투쟁의 성과, 승리의 유산, 인간성의 월계관이, 어떤 여성에게 포박되거나, 그녀가 조각하듯 그의 삶을 규정하여 훼손당하는 것을 우리는 너무나 자주 본다. 인간은 자신의 성취를 획득하는 데는 능하면서도, 그것을 보존하는 데에는 놀라울 만큼 무능하며, 더 나은 후손을 남길 수 있는 가능성도 거의 고려하지 않는다. 그래서 신들은 분노한다.

"인류에게서 어떤 위대한 것이 나오겠는가? 개인은 낭비된다. 결혼이라는 위험 때문에 인류의 위대한 발전이란 애초에 불가능하다. 우리는 이 목적 없는 희극의 구경꾼이자 바보 노릇을 그만해야 한다!"

에피쿠로스의 신들[1]이 오래전 신성한 은둔으로 물러난 것도 이런 감정 때문이었다. 그들은 인간과 그들의 연애에 완전히 지쳐 있었다.

발명해야 할 새로운 이상

사랑에 빠진 남자가 일시적인 열정 때문에 자신의 인생을 결정하고, 사회적 운명을 영원히 확정하도록 내버려두어서는 안 된다. 연인들의 서약은 공개적으로 무효라고 선언해야 한다. 그리고 무엇보다 결혼 자체를 더 진지하게 다뤄야 한다. 지금처럼 쉽게 계약되는 방식이라면, 앞으로는 일반적으로 허용될 수 없다. 대부분의 결혼은 우리가 제3자가 지켜보는 것을 원치 않을 정도다. 하지만 그 제3자는 거의 반드시 존재한다. 그것은 아이이며, 그는 목격자를 넘어서는 존재다. 그는 매 맞는 아이이자 희생양이다.

선서의 새로운 공식

◇◇◇◇◇◇◇◇◇◇◇◇◇◇◇◇◇◇

[1] 에피쿠로스 철학에서 신들은 인간 세계의 일에 관여하지 않는 평온한 존재로 묘사된다. 니체는 여기서 '신들이 인간의 연애에 지쳐 물러났다'는 이미지를 통해 인간의 결혼 제도와 감정적 소모를 풍자적으로 비판한다.

"만약 지금 내가 거짓을 말하고 있다면, 나는 더 이상 명예로운 사람이 아니며, 모든 사람이 내 얼굴을 향해 그대로 말해도 좋다."

나는 법정의 관례적 선서와 신에 대한 기원 대신 이 공식을 제안한다. 이것은 훨씬 더 강력하며, 종교인들도 반대할 이유가 없다. 관례적 선서가 더 이상 의미를 잃는 시대에, 모든 종교인은 자기들의 교리서를 들여다보면 된다.

거기에는 이미 이렇게 쓰여 있다.

"너는 주 너의 하나님의 이름을 헛되이 부르지 말라."[2]

---

153. 불만분자

그는 옛 용사들 중 하나다. 그는 문명이 점점 발전할수록, 용기 없는 사람들조차 명예, 보상, 아름다운 여인과 같은 좋은 것들에 접근할 수 있게 되는 것을 보며 분노한다. 그의 불만은 문명이 용기 없는 자들에게 주는 선물에 대한 혐오에서 비롯된다.

◇◇◇◇◇◇◇◇◇◇◇◇◇◇◇◇

2 출애굽기 20장 7절. 십계명 중 하나로, 하나님의 이름을 부당하게 사용하는 것을 금한다.

154. 위험[3] 속에서의 위안

항상 큰 위기와 격변 속에서 살아야 했던 그리스인들은, 명상과 지식 안에서 일종의 정서적 안전, 마지막 피난처를 찾았다. 반대로 우리는 훨씬 더 안전한 시대에 살고 있으며, 명상과 지식 속으로 오히려 위험을 가져왔다. 그리하여 삶 자체에서 우리는 위기에서 벗어나는 안식을 찾으려 한다.

155. 소멸된 회의주의

위험한 도전과 모험은 고대나 중세보다 현대에 와서 훨씬 더 드물어졌다. 그 이유는 단순하다. 오늘날 사람들은 징조, 신탁, 별점, 점쟁이[4]를 더 이상 믿지 않는다. 다시 말해, 우리에게 예정된 미래라는 개념 자체가 사라졌다. 고대인들은 우리와 반대로, 현실보다 미래를 더 적게 의심했다. 그들은 있을 것에 대해, 우리보다 훨씬 덜 회의적이었다.

---

3 고대 그리스는 도시국가 간 전쟁과 권력 다툼이 빈번하고, 운명 신앙이 강했던 사회여서 '명상·지식'을 정신적 피난처로 삼는 경향이 있었다.

4 고대 그리스·로마에서는 신탁(예: 델포이 신탁), 징조, 별점이 국가적 결정에도 영향을 미치는 중요한 예언 체계로 기능했다. 니체의 '미래에 대한 믿음'은 이러한 문화적 배경을 포함한다.

넘침에서 생겨나는 악

그리스인들은 그들의 전성기에도 속으로 이런 두려움을 품었다. "우리가 너무 행복해서는 안 된다!" 바로 이 비밀스러운 공포 때문에 그들은 스스로에게 절제를 가르쳤다. 그렇다면 우리는 어떤가? 우리는 행복이 과할 때 어떤 억제를 배우는가, 아니면 오히려 과잉의 행복 속에서 자신을 잃어버리며 악을 만들어내는가?

자연스러운 소리의 숭배

눈물, 불평, 한탄, 분노, 겸손의 몸짓처럼 슬픔을 드러내는 가장 자연적이고 생생한 표현들에 대해, 우리의 현대 문화는 매우 관대하다. 아니, 관대할 뿐 아니라 이런 표현을 고상하고 본질적인 것으로까지 여긴다.

그러나 고대의 철학적 정신은 전혀 달랐다. 그들은 이런 표현을 필연적인 것이라고 보지도 않았고, 오히려 경멸스러운 것으로 여겼다. 플라톤—결코 비인간적인 철학자가 아니었던—조차 비극 속 필록테테스[5]를 언급하며 그러한 몸짓을 낮춰 평가했다.

◇◇◇◇◇◇◇◇◇◇◇◇◇◇◇◇◇

5 소포클레스의 비극 『필록테테스』의 주인공으로, 심한 상처와 고통으로 신음하며 울부짖는 장면이 유명하다. 플라톤은 이런 과장된 고통의 표현을 비철학적 태도로 보았다.

그렇다면 질문해보자. 우리의 현대 문화가 "철학"을 잃어버린 것인가? 아니면, 그 오래된 철학자들의 판단에 따르면, 우리가 모두 '군중'의 일부가 되어버린 것인가?

아첨이 자라는 장소

오늘날 왕의 궁정에서 아첨꾼을 찾을 수는 없다. 군국주의적 취향이 강해져 그런 비굴한 표현이 용납되지 않기 때문이다. 그러나 아첨은 사라지지 않았다. 오히려 지금도 은행가 주변이나 예술가 주변에서 풍성하게 피어난다. 시대가 바뀌어도 아첨이 기생하는 장소는 늘 존재한다.

과거를 부활시키는 사람들

허영심 많은 사람일수록 과거의 한 조각을 상상 속에서 되살려낼 수 있다는 이유만으로 그것을 더 높이 평가한다. 그들은 가능하다면 과거를 죽음에서 끄집어내 다시 살리고 싶어 한다. 문제는, 이런 허영심 많은 이들이 너무 많다는 데 있다. 그래서 역사 연구 전체가 낭비적인 '부활의 노력'으로 흐를 위험이 있다. 낭만주의[6] 운동 전체가 사실 이러한 심리에서 비롯된 현상으로 이해될 수 있다.

허영심이 많고, 탐욕스럽고, 그다지 현명하지 않은 사람들에게

욕망은 이해보다 크고, 허영심은 욕망보다 훨씬 크다. 이런 유형의 사람들에게는 기독교적 실천이 어느 정도 도움이 될 수 있고, 여기에 약간의 쇼펜하우어[7]식 이론까지 더해지면 더욱 효과적이다. 즉, 신앙적 절제와 염세적 철학은 허영과 탐욕에 휩쓸린 사람들을 그나마 안정시키는 조합이라는 말이다.

시대가 요구하는 아름다움

오늘날의 조각가·화가·음악가가 시대의 진짜 의미를 포착하고

◇◇◇◇◇◇◇◇◇◇◇◇◇◇◇◇◇

6 18~19세기 유럽의 광범위한 문화적 운동. 고전주의의 이성 중심적 세계관을 반발하며, 중세·전통·신화·자연·감정 등을 이상화하는 경향이 강했다. 니체는 이 운동이 '허영심 많은 과거 부활'이라고 비판한다.

7 세계를 '맹목적 의지'가 지배한다고 보며, 금욕과 고통의 인식을 통해 욕망을 줄이는 삶을 강조했다. 니체는 쇼펜하우어적 도덕이 허영심 많은 사람들을 길들이는 데는 효과가 있지만, 인간을 약화시키는 철학이라고 비판했다.

자 한다면, 아름다움을 부풀고, 거대하고, 신경질적으로 표현해야 한다. 그리스인이 절제의 도덕 아래에서 '아폴론 벨베데레상(Apollo Belvedere)'[8] 속에서 아름다움을 보았듯이 말이다. 그러나 사실, 지금의 우리에게 그 조각상은 못생겼다고 불러야 할지도 모른다. 문제는, 학문적 "고전주의자들"이 여전히 그 조각을 이상화하며 우리의 솔직한 판단을 훼손하고 있다는 점이다.

현대의 아이러니

현대 유럽인은 중요한 문제조차 아이러니로 대하는 습관을 갖게 되었다. 그 이유는 단순하다.

루소[9]에 반대하여

만약 우리의 문명 속에 정말로 경멸스러운 무언가가 있다면, 두 가지 결론이 가능하다. 첫째, 루소처럼 말할 수 있다.

---

8 르네상스 이후 '고전적 이상미(理想美)'의 대표로 추앙받았던 조각상. 니체는 이러한 '균형·절제의 미'가 현대의 신경증적 인간을 표현하지 못한다고 비판한다.

9 장자크 루소는 "자연으로 돌아가라"를 외치며 문명·사회 제도가 인간을 타락시킨다고 주장했다. 니체는 루소의 도덕 이해가 인간을 약화시킨다고 비판했다.

"이 타락한 문명은 나쁜 도덕 때문에 생겨난 것이다."

둘째, 루소와 정반대로 결론 내릴 수도 있다.

"우리의 '좋은 도덕'—약하고, 부드럽고, 여성적이며, 몸과 영혼을 동시에 약화시키는 그 도덕—이 지금의 타락한 문명을 만들어 냈다."

강한 문명의 진짜 기반인 독립적이고 편견 없는 인간들은 이러한 선악 규범에 의해 짓눌렸고, 그 잔해만이 곳곳에 남아 있다. 어느 쪽이 진실인가? 양쪽 모두일 수는 없다. 스스로 판단하라.

아마도 아직은 시기상조

현재 여러 이름과 모습으로 나타나는 사람들—즉 기존 도덕과 법에서 벗어나려는 사람들—이 서서히 모여 새로운 권리와 질서를 만들려고 하고 있다. 이들은 그동안 범죄자·부도덕한 자·악인으로 몰려 법의 보호 밖에서 살아야 했고, 나쁜 양심(Böse Gewissen)[10] 아래에서 부패하거나 남을 부패시키며 살아야 했다.

어떤 면에서는 이러한 움직임이 옳고 필요하다. 물론 이것이 앞

---

10 『도덕의 계보』에서 다루어지는 개념. 인간이 자기 본능을 억압하면서 자기 안에 죄책과 자기비난을 축적하는 현상을 말한다.

으로의 세기에 불안정을 가져오고, 모두를 무장하게 만들 수도 있다. 하지만 그럼에도 말이다. 왜냐하면 독점적 도덕[11]—오직 자기만이 유일한 도덕이라고 주장하며 나머지를 배제하는 도덕—은 너무 많은 건전한 힘을 파괴했고, 너무 큰 대가를 요구했기 때문이다.

생산적이고 창조적인 비관습적 인간이 희생되어서는 안 된다. 도덕에서 벗어나는 행위가 더는 '불명예'가 되어서는 안 된다. 새로운 삶의 실험, 새로운 사회 형태의 실험이 필요하다. 그리고 무엇보다, 인류 전체는 죄책감이라는 거대한 짐에서 벗어나야 한다. 이것이야말로 진리를 추구하는 모든 이들이 함께 지향해야 할 목표이다.

지루하지 않은 도덕

국가가 다시 한 번 교사들에게 강조하도록 내세우는 도덕적 계명들은, 대부분 그 국가가 스스로 지닌 결함과 관련되어 있다. 바로 그 점 때문에 그들은 그 도덕을 지루해하지 않는다. 예컨대 그

---

11 니체가 비판하는 기독교적·근대적 도덕 체계로, 자신만이 유일한 '선'이라고 주장하며 다른 모든 가치의 가능성을 억압하는 체계를 지칭한다.

리스인들은 절제, 냉정함, 공정함, 그리고 무엇보다 이성의 사용에서 자주 실패했다. 그래서 그들은 네 가지 소크라테스적 미덕[12]에 기꺼이 귀를 기울였다. 그들은 그 미덕을 누구보다 필요로 했지만, 동시에 그것들을 제대로 실행할 재능은 거의 갖추지 못한 사람들이었다.

갈림길에서

부끄러움을 가져라! 당신은 스스로 하나의 '바퀴'가 되어야 하는 체계—온전히 똑같이 굴러가야만 하고, 그렇지 않으면 그 바퀴에 깔려버릴 위험을 감수해야 하는 체계—의 일부가 되기를 원하는가? 그 체계 안에서는, 각자가 '상사가 그에게 부여하는 존재'가 될 뿐이다. '인맥'을 찾는 것이 마치 자신의 자연적 의무처럼 여겨지고, 누군가가 "그 사람은 언젠가 당신에게 유용할 거예요"라고 말할 때 그것을 불쾌하게 여기지 않는 사회이다. 사람들은 누군가에게 부탁을 전해달라며 찾아가는 일을 부끄러워하지 않는다. 그러나 그 행위를 통해 자신이 영원히 다른 사람에게 이용될 '흙 점토',

---

12 흔히 절제(sōphrosynē), 용기(andreia), 지혜(sophia), 정의(dikaiosynē)로 요약되는 고전 그리스 철학의 4대 덕목.

즉 필요할 때 자유롭게 사용하거나 깨뜨릴 수 있는 '자연의 잡다한 도자기'[13]처럼 낙인찍힌다는 사실은 전혀 의식하지 않는다. 마치 이렇게 말하는 것과 같다.

"나 같은 사람은 늘 많고, 앞으로도 부족하지 않을 겁니다. 그러니 제게 하고 싶은 대로 하십시오. 격식 차릴 필요 없습니다!"[14]

무조건적인 존경

독일에서 가장 널리 읽히는 철학자, 가장 인기 있는 음악가, 가장 유명한 정치가를 떠올려보면, 나는 이 나라가—이렇게 무조건적인 감정을 사는 국민들이—자신들의 '위대한 인물들' 때문에 지나치게 힘들어지고 있다는 사실을 인정하지 않을 수 없다. 우리 앞에는 세 가지 웅장한 장면이 펼쳐져 있다. 각각의 인물은 자신의 손으로 강바닥을 만든 뒤, 그 위를 거칠게 폭주하는 강 같다. 때로는 산 위로까지 흘러오르려 하는 것처럼 보일 정도다. 그러나 묻겠다.

◇◇◇◇◇◇◇◇◇◇◇◇◇◇◇◇◇◇

13 니체가 자주 쓰는 표현으로, 타인의 목적에 쓰이고 버려지는 존재를 뜻함.

14 이 단락 전체는 집단주의·관계 중심 사회에 대한 니체의 조롱으로 읽힌다. 그는 개인을 '부품(바퀴)'으로 만드는 체계를 강하게 경계했다.

우리가 쇼펜하우어를 아무리 존경한다 해도, 그의 모든 의견과 완전히 일치하고 싶은 사람이 누가 있을까? 리하르트 바그너의 모든 판단을 전적으로 따르고 싶은 사람은 또 누구인가? 바그너가 불쾌감을 느꼈던 자리에는 언제나 어떤 문제가 숨어 있었다는 말이 맞을지라도, 그 문제를 끝내 파헤쳐준 것은 아니다. 그리고 마지막으로, 비스마르크—그가 항상 자기 자신과만 동의할 수 있고, 앞으로도 그럴 조짐만 보이는 사람이라면, 그와 기꺼이 의견을 맞추고 싶은 사람이 과연 얼마나 될까? 정치가에게 지배적 본능은 놀라운 일이 아니다. 원칙 없이 본능과 기회에 따라 움직이는 다재다능함은 정치 영역에서는 자연스러운 자질이다. 그러나 이런 모습은 전통적으로 독일적이라고 불리기 어려웠다. 음악가 주변에서 벌어진 불화와 음울한 분위기, 쇼펜하우어가 취한 기묘한 태도 또한 그다지 '독일적'이지 않았다. 그는 사물 위에서 군림하거나, 사물 앞에 무릎을 꿇지도 않았다—둘 중 하나가 독일적일 수 있었다. 대신, 그는 사물에 '맞섰다'! 얼마나 믿기 어려운 일인가! 사물과 자신을 일치시키지도 않으면서 그것의 적이 되고, 마침내는 자기 자신의 적까지 되는 것.

그렇다면 '무조건적 존경'을 숭배하는 독일인은 이런 예를 도대체 어떻게 감당할 수 있을까? 게다가 이 세 사람은 서로와 평화롭게 지낼 수도 없다. 쇼펜하우어는 바그너의 음악을 거부하고, 바그너는 비스마르크의 정치를 공격하며, 비스마르크는 바그너주의와 쇼펜하우어주의 모두를 혐오한다. 이런 상황에서 우리는 어디로 피해야 하는가? 우리가 갈망하는 '통째로의 영웅 숭배'는 어디로 향해야 하는가? 우리는 음악가의 작품에서, 마음을 울리는 몇백 마디의 선율을 골라내 그것만 간직하는 것이 더 현명하지 않을까? 철학자와 정치가에게도 같은 방식을 적용할 수 있지 않을까? 즉, 좋은 것을 선택해 마음에 새기고, 나머지는 과감히 잊어버리는 것. 그러나 문제는, 인간은 자신이 '잊으려는 것'을 결코 잊지 못한다는 사실이다. 한때 어떤 사람이—만프레드라고 하자—세상 누구에게도(심지어 자기 자신에게도) 좋거나 나쁜 영향을 받지 않기 위해 아무것도 받아들이지 않으려 했다. 그러나 그가 잊고 싶었을 때, 그는 스스로에게 그 선물을 주지 못했고 세 번이나 '영혼들'을 불러야 했다. 그들이 와서 그의 소망을 듣고 말하길, "우리가 줄 수 있는 것은 이것뿐이 아니다."

독일인들이 만프레드[Manfred][15]의 사례에서 경고를 얻을 수는 없을까? 영혼을 불러서 무엇하겠는가? 소용없다. 우리는 반드시 잊어

◇◇◇◇◇◇◇◇◇◇◇◇◇◇◇◇◇◇◇◇

15 바이런의 드라마 『만프레드』의 주인공. 죄책과 운명에서 벗어나기 위해 영혼을 불러내는 인물. 니체는 '잊으려는 자일수록 잊지 못한다'는 역설을 표현하기 위해 이 사례를 들었다.

야 한다고 결심한 것조차 잊지 못한다. 그리고 앞으로도 이 세 인물의 '무조건적 숭배자'로 남고 싶다면, 우리가 잊어야 할 불편한 진실들은 얼마나 많아질까? 그러므로 지금이야말로 우리는 새로운 태도를 배워야 한다. 즉, 스스로에게 정직해지고, 맹목적 숭배도, 맹목적 적대도 아닌 "조건적 동의와 관대한 반대"를 실천하는 민족이 되어야 한다. 그리고 먼저 배워야 할 것이 있다. 무조건적 존경은 우스꽝스럽다는 것. 이 사실을 인정하는 것이 독일인에게도 결코 부끄러운 일이 아니라는 것. 그리고 깊이 기억할 만한 문장이 있다.

"중요한 것은 사람이 아니라 사물이다. (Ce qui importe, ce ne sont point les personnes: mais les choses.)"

이 말은 그것을 말한 사람과 닮았다—위대하고, 정직하며, 단순하고, 침묵하는 사람—군인이자 공화주의자 카르노(Lazare Carnot)[16] 말이다. 그러나 지금의 독일인들에게 프랑스인, 게다가 공화주의자의 말을 이렇게 전할 수 있을까? 아마도 아닐 것이다. 니부어(Niebuhr)[17]가 한때 말했다고 알려진 말을 상기할 수도 없을 것이다.

◇◇◇◇◇◇◇◇◇◇◇◇◇◇◇◇

16 프랑스 혁명기의 장군이자 정치가. 실용적·정직한 공화주의자로 평가된다.

17 바르트올트 게오르크 니부어(1776-1831)는 독일의 역사학자로, 카르노를 매우 높이 평가한 것으로 전해진다.

"카르노만큼 진정한 위대함을 내게 준 사람은 없었다."

모범

내가 투키디데스를 좋아하는 이유, 그리고 그를 플라톤보다 더 높이 평가하게 되는 이유는 그가 인간과 사건 속에 드러나는 모든 전형적인 것들에서 가장 순수하고 널리 퍼진 즐거움을 보여주기 때문이다. 그는 각 인간 유형이 일정한 '양식'을 갖고 있다는 사실을 발견하는 데서 즐거움을 느끼며, 끝내 그 양식이 무엇인지 포착하고자 한다. 그는 플라톤보다 훨씬 더 많은 양의 실용적 정의를 보여준다. 심지어 자기가 싫어하거나, 생전에 자신에게 피해를 주었던 인물들조차 그는 욕하거나 깎아내리지 않는다. 오히려 그는 언제나 오로지 '유형'만을 바라보며, 모든 사물과 사람에게 어떤 고귀한 추가 층위를 부여한다. 왜냐하면—그가 말하듯—그의 저작을 읽게 될 후대는 '전형적이지 않은 것'들로 무엇을 할 수 있겠는가?

이처럼 세계를 향한 이 사심 없는 지식의 문화는 투키디데스라는 시인-사상가에게서 놀라운 최종적 꽃을 피운다. 이 문화는 소포클레스라는 시인을, 페리클레스라는 정치가를, 히포크라테스라는 의사를, 데모크리토스라는 자연철학자를 배출했다. 이 모든 것을 가능하게 한 이 문화는 본래 '소피스트들의 문화'라 불렸어야 한다. 그러나 기독교가 이 이름을 '세례'한 이후, 우리는 이 문화를 창백하고 이해할 수 없는 것으로 여기기 시작했다. 왜냐하면 플라톤과 모든 소크라테스 학파가 그렇게 치열하게 싸웠던 문화라면, 그것은 분명 '부도덕한 것'이었을 것이라고 생각해버리기 때문이다. 이 문제의 진실은 너무 복잡하고 얽혀 있어 우리가 그것을 풀기조차 싫어진다. 그러니 '진실보다 더 단순한 오류(error veritate simplicior)'[18]를 그대로 따르게 두자.

우리에게 낯선 그리스의 천재성

동양적이든 현대적이든, 아시아적이든 유럽적이든—고대 그리스인들과 비교하면 모두가 '거대함' 속에서만 숭고함을 표현하려 한다. 커다란 덩어리, 거대한 형태, 압도적 규모 안에서만 숭고를 찾는다. 그러나 파에스툼, 폼페이, 아테네의 건축을 마주하면 우리는 전혀 다른 광경을 보게 된다. 그리스인들은 작은 덩어리 속에서

---

18 라틴어로 니체는 인간이 복잡한 진실보다 단순한 오해를 선호하는 경향을 비꼬기 위해 사용한다.

숭고함을 표현했다. 그리고 그렇게 표현하는 것을 사랑했다. 그들이 스스로를 규정한 방식도 흥미로울 만큼 단순했다. 우리는 인간에 대해 그들보다 훨씬 많은 것을 알고 있다고 믿지만, 동시에 우리의 개념은 미로처럼 복잡해졌다. 우리가 우리 영혼의 양식에 따라 건축을 시도한다면(시도할 용기조차 없지만!), 그 건축은 분명히 미로를 닮아 있을 것이다.

우리에게 특유한, 그리고 실제로 우리를 표현하는 음악이 이미 그것을 보여주고 있다. 사람들은 음악 속에 자신을 감춘다고 생각하기 때문에 음악에서는 자기 내부를 가장 솔직하게 드러낸다.

또 다른 관점

우리는 얼마나 자주 그리스인들에 대해 떠들어대는가! 그러나 정작 그들의 예술, 즉 벌거벗은 남성적 아름다움에 대한 열정을 우리는 얼마나 이해하는가? 그들은 여성적 아름다움을 감상할 때조차 남성적 아름다움에서 출발했고, 그에 따라 전혀 다른 관점을 가졌다. 그들의 사랑, 그들이 여성을 숭배하거나 경멸하는 방식 역시 우리의 것과는 완전히 달랐다.

현대인의 음식

현대인은 많은 것을 소화하는 법을 배웠다. 아니, 거의 모든 것을. 이것이 그의 야망이다. 그러나 그는 이것을 그렇게 잘 이해하진 못한다. 만약 그가 조금만 덜한 '모든 것을 먹는 인간(homo pamphagus)'[19]이었다면, 그는 오히려 더 높은 질서의 인간일 수 있었을 것이다. 우리는 기호가 지나치게 산만하고 흐트러져 있던 과거와, 더 선별적인 취향을 가질 미래 사이의 한복판에 살고 있다. 우리는 중간에, 너무 중간에 있다.

비극과 음악

본질적으로 호전적인 기질을 가진 사람들—예컨대 아이스킬로스(Aischylos)[20] 시대의 고대 그리스인들—은 쉽게 자극되지 않는다. 그러나 그들의 냉혹함을 연민이 한 번 뚫고 들어가면, 그들은 일종의 현기증, 혹은 '악마적 힘'에 사로잡혀 마치 자신을 벗어난 듯한 기이한 매혹에 빠진다. 그것은 고통의 쓰라린 담즙과 섞인 경이로움

---

[19] 닥치는 대로 소비하고 받아들이는 현대인의 성향을 풍자하는 라틴어 표현.

[20] 고대 그리스 비극 시인. 니체는 그의 시대 정신을 '호전적 기질'의 전형으로 본다.

의 즐거움이며, 그들은 그 순간 종교적 공포와 황홀을 동시에 경험한다. 그런 뒤에야 비로소 그들은 자신들의 상태를 의심하기 시작한다. 그러나 그 순간 속에 있는 동안, 그들은 그 격렬한 혼합을 '싸우는 사람을 위한 음료'처럼 느끼며 즐긴다. 그것은 드물고, 위험하며, 달콤하면서도 쓰라린 것이고, 자주 맛볼 수 없는 것이다.

비극은 이런 영혼들—두려움과 연민에 쉽게 굴복하지 않는 굳센 영혼들—에게는 자신을 잃지 않을 정도로 한 번쯤 부드러워지는 기회를 준다. 그러나 "동정적인 애정"에 늘 열려 있는 이들에게 비극이 무슨 소용이 있을까! 플라톤 시대의 아테네인들이 이미 부드러워지고 민감해졌을 때조차도, 오, 그들은 오늘날 도시의 감정 과잉 속에 사는 우리와는 비교할 수 없을 정도로 절제되어 있었다. 그럼에도 그때조차 철학자들은 비극의 해로운 본성에 대해 불평하기 시작했다.

이제 우리가 향해 가는 시대는—용기와 강인함의 가치가 높아지고, 삶이 다시 위험으로 가득 차는 시대—다시 한번 영혼을 단단하게 만드는 비극 시인을 필요로 할 것이다. 그러나 그때까지 비극은 다소 불필요하다. 음악도 마찬가지다. 더 악한 시대가 다가올 것이고, 그때 예술가는 강한 개별자들, 자신의 열정의 어두운 진지함에게 지배받는 인간들에게 호소하는 음악을 만들어야 할 것이다.

그러나 지금의 작은 영혼들—불안정하고, 미발달하고, 반쯤만 개성적이고, 호기심 많으며, 모든 것에 손을 대려 하는 영혼들—에게 음악이 무슨 소용이 있을까?

일의 아첨꾼

'일'의 영광, '노동의 축복'에 대해 끊임없이 떠들어대는 요즘의 풍조 속에서 나는, 비인격적인 '공익'을 칭송할 때 드러나는 숨은 의도와 똑같은 것을 본다. 곧, 모든 '개인적인 것'에 대한 두려움이다. 우리가 일, 다시 말해 아침부터 밤까지 이어지는 고된 노동을 바라볼 때, 그것이 최고의 '경찰'처럼 느껴지는 것은 우연이 아니다. 일은 모든 사람을 묶어두고, 이성의 성장, 탐욕의 팽창, 독립에 대한 욕망이 커지는 것을 효과적으로 방해한다. 왜냐하면 일은 비정상적으로 큰 비율의 신경 에너지를 소모하여, 그 에너지를 성찰, 명상, 꿈, 근심, 사랑, 증오로부터 빼앗아 가기 때문이다. 일은 노동자의 눈앞에 사소한 목표를 하나 매달아 주고, 그 목표를 향해 규칙적이고도 손쉬운 만족을 제공한다. 이런 일이 끊임없이 수행되는 사회는 그만큼 더 큰 안전을 누리게 되며, 이 '안전'이야말로 이제 최고의 신처럼 숭배받고 있다. 그런데 이제, 공포 중의 공포가 찾아왔다. 바로 그 '노동자'가 위험한 존재가 된 것이다. 전 세계가 '위험한 개인들'로 들끓고 있고, 그들 뒤에는 무엇보다도 위험한 존재—개인(individuum)[21]—이 도사리고 있다.

상업 공동체의 도덕적 유행

오늘날 도덕의 유행을 지배하는 원칙, 곧 "도덕적 행위란 다른 사람들에 대한 동정심에서 비롯된 행위다"라는 말 뒤에는, 나는 사회적 공포의 본능이 지적인 가면을 쓰고 숨어 있는 것을 본다. 이 본능은 이렇게 주장한다. 삶은 예전 시대가 지녔던 위험스러운 모든 특징에서 해방되어야 하며, 모든 인간은 이 목표의 달성을 위해 자신의 모든 힘을 다해 협력해야 한다. 그렇기 때문에, 전체의 안전, 사회가 느끼는 안전감과 관련된 행동만이 '선한 것'으로 불린다. 인간이 이러한 두려움의 폭정에 따라 자신들의 최고 도덕율을 정하고, 자신들에게서 눈을 돌려 자신 바깥으로 시선을 향하도록 명령받을 때, 우리는 스스로에게서 도대체 얼마나 적은 기쁨을 빼앗아야 하는가! 그럼에도 불구하고 그들은 동시에, 다른 곳에서

◇◇◇◇◇◇◇◇◇◇◇◇◇◇◇◇

21 라틴어로 '더 이상 나눌 수 없는 것, 개체'라는 뜻. 여기시는 기존의 집단적 질서 속에서 억눌려 있다가, 이제는 잠재적 위험으로 떠오르는 강한 '개인'을 가리킨다.

일어나는 모든 고통과 비참함에 대해서는 살쾡이 같은 눈으로 노려보고 있다. 그렇다면 우리는 삶 속의 모든 날카로운 모서리와 구석을 부드럽게 만들겠다는 이 거대한 계획으로, 인류를 모래로 빻아버리는 최선의 수단을 사용하는 것이 아닌가? 작고, 부드럽고, 둥글고, 끝없이 흩어지는 모래. 그것이 바로 너희, "동정적인 애정"의 선구자들이 바라는 이상인가? 그런데도 우리가 이웃에게 즉각적이고 끊임없이 도움의 손을 내미는 것이 과연 더 유익한지 여부는 여전히 미해결 문제로 남아 있다. 대부분의 경우 이런 도움은 매우 피상적인 수준에서만 가능하다. 그렇지 않다면, 그것은 곧 폭군적인 간섭과 개입, 그리고 타인의 삶을 함부로 바꾸려 드는 행위가 되기 때문이다. 혹은 오히려 우리가 우리 자신을, 이웃이 기꺼이 즐거운 마음으로 바라볼 수 있는 어떤 것으로 만드는 편이 더 유익하지 않을까? 예컨대, 폭풍과 먼지로부터 도로를 가려 주는 높은 벽을 가지고 있으면서도, 동시에 환영하는 문을 열어둔 아름답고 고요한 외딴 정원 같은 존재가 되는 것 말이다.

상인 문화의 근본 기반

우리는 지금, 상업이 영혼이 된 사회에서 어떤 종류의 문화가 자라나는지를 직접 관찰할 기회를 가지고 있다. 마치 개인적인 경쟁이 고대 그리스 문화의 영혼이었고, 전쟁·정복·법이 고대 로마 문화의 영혼이었던 것처럼, 상업은 새로운 시대의 정신을 형성하고 있다. 상인은 자기 손으로 생산하지 않은 것에도 가치를 매길 수 있고, 자신의 개인적 필요가 아니라 소비자의 욕구에 따라 그것을 평가할 수 있는 사람이다. "얼마나 많은, 그리고 어떤 계층의 사람들이 이것을 소비할 것인가?" 이것이 그가 던지는 질문 중의 질문이다. 그러므로 그는 본능적으로, 그리고 끊임없이 이러한 평가 방식을 사용하며, 이 방식을 예술과 과학의 산물, 사상가와 학자, 예술가와 정치가, 국가와 정당, 그리고 나아가 전체 시대에까지 적용한다. 무엇이든 생산되거나 창조된 것은, 그에게서 곧바로 공급과 수요라는 관점에서 조사되고, 그를 통해 가치를 부여받는다.

  이 방식이 마침내 문화 전체의 원칙이 되어, 가장 섬세하고 미세한 세부에 이르기까지 다듬어지고, 모든 종류의 의지와 인식 위에 군림하게 된다면, 바로 그것이 다가오는 세대의 너희가 자랑스러워할 만한 성과가 될 것이다—상인 계급의 예언자들이 말하듯, 그 세기를 너희의 소유로 만드는 일이 실제로 가능하다면 말이다. 그러나 나는 이 예언자들을 별로 믿지 않는다. 호라티우스의 말처럼 이렇게 말하는 편이 더 낫겠다.

"Credat Iudæus Apella."[22]

우리 조상에 대한 비판

우리는 왜, 심지어 가장 가까운 과거에 대해서도 이제는 진실을 견뎌낼 수 있어야만 하는가? 그 이유는 분명하다. 언제나, 바로 앞선 세대와 대립하고자 하며, 바로 그 비판 행위에서 처음으로 자기 힘의 열매를 맛보는 새로운 세대가 등장하기 때문이다. 옛 시대에는 정반대였다. 새로운 세대는 자기 발판을 그 이전 것 위에 놓고 싶어 했고, 조상의 의견을 받아들일 뿐 아니라, 가능하다면 그보다 더 진지하게 받아들이는 데서 자신의 힘을 자각하기 시작했다. 조상의 권위를 비판하는 것은 예전에는 악덕으로 여겨졌다. 그러나 지금 우리의 '이상주의자들'은, 바로 그 비판을 자신들의 출발점으로 삼으려 한다.

---

22 로마 시인 호라티우스의 문장으로, "그건 아펠라 같은 유대인이나 믿을 일이지" 정도로 번역할 수 있다. "나는 안 믿지만, 잘도 믿는 부류가 있겠지"라는 냉소를 담은 표현이다.

고독을 배우기

오, 세계 정치의 큰 중심지에 살고 있는 불쌍한 동료들이여, 야망에 떠밀려, 매일 벌어지는 사건마다 거기에 대한 자신의 의견을 내놓는 것이 의무라고 믿는 젊고 재능 있는 이들이여. 언제나 무언가가 벌어지고 있기 때문에, 조금이라도 소리를 내고 먼지구름을 일으키면 곧 스스로를 '역사의 굴러가는 전차'라고 착각하게 되는 사람들이다. 늘 남의 말을 듣고 있고, 언제든 자기 한두 마디를 끼워 넣을 준비가 되어 있으며, 그렇게 하다가 마침내 모든 실제적인 생산력을 소모해 버리는 사람들이다.

설령 너희가 위대한 일을 이루고자 하는 욕망을 품고 있다 하더라도, 너희에게는 결코 '임신의 깊은 침묵'이 찾아오지 않는다. 너희가 사건을 쫓고 있다고 믿는 동안, 그날그날의 사건은 바람 앞의 지푸라기처럼 오히려 너희를 휩쓸고 간다. 불쌍한 동료들이여! 무대에서 영웅의 역할을 맡고자 하는 사람은 합창단의 일부가 되겠다는 생각을 해서는 안 된다. 그는 합창단[23]이 어떻게 구성되는지

◇◇◇◇◇◇◇◇◇◇◇◇◇◇◇◇◇

23 '합창단' 비유: 고대 그리스 비극에서 합창단(코로스)은 배경을 이루며, 사건을 논평하지만 주인공이 되지는 않는다. 니체는 "영웅이 되고 싶다면, 합창단의 일부가 되려 하지도, 합창단이 어떻게 굴러가는지 너무 잘 알지도 말라"는 식으로, 정치·여론의 소음에서 한 걸음 물러난 고독의 필요성을 비유적으로 말하고 있다.

조차 알아서는 안 된다.

일상적인 마모

이 젊은이들은 결코 성격이나 재능, 혹은 열정이 부족해서 이런 상태에 놓인 것이 아니다. 다만 그들은 자신만의 길을 선택할 충분한 시간을 가져본 적이 없을 뿐이다. 오히려 그들은 어린 시절부터 남이 정해준 길을 따라가도록 길들여져 왔다. 그들이 마침내 충분히 자라 "광야"로 내던져져야 할 즈음이 되었을 때, 그들에게는 전혀 다른 일이 일어났다. 그들은 이용당했고, 자신으로부터 소외되었으며, 매일의 노동 속에서 갈려나가는 것에 익숙해지도록 길러졌다. 이 모든 것이 그들에게 '의무'라는 이름으로 부과되었고, 이제 그들은 그것 없이는 살 수 없다. 그들은 다른 방식의 삶을 원하지도 않는다. 이 불쌍한 짐승들에게서 차마 빼앗지 못하는 유일한 것이 있다면, 그것은 그들의 '휴일'뿐이다—과로한 시대가 여가의 이상에 붙여준 이름이다. '휴일'이란, 그들이 한 번쯤 게으르고, 바보 같고, 어린애처럼 굴 수 있는 날을 뜻한다.

가능한 한 적은 국가!

정치적·경제적 문제란, 사실 가장 뛰어난 정신들이 소모되어야 할 만큼의 높은 가치를 지닌 것이 아니다. 그런 문제들에 최상급의 지성을 낭비하는 일은, 어떤 종류의 고통보다도 더 큰 손실이다. 정치와 경제는 본래 작은 정신의 작업장이다. 더 크고 깊은 정신들은 이 일에 끌려가서는 안 된다. 차라리 사회라는 기계가 스스로 삐걱거리며 돌아가도록 내버려두는 편이 낫다.

그런데 지금의 상황은 어떠한가? 모든 사람들이 매일 정치에 대해 무엇인가를 알고, 또 그것에 계속해서 관여해야 한다고 믿는다. 그러는 동안 정작 자기 자신의 일을 소홀히 한다. 이것이야말로 거대한 우스꽝스러움이다. '공공의 안전'[24]을 위해 치러지는 대가는 너무 크고, 가장 어리석은 점은 우리가 바로 그 공공의 안전의 반대를 스스로 만들어내고 있다는 사실이다. 이것은 지금 우리의 사랑스럽고 자랑스러운 세기가 입증해 보이는 진실이다!

도둑과 화재로부터 사회를 지키고, 모든 상업과 교통을 편리하게 만들고, 국가를 선악의 의미에서 일종의 '섭리'로 만들려는 목표—이런 일들은 새삼 가치 있다고 할 만한 것도 아니고, 필수적인 것도 아니다. 그런데 우리는 바로 이런 사소한 목적을 위해, 가장

---

[24] 니체는 19세기 유럽의 부르주아적 가치—질서·안정·안전—가 지나치게 절대화되는 것을 비판하며 사용한다. 그는 이 '안전'이라는 명분이 오히려 정치적 과잉 개입을 낳는다고 본다.

고귀하고 드문 목적을 위해 남겨두어야 할 최고의 능력들을 끌어다 쓴다.

우리 시대는 아무리 경제를 입에 달고 산다 해도, 무엇보다도 가장 소중한 것—지성—을 낭비하고 있다.

전쟁

우리 시대의 대전쟁은, 역설적이게도, 역사 연구가 낳은 산물이다.[25]

통치

어떤 사람들은 통치를 '하고 싶어서' 한다. 다른 사람들은 '통치를 받지 않기 위해' 통치한다. 후자의 경우는, 두 악 중 덜한 것을 선택한 셈이다.

◇◇◇◇◇◇◇◇◇◇◇◇◇◇◇◇◇

25   니체는 19세기 후반의 민족주의·국가주의가 '역사적 정당화'를 통해 강화된다는 사실을 겨냥한다. 과거를 해석하는 방식이 곧 전쟁의 명분이 되며, 역사학과 전쟁의 결탁을 비판하는 맥락이다.

거칠고 즉각적인 일관성[26]

사람들은 어떤 이가 거칠고, 즉각적이며, 단순한 방식의 일관성을 보일 때 "그는 인물이다!"라며 감탄한다. 가장 둔한 눈에도 분명히 보일 만큼 투박한 일관성 말이다. 그러나 더 미묘하고 높은 수준의 지성이 자기 방식의 일관성을 세울 때, 사람들은 정반대로 그에게서 개성을 보지 못한다. 이 때문에 교활한 정치가들은 언제나 '거칠고 즉각적인 일관성'을 입은 척하며 그 속에 숨어 연극을 한다.

늙은이와 젊은이

"의회라는 것에는 부도덕한 무언가가 있다"—여전히 이렇게 생각하는 이들이 많다. 그 이유는 단순하다. 의회에서는 심지어 정부에 반대하는 의견마저 공공연히 표현될 수 있기 때문이다. 북독일의 많은 나이 든 사람들에게는 여전히 열한 번째 계명[27] 같은 것이

---

26 니체가 조롱하는 표현으로, 단순하고 투박한 태도가 "인물됨"으로 오해되는 현상을 비판한다. 정치가들이 자주 사용하는 '간단명료한 태도'를 의미한다.

27 니체가 풍자적으로 표현한 말. 프로이센·북독일의 전통적 권위주의 문화를 가리킴. "항상 군주가 원하는 의견을 따라라"는 당시의 관념을 비웃는 표현이다.

있다. "우리는 언제나 우리의 은혜로운 주께서 명하시는 의견을 따라야 한다." 우리는 이것을 시대에 뒤떨어진 것으로 비웃는다. 그러나 이전 시대에는 이것이 바로 도덕법 그 자체였다.

아마도 우리는 언젠가 의회 제도 하에서 자란 세대에 의해 이제 도덕적인 것으로 간주되는 것, 즉 자신의 지혜보다 자신의 정당을 우선시하는 정책, 그리고 공공 복지에 관한 모든 질문에 대해 정당의 돛에 유리한 돌풍을 채우는 방식으로 대답하는 것[28]을 다시 비웃을 것이다. "우리는 우리 정당의 입장이 요구하는 주제에 대한 견해를 취해야 한다"—이것이 규범일 것이다. 그러한 도덕의 봉사에서 우리는 이제 모든 종류의 희생, 심지어 순교와 자기 극복을 볼 수 있다.

무정부주의자의 산물로서의 국가

다루기 쉬운 국민을 가진 나라에는 언제나 소수의 '다루기 어려운 자들', 즉 퇴보자, 비순응자들이 있다. 최근에는 이들이 사회주

---

[28] 19세기 유럽 의회주의가 정착되면서 나타난 정당 정치의 교조화, 당파성의 절대화를 비판하는 문맥.

의자들[29] 속으로 가장 많이 쏠리고 있다. 만약 이들이 실제로 권력을 잡고 법을 만들 수 있는 위치에 서게 된다면, 그들은 스스로에게 극도로 가혹한 규율과 쇠사슬을 부과할 가능성이 매우 크다. 왜냐하면 그들은 자신을 너무 잘 알고 있기 때문이다. 그리고 자신들이 만든 그 무서운 법을 스스로 견뎌낼 것이다. 그 법 위에 서 있다는 권력감과, 자신이 만든 규율에 복종한다는 자부심이 그들에겐 너무나 최근의 것이고, 너무 매력적이기 때문이다.

거지

거지는 억압되어야 한다. 왜냐하면 우리가 그들에게 도움을 베풀 때도, 베풀지 않을 때도, 그들은 모두 우리에게 화를 내기 때문이다.

사업가

사업은 당신의 가장 큰 편견이다. 그것은 당신을 당신의 지역,

---

29 니체가 말하는 사회주의자는 '현존 사회에 대해 불만을 품은, 나루기 힘든 사람늘'을 의미한다. 정치적 의미의 사회주의보다는 심리적·기질적 유형을 지칭한다.

사회, 취향에 묶어두는 속박이다. 당신은 사업에는 부지런하지만 생각에는 게으르고, 자신의 보잘것없음을 '의무'라는 외투 아래에 숨긴 채 그 속에서 만족한다. 그렇게 살고, 그렇게 당신의 아이들도 살기를 바란다.

가능한 미래

범죄자가 공개적으로 자신을 비난하고 자신의 처벌을 지시할 수 있는 사회 상태를 상상하는 것이 불가능한가? 그가 자신이 만든 법을 존중한다는 자긍심으로, 그리고 자신을 처벌함으로써 법의 힘을, 곧 자신이 입법자로서 행사한 힘을 다시 확인한다는 자긍심으로 그렇게 한다. 그는 한 번 범죄를 저지를 수 있지만, 자발적인 처벌을 통해 그는 자신의 범죄 위에 다시 서며, 그의 솔직함, 위대함, 침착함으로 그것을 속죄할 뿐 아니라 공공의 이익(공적 모범)까지 더할 것이다. 이는 미래에 등장할지도 모르는 범죄자의 모습[30]이다. 물론 이런 범죄자는 다음과 같은 원칙 위에 세워진 새로운 입법을 전제로 한다.

---

30 니체가 미래 가능성으로 제시하는 급진적 상상. 그는 자기입법(자기 자신에게 법을 부여하는 능력)을 "가장 높은 인간형의 조건"으로 보았다.

"나는 큰 일뿐 아니라 사소한 일에서도, 내가 스스로 만든 법에만 복종한다."

얼마나 많은 실험이 아직도 남아 있으며, 얼마나 많은 새로운 미래가 인류 앞에 도래해야 할 것인가!

자극제와 음식

국가들은 너무 자주 속임을 당한다. 그 이유는 그들이 언제나 자신들을 속여줄 사람, 즉 그들의 감각을 자극할 만한 '와인'을 찾기 때문이다. 이런 와인을 제공받을 수만 있다면, 그들은 열등한 '빵'조차 기꺼이 참아낸다. 그들에게는 영양보다 도취가 더 중요하며, 바로 이 점이 언제나 그들을 미끼에 걸리게 만든다. 그들에게 있어, 그들 중에서 선택된 사람들—비록 그들이 가장 전문적인 전문가라 하더라도—은 화려한 정복자나 고대의 웅장한 군주 가문과 비교할 만한 존재가 되지 못한다. 그들에게 믿음을 불어넣으려면, 선동가는 최소한 정복과 영광의 전망을 제시해야 한다. 사람들은 언제나 복종할 준비가 되어 있으며, 심지어 복종 이상의 일을 할 준비까지 갖추고 있다. 단지 그 과정에서 도취될 수 있다면 말이다. 그러므로 우리는 이 월계관과 그 광기에 취한 영향 없이는, 그들에게 안식이나 즐거움을 제공해서는 안 된다. 도취를 영양보다 중요하게 여기는 이 저속한 취향은 결코 인구의 낮은 계층에서 시작된 것이 아니다. 오히려 그것은 그곳으로 옮겨졌고, 이 후진적인 토양에서 한없이 번성하지만, 그 실제 기원은 가장 높은 지성들 사이에서 찾아야 하며 그들은 수천 년 동안 이런 취향을 키워왔다. 대중은 이 화려한 잡초가 자랄 수 있는 마지막 처녀지일 뿐이다. 그렇다면, 이러한 도취를 누리는 기회를 제공하기 위해 정치를 대중의 손에 맡겨야 할까?

도취에 영양보다 더 큰 중요성을 부여하는 이 저속한 취향은 결코 인구의 낮은 계층에서 비롯된 것이 아니다. 오히려 그것은 그곳으로 이식되었고, 이 뒤처진 토양에서 그것은 풍부하게 자라지만, 그것의 실제 기원은 가장 높은 지성들 사이에서 찾아야 하며, 그곳에서 그것은 수천 년 동안 번성했다. 대중은 이 화려한 잡초가 자랄 수 있는 마지막 처녀지이다. 그렇다면, 그들이 그로써 그들의 일상적인 도취를 가질 수 있도록 정치를 대중에게 맡겨야 하는가?

고위 정치

고위 정치에서, 공리주의나 개인과 국가의 허영심이 미치는 영향이 무엇이든 간에, 그들을 앞으로 밀어내는 가장 날카로운 자극은 '힘의 감각'에 대한 필요이다. 이 필요는 군주와 통치자의 영혼에서 솟아날 뿐 아니라, 때때로 대중이라는 고갈되지 않는 원천 속에서도 솟아난다. 대중이 다른 국가들 위에 군림하고, 폭군적이며 자의적인 국가로서 통치하기 위해(또는 적어도 그렇게 통치한다고 믿기 위해) 그들의 생명과 재산, 양심과 미덕을 걸 준비가 되어 있는 때가 다시 찾아온다. 이런 순간에는 낭비, 희생, 희망, 자신감, 비범한 대담함, 열정 등이 넘쳐흐르며, 야심차거나 선견지명이 있는 군주는 이런 감정의 파도 속에서 전쟁의 기회를 움켜쥘 수 있다. 그는 자신의 불의를 감추기 위해, 그의 백성의 '선한 양심'에 기댄다. 위대한 정복자들은 항상 미덕으로 들리는 감동적인 언어를 사용했다. 그들은 마치 황홀경에 빠진 듯 행동했고, 그들 주변에는 오직 가장 고양된 연설만 들으려는 사람들만이 모여 있었다. 도덕적 판단의 기묘한 광기여! 인간이 힘을 느끼는 순간, 그는 스스로를 '선하다'고 느끼고 그렇게 부른다. 바로 그와 동시에, 그 힘을 견뎌야 하는 사람들은 그를 '악하다'고 부른다! 이런 양면성은 이미 고대의 우화 속에서도 드러난다. 헤시오도스[31]는 인간의 시대를 서술하면서 호머의 '영웅 시대'를 연속해서 두 번 묘사했는데, 그 결과 하나의 시대가 두 개의 시대로 나뉘게 되었다'. 모험적인 폭군들의 무거운 철의 발굽 아래에서 살아야 했던 사람들, 혹은 그들 조상에게서 그 이야기를 들었던 사람들에게는 그 시대가 '악한 시대'로 보였다. 그러나 그 기사도적 종족의 후손들은 그 시대를 '좋은 옛 시절'로, 거의 이상적으로 축복받은 시대라고 높이 평가했다. 시인이 그 두 시대를 구분하지 않을 수 없었던 것은, 아마도 그의 독자들이 두 부류의 후손을 모두 포함하고 있었기 때문일 것이다.

이전 독일 문화

독일인들이 다른 유럽 국가들의 관심을 끌기 시작한 것은 그리 오래되지 않은 일이며, 그것은 오늘날 그들이 더 이상 소유하지 않고, 실제로는 일종의 질병처럼 맹목적인 열정을 가지고 떨쳐버린

◇◇◇◇◇◇◇◇◇◇◇◇◇◇◇

31 헤시오도스(Ησίοδος): 『일과 날』에서 인류의 시대를 황금·은·청동·영웅·철의 시대로 나누어 서술한다. '영웅 시대'는 전통적 도식과 달리 두 번 등장하는데, 니체는 이 반복을 '동일한 시대가 후손에 따라 악하게도, 이상적이기도 보일 수 있음'의 은유로 사용한다.

문화 때문이었다. 그럼에도 그들은 그것을 정치적·국가적 광기보다 더 나은 무엇으로 대체할 수는 없었다. 바로 이런 방식으로, 그들은 자신들의 문화를 통해 예전보다 훨씬 더 매력적인 모습으로 다른 국가들에게 다가갈 수 있었고, 그것이 그들에게 만족이 되기를 바라는 마음도 있었을 것이다. 그러나 이 독일 문화는 유럽인들을 속였으며, 그 문화에 대해 보여진 관심, 그리고 그것을 능가하려는 다른 국가들의 모방과 경쟁을 받을 만한 자격은 실제로 없었다는 사실 역시 부정할 수 없다.

잠시 실러, 빌헬름 폰 훔볼트, 슐라이어마허, 헤겔, 셸링[32]을 떠올려보자. 그들의 서신을 읽고, 그들의 추종자들 사이의 넓은 공동체 안으로 들어가 보라. 그들에게 공통적인 것은 무엇인가? 무엇이 오늘날의 우리에게 부분적으로는 메스꺼움을, 부분적으로는 가련함과 연민을 섞은 감정을 불러일으키는가? 무엇보다도, 모든 비용을 들여 도덕적으로 고양된 것처럼 보이고자 하는 열정, 그리고 이어서 화려하고, 미약하고, 비논리적인 발언을 쏟아내고자 하는 욕망, 또한 성격·열정·시간·관습 등 무엇이든 '아름답게' 보이게 하려는 확고한 의지—그러나 이 '아름다움'은 헬레니즘적 기원

◇◇◇◇◇◇◇◇◇◇◇◇◇

32 독일 관념론 교양주의 시대를 대표하는 지식인들. 니체는 이들을 '도덕적 고양에 집착하고, 내용보다 태도와 목소리의 고귀함을 우선시한 시대의 전형'으로 비판한다.

을 주장함에도 불구하고 실상은 나쁘고 모호한 취향에 따른 것이었다. 우리는 이들 안에서 약하고, 선량하며, 반짝이는 이상주의를 본다. 이 이상주의는 무엇보다 고귀한 태도와 고귀한 목소리를 보여주려는 욕망에서 비롯되었고, 동시에 지나치게 주제넘으면서도 무해하며, '차갑고' '건조한' 현실—해부학적 정확성, 온전한 열정, 철학적 절제, 회의, 그리고 종교적 상징으로 이용될 수 없는 한에서의 자연 지식—에 대한 본능적 혐오와 결합해 있었다.

괴테는 이러한 독일 문화의 흐름을 그 자신의 방식으로 멀리서 관찰했다. 그는 그들의 영향에서 벗어나 부드럽게 항의하며 침묵했고, 자신의 더 나은 길에 대한 확신을 점점 굳혀갔다. 뒤이어 쇼펜하우어 역시 이러한 흐름을 관찰했다. 세상과 세상의 악마적 성격이 그의 눈앞에 다시 한 번 드러났고, 그는 그것에 대해 거칠고 열정적으로 말했다. 그 악마성 속에는 일종의 아름다움이 있었기 때문이다.

그렇다면 외국인들은 무엇에 이끌렸던 것일까? 무엇이 그들을 유혹하여, 괴테와 쇼펜하우어가 바라보았던 방식으로 이 움직임을 바라보지 못하게 했던 것일까? 그것은 바로 이 독일 문화 주위를 감싸고 있던 신비로운 후광, 설명할 수 없는 별빛 같은 광채였다. 외국인들은 이렇게 말하곤 했다. "이것은 우리와 너무 멀리 떨어져 있다. 우리의 시력, 청력, 이해력, 감성, 그리고 가치 판단의 능력은 이곳에서 길을 잃는다. 그렇지만 그럼에도 불구하고, 그 안에는 어떤 별이 있을지도 모른다! 무언가가 있을지도 모른다! 독일인들이 하늘의 어떤 한 구석을 발견하고 그곳에 정착했을 가능성이 있지 않은가? 더 가까이 다가가 보자." 그리하여 그들은 독일인들에게 더 가까이 다가갔고, 얼마 지나지 않아 독일인들은 그 희미한 별빛의 후광을 스스로 걷어내기 위해 움직이기 시작했다. 그리고 그들은 그들이 하늘에 있던 것이 아니라 단지 '구름 속'에 있었음을 너무나 잘 알고 있었다.

더 나은 사람들

사람들은 내게 말한다. 우리의 예술은 지금의 인간들—탐욕스럽고, 만족을 모르고, 훈련되지 않았으며, 역겨움을 느끼고, 억눌리고 괴롭힘당하는 이 현대적 정신들—을 위해 존재한다고. 예술은 그들에게 그들 자신의 잔혹함 옆에서 행복, 고양, 비속하지 않은 세계의 그림을 보여줌으로써, 그들이 잠시라도 잊고 자유롭게 숨쉴 수 있도록 돕는다고. 아마도 그 망각 속에서 비행과 회심의 힘을 얻을 수도 있다고.

그러나 이런 대중을 상대해야 하는 가련한 예술가들이여! 그 대중의 생각 가운데 절반은 사제(종교적 위로자)가 필요하고, 나머지 절반은 의사가 필요하다! 반면 코르네유는 얼마나 더 행복했는가. "우리의 위대한 코르네유!"라고 마담 드 세비녜[33]가 온전한 남자를 바라보는 여인의 목소리로 외쳤을 때, 그는 기사도적 미덕, 엄격한 의무, 관대한 헌신, 영웅적 자기부인의 그림을 보여주는 것만으로도 관객을 기쁘게 할 수 있었으며, 그의 청중은 그만큼 우월했다.

그와 그들은 존재 자체를 얼마나 다르게 사랑했던가! 그들은 맹목적이고 혼란스러운 '의지'—우리가 파괴할 수 없는 것이라서 저주하는 바로 그것—로 인해 존재를 사랑한 것이 아니었다. 오히려 존재를, 인간성과 결합된 위대함이 가능한 장소로 사랑했으며, 사제와 군주의 변덕에 대한 복종처럼 보이는 강력한 제약조차 개인의 자부심, 기사도적 감정, 우아함, 지성을 억누르지 못했다. 오히려 그것은 타고난 자기 영광화와 탁월함, 그리고 물려받은 의지와 열정의 힘을 더욱 빛나게 만들고 자극하는 대조였기 때문이다.

◇◇◇◇◇◇◇◇◇◇◇◇◇◇

33 마담 드 세비녜(Madame de Sévigné): 17세기 프랑스 귀부인으로, 편지문학으로 유명. 코르네유에 대한 찬탄을 인용한 문맥에서 등장한다.

완벽한 적수에 대한 욕망

프랑스인들이 세계에서 가장 기독교적인 민족이었다는 사실은 부정할 수 없다. 이는 프랑스에서 대중적 헌신이 다른 나라보다 더 컸기 때문이 아니라, 실현하기 가장 어려운 기독교적 이상들이 다른 곳에서는 공상이나 의도, 혹은 미완의 시도로만 남아 있었던 것과 달리, 프랑스에서는 실제로 구현되었기 때문이다. 예를 들어, 열정·지성·정직이 결합된, 모든 기독교인들 가운데 가장 뛰어난 인물인 파스칼[34]을 떠올려보라. 그의 경우 어떤 요소들이 결합되어야 했는지 생각해보라. 또, 모든 능력을 갖춘 교회 문화의 가장 완전하고 매혹적인 구현이었던 페늘롱[35]을 떠올려보라. 그 균형은 너무나 고귀해서 역사가가 불가능함을 증명하고 싶은 유혹을 받을 정도이지만, 실제로는 극도로 어렵고 있을 법하지 않은 조합의 완벽함일 뿐이었다. 또한 프랑스 콰이어티스트[36]들 가운데

---

34 파스칼(Pascal): 《팡세》로 유명한 프랑스 사상가. 기독교적 내면성·지성·열정이 모두 최고 수준으로 결합된 인물로 니체가 높게 평가함.

35 페늘롱(Fénelon): 프랑스의 신학자·작가. 기독교적 온유함·지성을 겸비한 인물로 평가됨.

36 콰이어티즘(Quietism): 17세기 프랑스와 스페인 등에서 나타난 기독교 신비주의 운동으로, 정신적 '침묵(quiet)'과 내적 평온을 통해 하나님과 하나가 될 수 있다고 보며, 신앙의 핵심을 '행동이 아닌 내적 수동성'에 둔다. 가톨릭 교회를 비롯한 주류 기독교 전통에서는 지나치게 수동적이고 피·의지·행위의 중요성을 약화시킨다는 이유로 이단에 가깝다고 보았다. 니체는 콰이어티스트들이 기독교가 그리던 "가장 완성된 기독교적 인간 유형"을 실천적으로 구현했다는 점에서 이들을 언급한다.

있었던 마담 드 귀용37을 떠올려보라. 사도 바울이 기독교인의 반신적 상태를 설명할 때 암시했던 모든 것—가장 숭고하고, 사랑스럽고, 침묵하며, 황홀한 상태—이 모든 것이 그녀에게서 확인된다. 다만 바울에게서 보이던 유대적 주제넘음은 그녀에게 없다. 이는 그녀의 말과 몸짓에서 나타나는 특유의 오래된 프랑스적 순진함, 여성적이고 미묘하며 고유한 순진함 때문일 것이다. 또한 트라피스트 수도회의 창시자를 떠올려보라—기독교적 금욕주의 이상을 실제로 심각하게 받아들인 마지막 사람이었다. 그가 프랑스인들 가운데서 예외였기 때문이 아니라, 오히려 진정한 프랑스인이었기 때문에 그러했다. 그의 암울한 수도 규율은 오늘날까지도 프랑스에서만 적응하여 번성할 수 있었고, 그들을 따라 알자스와 알제리로 확장되었다.

위그노들 역시 잊어서는 안 된다. 군사적 정신·산업적 정신·세련된 매너·기독교적 엄격함이 이토록 조화롭게 나타난 예는 유례가 없다. 그리고 위대한 기독교 학문은 포르 로얄38에서 그 마지막 번영기를 맞았다. 프랑스에서는 다른 어느 나라보다도 '위대한 사람

◇◇◇◇◇◇◇◇◇◇◇◇◇

37   마담 드 귀용(Madame Guyon): 17세기 프랑스 신비주의자. '콰이어티즘(Quietism)'의 대표 인물.

38   포르 로얄(Port-Royal): 17세기 프랑스 지적·종교적 개혁운동의 중심지.

들'이 번성하는 법을 잘 알고 있다. 진정한 프랑스인은 결코 피상적이지 않지만, 동시에 항상 겉보기의 피상성을 지니고 있다. 그는 말하자면 자신의 실제 내용과 깊이를 위해 자연스러운 피부를 입고 있는 셈이다. 반면 위대한 독일인의 깊이는 대개 못생긴 상자 속에 닫혀 있으며, 마치 귀한 엘릭서처럼 견고하고 의심 많은 뚜껑 아래서 낮의 빛과 무심한 손길로부터 스스로를 보호하려 한다.

이제, 프랑스인처럼 완벽한 유형의 기독교인을 많이 배출한 민족이 왜 또 필연적으로 그 반대 유형—즉, 비기독교적 자유 사상가—를 낳았는지 생각해보라. 프랑스의 자유 사상가는 자신 안에 깃든 '진정으로 위대한 사람들'과 싸워야 했으며, 다른 나라의 자유 사상가들처럼 단지 교리나 기독교적 유산의 허약한 잔해들과 싸워야 했던 것이 아니었다.

재치와 도덕

재치·지식·감정이 있음에도 불구하고 스스로 지루함을 견디는 법을 익히고, 심지어 지루함을 도덕적인 것으로 여기는 데 익숙한 독일인은, 프랑스적 재치가 도덕의 눈을 찌를까 두려워한다. 그러나 이는 마치 작은 새가 방울뱀 앞에서 경험하는 공포와 매혹이 뒤섞인 감정과도 같다. 독일의 모든 유명 인물 중 헤겔 만큼 재치를 지닌 사람은 없었지만, 그는 그 재치를 두려워하는 독일적 공포심도 동시에 가지고 있었다. 그 두려움 때문인지 그의 문체는 기괴하고 결함 있는 형태를 띠게 되었는데, 그의 글은 핵심이 여러 겹의 외피 속에 싸여 있어 거의 보이지 않고, 마치 아이스킬로스[39]가 말한 "베일 너머로 엿보는 젊은 여성들"처럼 수줍고 호기심 어린 힐끗거림만을 허용한다. 그런데 그 '핵심'이란 지적인 주제 위에 덧씌워진 재치 있는—종종 무례할 정도의—농담들이고, 사상가들 사이에서 필요했던, 미묘하고 대담한 언어의 조합, 즉 과학적 알약을 감싸는 금박에 해당하는 것이었다. 그러나 그 핵심은 너무나 두꺼운 덮개 속에 감춰져 있었기에, 그의 철학은 가장 난해한 학문이자 동시에 최악의 도덕적 지루함으로 보이게 되었다.

이렇게 독일인들은 자신들이 허용할 수 있는 최소한의 재치를 가지고 있었으며, 그 재치에 너무나 기쁨을 느껴 탐닉한 나머지, 쇼펜하우어처럼 비정상적으로 뛰어난 이해력의 소유자조차 그 재치를 끝내 정확히 파악하지 못했다. 쇼펜하우어는 독일인들이 보여준 이런 광경에 대해 평생토록 맹렬히 비난했지만, 그가 본 바를

---

39 아이스킬로스(Aeschylus): 고대 그리스의 비극 시인. 니체가 비유에 사용한 인물.

끝내 완전히 설명해내지는 못했다.

도덕 교사들의 허영심

　도덕 교사들이 상대적으로 작은 성과만을 거둔 이유는, 그들이 한 번에 너무 많은 것을 요구했기 때문이며, 지나치게 야심적이었고 모든 사람에게 계율을 부여하고자 하는 데 지나치게 열중했기 때문이다. 다시 말해, 그들은 공허한 허공을 향해 채찍질하고, 동물에게 연설하여 인간으로 만들려고 했던 셈이다. 그렇다면 동물들이 그들의 설교를 지루하게 여겼다는 사실이 무엇이 그리 놀라운가? 우리는 오히려 제한된 집단을 택해, 그들을 위한 도덕을 찾고 그들에게 교육을 시도했어야 한다. 예를 들어, 늑대들에게 개가 되라고 설득하는 방식이 더 나았을 것이다.

　그러나 무엇보다 가장 큰 성과는, 온 인류나 특정 집단을 교육하려 하지 않고 오로지 한 명의 개인만을 교육하려는 이들에게 돌아갈 것이다. 그리고 그 개인을 자신의 곧은 목적에서 오른쪽이나 왼쪽으로도 벗어나지 않도록 붙잡아 줄 수 있는 이들에게 말이다. 지난 세기가 우리보다 우월했던 이유도 여기에 있다. 그 시대에는 개별적인 교육을 받은 인물들이 많이 있었고, 그들을 교육하는 일을 자신의 생애의 과업으로 삼아 존경받았던 교육자들이 있었다. 그들의 작업은 그들 자신뿐 아니라 당시의 "좋은 사회"가 보기에조차 장엄한 일이었다.

소위 "고전 교육"

우리는 종종 이런 탄식을 내뱉지 않을 수 없다. 우리의 삶이 지식에 바쳐졌고, 이 봉헌이 우리 자신으로부터 우리를 지켜주지 못한다면 우리는 그것을 버려야 하며, 아니, 오히려 반드시 버려야 한다는 사실을 우리는 알고 있다. "운명이여, 나는 원하지 않지만 너를 따른다, 그럼에도 불구하고 나는 많은 한숨과 신음을 내며 따라야 한다!" 우리는 이 두 줄을 되풀이하며, 깊은 감정을 누르지 못하고 읊조린다. 그리고 나서 우리의 삶을 돌아보면, 다시는 되돌릴 수 없는 한 가지가 있음을 깨닫는다. 바로 교사들이 우리의 그 열정적이고 열심히 타오르던 시절을 사물의 지식으로 이끌기 위해 사용하지 않고, 단지 소위 "고전 교육"을 위해 허비했다는 그 젊음의 시간이다. 모든 문화의 가장 높은 원칙에 반하여, 그들은 그리스인과 로마인뿐 아니라 그들의 언어에 대한 불완전한 지식을 우리에게 서투르게, 고통스럽게 주입했다. 그 원칙이란, 어떤 배움이든 그것을 진정으로 갈망하는 사람들에게만 주어져야 한다는 것이다. 우리는 무지의 절망을 먼저 배우는 대신, 우리의 일상적 삶, 우리의 활동, 집, 작업장, 하늘, 자연 속 모든 사물이 수천 개의 고통스럽고 굴욕적이며 짜증나는 문제로 분할되는 대신, 수학과 물리학이 우리의 목구멍에 강제로 밀어넣어졌다. 그리고 그 과정에서 우리는 지식의 절대적 논리를 기뻐하기 위해서는 먼저 수학적·기계적 기초가 필요하다는 것을 배웠다. 만약 우리가 그 과학들을 향한 경외심으로 먼저 채워졌더라면 어땠을까? 만약 우리가 순수 과학의 역사—위대한 인물들의 투쟁과 패배, 새로운 전투, 순교—를 단 한 번이라도 감정으로 떨며 읽었더라면 어땠을까? 그러나 그 반대로, 우리는 역사적 훈련과 형식 교육, 그리고 "고전주의"를 우선하는 과정에서 과학을 경멸하게 되었다. 우리는 너무 쉽게 속았다. 형식 교육? 우리는 고등학교의 최고의 교사들을 가리키며 이렇게 물어볼 수 있었을 것이다. "그렇다면 그 형식 교육을 당신들은 어디에 숨겨두었습니까? 스스로 갖고 있지도 못한 것을 어떻게 가르칠 수 있습니까?"

그리고 고전주의? 우리는 고대인들이 그들 자신의 젊은이들에게 시켰던 교육을 받았는가? 그들처럼 말하거나 쓰는 법을 배웠는가? 그들처럼 연설의 결투와 변승법을 쉼 없이 연습했는가? 그들처럼 아름답고 자랑스럽게 걷고 움직이는 법을 배웠는가? 레슬링·던지기·권투에서 그들처럼 단련되었는가? 우리는 모든 그리스 철학자들이 실천했던 그 금욕주의로부터 무엇 하나 배운 것이 있는가? 우리는 고대인들이 실제로 훈련했던 어떤 미덕이라도 그런 방식으로 훈련받았는가? 우리 교육에서 '도덕적 사유'조차 부족하지 않았는가? 아니, 도덕성에 대한 유일한 정당한 시험—즉, 어떤 도덕을 따라 실제로 살아보려는 용감하고 진지한 시도—는 더더욱 없지 않았는가? 우리의 교사들이 고대인들이 현대인들보다 훨씬 더 높이 평가했던 어떤 감정을 우리에게 일깨워준 적이 있는가? 그들은 고대인의 정신으로 하루와 삶의 구분을 알려주었는가? 혹은 그들의 삶을 이끌었던 목표를 우리에게 보여주었는가? 우리는 현대 언어를 배우듯 고대어를 배웠는가? 즉, 실제로 유창하게 말하고 쓸 수 있도록 말이다. 그 힘든 세월을 보내고 난 뒤에도 우리는 실제적 숙련이나 새로운 능력을 어디에서도 발견하지 못한다. 있는 것이라곤 그저 과거의 인간이 배웠고 할 수 있었던 것에 대한 정보뿐이다.

그리고 그 정보란 어떠한가! 해가 갈수록 내게 더 분명해지는 사실은, 그리스 전체와 고대의 삶의 방식은—우리 눈에는 아무리 단순하고 명백하게 보일지라도—진정 이해하기 몹시 어렵고, 거의 접근조차 불가능하다는 것이다. 우리가 고대에 대해 지껄이는 그 손쉬운 태도는 현기증 날 만큼 경솔하거나, 아니면 오래된 천박한 자만심의 유산일 뿐이다. 우리는 우리 것과 유사해 보이는 단어와 개념에 속고 있지만, 그 뒤에는 우리 현대인의 정서와는 전혀 어울리지 않고, 이해할 수도 없고, 때로는 괴로울 정도로 낯선 감정이 숨어 있다. 그리고 바로 이런 영역에 소년들이 내던져진다!

충분하다. 우리는 그 시절 그 영역을 어슬렁거렸고, 그 결과 고대 전체에 대한 거의 뿌리 뽑을 수 없는 혐오를 갖게 되었다. 그 혐오는 겉으로는 친밀감에서 비롯된 듯 보이지만, 실은 너무 큰 착각에서 나왔다. 고전 교사들의 자만은 너무 커서, 그들이 마치 고대를 완벽히 소유하고 있는 양 착각하게 만들었고, 그러한 소유가 사람들을 행복하게 만드는 데는 아무런 도움이 되지 않지만—정직하지만 어리석은 늙은 책벌레에게는 그럴듯해 보일지 몰라도—그 자만심을 그대로 학생들에게 물려주었다. "그들에게 그 보물을 쥐어주고 훑어보게 하라. 그것이면 충분하다!" 이것이 우리가 고전 교육을 끝냈을 때 그들의 숨은 생각이었다. 이제는 바꿀 방법이 없다—적어도 우리에게는. 그러나 이제 우리 자신만을 생각하지 말자.

진리의 가장 개인적인 질문

"나는 실제로 무엇을 하고 있으며, 그것을 함으로써 무엇을 의미하는가?"—이것이 지금의 교육 체계에서는 가르쳐지지 않고, 따라서 누구도 묻지 않는 진리의 질문이다. 그 질문을 던질 시간이 없기 때문이다. 반면에 우리는 아이들에게 진실을 말하기보다 허튼소리를 늘어놓을 시간과 의지는 항상 가지고 있다. 우리는 장차 어머니가 될 여성들에게 진실을 말하기보다 아첨할 시간을 더 많이 갖고 있다. 젊은이들에게 그들의 미래와 즐거움에 대해 말할 시간은 가지고 있지만, 진리에 대해서는 그렇지 않다.

그러나 결국 칠십 년이란 무엇인가! 시간은 흘러가고, 곧 끝난다. 그것이 어떻게, 어디로 굴러가는지 아는 것은 파도에게만큼이나 우리에게도 중요하지 않을 수 있다. 어쩌면 그것을 모르는 것이, 지혜일 수도 있다.

"그렇다고 해도, 그 문제에 대해 질문조차 하지 않는다면, 그것은 자부심의 부족을 드러내는 게 아닌가? 우리의 문화는 우리를 자랑스럽게 만들지 못하고 있다."

"그런 자부심이 없다는 것이 오히려 더 좋을지도 모른다."

"정말 그런가?"

계몽에 대한 독일인의 적대감

이번 세기 전반기에 독일인들이 그들의 지적 작업을 통해 일반 문화에 기여한 바를 돌아보면 다음과 같다. 첫째, 독일 철학자들은 사유의 가장 오래된 단계로 되돌아갔다. 그들은 꿈결 같은 시대의 사상가들처럼, 설명 대신 개념에 만족했고, 그 결과 과학 이전의 철학적 유형이 그들에 의해 부활되었다. 둘째, 독일의 역사학자들과 낭만주의자들은 오래되고 원시적인 감정들—특히 기독교, '민족 정신', 민속, 민족 언어, 중세주의, 동양적 금욕주의, 힌두교—을 다시 명예로운 자리에 올려놓으려는 데 주력했다. 셋째, 뉴턴과 볼테르의 정신에 맞서 싸우며, 괴테와 쇼펜하우어에서 보이는 신격화되거나 악마화된 '자연'의 개념, 그리고 그것의 절대적인 윤리적·상징적 의미를 재확립하려 했던 자연철학자들이 있었다.

독일인의 일반적인 경향은 계몽주의와, 계몽이 초래했다고 오해된 사회혁명에 대한 반대였다. 지금까지 존재했던 모든 것에 대한 '경건함'은, 마음과 감정이 오직 과거로만 채워져 새로운 미래와 새로운 목표를 위한 공간을 남기지 않게 했다. 감정 숭배가 이성 숭배를 대신했고, 모든 보이지 않는 것·격정적이고 전설적이며 열광적인 것의 최고의 해석자인 독일 음악가들은 말과 사유로 이루어진 다른 예술가들보다 훨씬 더 성공적으로 새로운 성전을 건설했다.

이러한 세부 사항을 고려했을 때, 많은 긍정적인 점이 있고 많은 것들이 이전보다 더 공정하게 평가되었음에도 불구하고, 전체적으로 말해야 할 바는 이것이 매우 큰 위험이었으며, 작은 위험이 아니었다는 점이다. 즉, 과거에 대해 완전하고 최종적인 지식을 얻었을 것처럼 보이는 상황 아래 '지식을 감정 아래에 종속시키는 것'—칸트의 표현을 빌리자면, "지식의 한계를 설정함으로써 믿음을 위한 길을 다시 여는 것"—이라는 위험이었다.

이제는 자유롭게 숨 쉴 수 있다. 그 위험의 시대는 지나갔다. 그러나 아이러니하게도, 독일인들이 웅장한 웅변으로 불러올렸던 바로 그 정신들이, 결국 그들을 불러낸 사람들에게 가장 위험한 존재가 되었다. 역사, 기원과 발전에 대한 이해, 과거에 대한 공감, 감정과 지식에 대한 새로운 열정은, 오랫동안 모호하고 숭고하며 퇴행적인 정신의 봉사 아래 있다가, 이제 다른 본성을 취했고, 오히려 당초 그들이 싸우기 위해 부활시켰던 바로 그 계몽의 새로운, 더 강력한 정령(精靈)이 되어 그들 위로 날아오르고 있다.

우리가 이제 따라 나아가야 하는 것도 바로 계몽이다. 그에 반대하는 "위대한 혁명"과 "위대한 반동"이 있었다 해도, 그것들은 우리가 떠다니고자 하는 커다란 흐름에 비하면 그저 거품의 파편일 뿐이다.

자신의 나라에 명성을 부여하기

자신의 나라의 지위를 판단하는 사람은 문화인들이다. 그들은 헤아릴 수 없을 만큼 많고 깊은 내적 경험을 소화하고 정당하게 평가할 수 있는 사람들이다. 프랑스와 이탈리아에서 이 역할은 귀족이 담당했다. 하지만 독일에서는—귀족 계층이 그다지 자랑할 만한 지적 전통을 갖지 못했던 까닭에(비록 곧 사정이 달라질지도 모르지만)—그 역할을 사제, 학교 교사, 그리고 그들의 후손들이 맡아왔다.

우리는 더 고귀하다

충실함·관대함·명예에 대한 관심—이 세 가지 자질이 하나의 감정으로 결합된 것을 우리는 고귀하고 구별되며 귀족적이라고 부른다. 그리고 이런 점에서 우리는 그리스인들을 능가한다. 우리는 고대의 이 미덕들이 정당한 존경을 잃었다는 이유로 어떤 대가를 치르더라도 포기하고 싶지 않으며, 오히려 이 유전적이고 가장 수

중한 충동을 위한 새로운 대상을 신중하게 찾고자 한다.

왜 가장 고귀한 그리스인들의 감정이 오늘날 기사도적·봉건적 귀족 정신의 영향 아래 있는 우리의 감정에 비해 열등하고 거의 존경할 만하지 않게 보이는가를 이해하기 위해서는, 그들이 가장 굴욕적인 상황 속에서도 표현한 위안의 말을 기억하면 된다. 바로 율리시스[40]의 그 말이다.

"견뎌라, 나의 사랑하는 마음아, 견뎌라! 너는 이것보다 훨씬 더 많은 돼지 같은 일을 견디지 않았느냐!"

또한 고전 시대의 그 독창적인 율리시스라 할 수 있는 테미스토클레스[41]의 일화를 떠올려보라. 그는 참모들 앞에서 다른 장교에게 막대기로 위협을 받았을 때, "때려라, 그러나 내 말을 들어라"라는 말로 불명예를 떨쳐냈다. 바로 그의 "사랑하는 마음"에게 위로와 격려로 말하던 그 율리시스의 후예다운 모습이었다.

그리스인들은 우리가 유전적 기사도 정신과 자기희생의 충동으로 자연스럽게 하듯, 모욕 때문에 삶을 걸거나 죽음을 무릅쓰는 일

◇◇◇◇◇◇◇◇◇◇◇◇◇◇◇◇

40　율리시스(Ulysses, 그리스명: 오디세우스): 『오디세이아』의 영웅으로, 수많은 시련을 견디며 스스로를 다독이는 내적 독백으로 유명하다. 니체는 이 "견뎌라, 마음아!"라는 문구를 귀족적 자제의 상징으로 사용한다.

41　테미스토클레스(Themistocles): 아테네의 장군이자 정치가. 플루타르코스의 『영웅전』에 전해지는 일화에서, 그는 모욕적 상황에서도 내적 품위를 잃지 않는 모습으로 묘사된다.

과는 거리가 멀었다. 명예롭게 죽음을 감수할 기회를 결투처럼 찾는 일과도 달랐다. 또, 더럽혀지지 않은 이름을 유지하는 것을 악한 평판을 얻는 것보다 더 귀하게 여기지도 않았다. 그들이 폭군이 되는 것을 막을 수 있을 때조차, 그리스 귀족은 무조건적인 신앙이나 카스트의 편견에 머물지 않았다. 그리스 귀족의 본질적 비밀은 여기에 있었다. 그는 질투심 때문에 자기 신분의 구성원에게는 자신과 같은 수준을 부여했지만, 전제정치라는 먹잇감에는 호랑이처럼 달려들 준비가 되어 있었다. 거짓말이든, 살인이든, 반역이든, 자신의 도시를 배신하는 일이든—그가 원하는 것을 얻는 데 방해되지 않는다면 상관없었다.

정의란 이러한 사람들에게 거의 이해 불가능한 것이었다. "의로운 사람"이라는 개념은 그리스인에게 기독교인에게의 "성인"과 비슷한 느낌이었다. 소크라테스가 "가장 덕이 높은 사람이 가장 행복하다"고 말했을 때, 그리스인들은 제정신이 아니라고 생각했다. 왜냐하면 행복한 사람의 모습은 귀족들의 마음속에서, 넘쳐흐르는 자신감과 기쁨을 위해 모든 것을 희생시키는 폭군의 대담하고 악마적인 성격과 밀접히 결부되어 있었기 때문이다.

이처럼 행복을 은밀히 숭배했던 사람들에게는 국가 숭배가 깊이 심어질 수밖에 없었다. 그러나 권력욕이 그리스 귀족만큼 맹렬하지 않은 우리에게는, 그런 열정을 적절한 한계 내에 묶어두는 장치로서의 국가 우상화가 더 이상 필요하지 않을 수도 있다.

가난의 인내

고귀한 혈통에는 하나의 큰 이점이 있다. 그것은 바로 사람이 가난을 더 잘 견디게 만든다는 사실이다.

귀족의 미래

귀족 계층의 태도는 그들의 신체 전체가 끊임없이 힘의 감각을 즐기고 있다는 점에서 드러난다. 그렇기 때문에 귀족적 습관을 가진 사람들—남성이나 여성 모두—은 결코 지쳐 의자에 푹 주저앉지 않는다. 다른 사람들이 편안함을 찾는 순간, 예를 들어 기차 안에서조차, 그들은 몸을 기대는 것을 피한다. 그들은 법정에서 몇 시간을 서 있어도 피곤한 기색을 보이지 않는다. 그들은 자신들의 집을 편안한 방식이 아니라, 더 크고 더 강한 존재가 거주할 것처럼 웅장하고 인상적인 분위기로 꾸민다. 도발적인 질문이나 말을 듣더라도, 그들은 품위와 정신의 명료함으로 대응하며, 평민적 방식처럼 놀라거나, 짓눌리거나, 수치심에 사로잡히거나, 숨이 막히는 식으로 반응하지 않는다. 귀족은 자신을 결코 떠나지 않는 우월한 신체적 힘을 지닌 사람처럼 보이는 것처럼, 가장 고된 상황에서도 언제나 평정과 기질의 예의 바름을 함께 드러내면서 자신의 마음과 영혼이 어떤 위험이나 뜻밖의 상황에도 대처할 수 있다는 인상을 주고자 한다. 고귀한 문화는 열정을 다루는 데 있어 마치 스페인식 훈련법으로 '교만하고 불같은 동물'을 트로트하게 만들며 그것을 즐기는 기수와도 같을 수 있다—우리는 루이 14세[42] 시대를 떠올리기만 해도 된다—또는 거대한 힘을 지닌 말이 기수를 끌고 돌진할 때, 기수 또한 거의 정신을 잃을 듯하지만 바로 그 쾌감 덕분에 더욱 맑은 정신을 유지하는 경우와도 비슷하다. 이 두 경우 모두에서 귀족적 문화는 힘을 호흡한다. 그리고 비록 그 관습에서는 힘의 감각의 '외양'만을 요구하는 것처럼 보일 때도 많지만, 이 전시 효과가 귀족이 아닌 사람들에게 미치는 인상 덕분에 실제 우월감은 끊임없이 증대한다. 이렇게 우월감 위에 세워진 귀족 문화의 논란의 여지 없는 행복은 오늘날 점점 더 높은 수준으로 상승

◇◇◇◇◇◇◇◇◇◇◇◇◇◇

42   루이 14세(Louis XIV): 프랑스 절대왕정의 상징으로, 궁정 문화 예술 의전 신체 훈련 등이 극도로 세련된 형태로 완성되었던 시기. 니체가 말하는 '귀족적 몸가짐과 훈련된 기질'의 전형적 예로 자주 언급됨.

하기 시작했다. 왜냐하면 자유정신의 영향 아래, 귀족 가문에서 태어나고 자란 사람들이 이제는 지식의 영역으로 들어가는 것이 금지되거나 불명예스러운 일이 아니게 되었기 때문이다. 그들은 그곳에서 과거 어느 시대보다 훨씬 더 높은 수준의 지적 봉헌을 습득할 수 있으며, 기사도적 봉사의 새로운 형태를 배울 수 있고, 그들이 이전 어떤 시대보다도 더 건전한 양심으로 목표로 삼을 수 있는 '승리하는 지혜'의 이상을 우러러볼 수 있다. 마지막으로, 정치가 날마다 그 유용성을 잃어가고 있다는 점이 점점 더 명확해진다면, 그렇다면 미래의 귀족이 맡게 될 직업은 과연 무엇이 될 것인가?

건강 관리

우리가 범죄자의 생리학에 주의를 기울이기 시작한 것은 그리 오래되지 않았지만, 우리는 이미―현재의 도덕적 사고방식이 '정상적이고 건강한' 사고방식이라고 가정할 경우―범죄자와 정신질환자 사이에 본질적인 차이가 거의 없다는 피할 수 없는 결론에 도달했다. 그리고 오늘날 이만큼 굳건히 믿어지는 전제가 거의 없기에, 우리는 결과를 피하지 말고 범죄자를 정신병자와 마찬가지로 대해야 한다. 다만, 거만한 연민이 아니라 의학적 기술과 선의에 따라 대해야 한다. 그는 공기의 변화나 사회적 환경의 변화, 혹은 잠시 그곳을 떠나는 일이 필요할 수도 있다—그렇다면 그렇게 해야 한다! 고독이나 새로운 일거리가 필요할 수도 있다—좋다! 혹은 그는 잠시 감시 아래에서 살아야 자신의 성가신 충동과 폭력적 충동으로부터 보호될 수 있다고 느낄 수도 있다—그렇다면 그리해야 한다! 우리는 그에게 치료의 가능성과 방법(이 충동들의 제거, 변화, 승화)을 분명히 알려야 하고, 동시에 최악의 경우 치료가 불가능할 수도 있음을 알려야 한다. 그리고 스스로에게 짐이 된 치료 불가능한 범죄자에게는 자살할 기회를 허용해야 한다. 이것을 극단적 구호 수단으로 남겨두되, 무엇보다도 범죄자의 용기를 되돌리고 정신의 자유를 회복시키는 데 도움이 되는 것은 어떤 것이든 소홀히 해서는 안 된다. 그의 영혼을 '양심의 가책'이라는 불결한 짐에서 해방시키고, 그가 공동체 전체를 위해 어떤 공적을 세움으로써 자신이 저질렀을 수 있는 잘못을 어떻게 속죄할 수 있는지 보여주어야 한다. 그리하여 이전의 범죄를 상쇄하는 것 이상을 하도록 말이다. 이 모든 것은 최대한의 재치 속에서 이루어져야 한다! 범죄자는 무엇보다 익명으로 남거나 가명을 사용해야 하고, 자주 거주지를 바꾸어 그의 평판이나 미래가 가능한 한 적게 손상되도록 해야 한다. 현재는 피해자가 상처를 입었을 때—그 상처가 어떻게 치유될 수 있을지와 무관하게—추가로 복수를 원하며 법원에 호소한다. 이것이 우리의 끔찍한 형벌 제도가 여전히 유지되는 이유이다. 정의는 마치 상인의 저울처럼 죄와 형벌의 균형을 맞추려 한다. 그러나 우리는 이것을 넘어설 수 없는가? 우리가 죄에 대한 믿음을 버린다면, 복수에 대한 오래된 욕망도 제거될 수 있지 않은가? 그리고 언젠가 행복한 사람들이 그들의 적을 축복하고, 자신들에게 죄를 저지른 사람들에게 선을 베푸는 것이 더 높은 지혜라고 믿게 된다면, 이는 기독교 가르침의 참된 정신에 따른 삶의 감정 전체에 얼마나 큰 안도감을 줄 것인가? 이 죄의 개념에서 세상을 해방시키고, 함께 처벌 개념도 버리도록 조심하자. 이 괴물 같은 개념들은 인간의 거주지에서 멀리 추방되어야 한다—만약 그것들이 완전히 스스로에 대한 혐오로 사라지지 않는다면 말이다. 그러나 범죄자가 사회와 개인에게 끼치는 피해는 사실 병든 사람이 야기하는 피해와 같은 종류임을 잊어서는 안 된다. 병든 사람도 불안과 불쾌를 퍼뜨리고, 생산적이지 못하며, 타인의 수입을 소모하고, 간호와 의사, 도움을 필요로 하며, 결국 건강한 사람들의 시간과 힘으로 살아간다. 그럼에도 우리는 이런 이유로 병든 사람에게 복수하려는 자를 비인간적이라 부른다. 실제로 과거의 많은 사회에서는 병든 사람이 범죄자이자 공동체의 위협으로 취급되었고,

그가 저지른 범죄의 결과로 그의 몸에 악마적 존재가 깃들었다고 믿었다. 그 시대와 그 사람들 앞에서 병든 자는 유죄였다! 그리고 우리는 어떤가? 우리는 아직 그 반대의 개념―"유죄한 자가 병든 자다"―를 받아들일 만큼 성숙하지 않은가? 아니다, 그 시간은 아직 오지 않았다. 우리는 지금까지 도덕이라 불러온 것을 치유의 예술과 과학으로 전환할 수 있는 의사들이 아직 부족하다. 또한 우리가 언젠가 종교적 황홀경의 "폭풍과 압박"만큼 강렬하게 느낄지도 모르는 인간 현상들에 대한 진지한 관심이 아직 부족하다. 교회는 아직 우리의 건강을 돌보는 자들의 소유가 되지 못했다. 몸과 식이 요법의 연구는 아직 학교에서 가르쳐야 하는 필수 과목이 아니다. 사회에 가해진 범죄자들에게 처벌과 복수를 포기하고, 법원의 도움 없이 서로 돕기로 서약하는 조용한 협회도 없다. 사회와 개인의 건강을 '그들이 감당할 수 있는 기생적 개체의 수'로 판단할 만큼 대담한 사상가도 아직 없다. 그리고 관대하고 너그러운 정신으로 "만물이 당신을 기뻐하게 하라"는 식으로 쟁기를 밀어 나갈 정치가도 아직 없다―"네가 땅을 갈고 싶다면 쟁기로 갈아라. 그러면 새와 늑대가 네 쟁기 뒤를 걸으며 너를 기뻐할 것이다. 온갖 피조물이 너를 기뻐할 것이다."[43]

나쁜 식단에 반대하여

사람들이 오늘날 호텔이나 부유층이 모이는 곳에서 먹는 식사에 대해—쳇! 심지어 저명한 과학자들이 모일 때조차 그들의 식탁은 접시들로 가득 차고, 이는 은행가들의 원칙, 즉 '너무 많은 접시와 너무 많은 음식'의 원칙을 따른 것이다. 이 때문에 저녁 식사는 그 이후에 따를 수 있는 결과보다는 단지 외양 때문에 준비되며, 자극적인 음료가 위와 뇌의 무거움을 떨쳐내기 위해 요구된다. 그리고 이러한 만찬 뒤에 따르는 방탕함과 극도의 신경질—쳇! 이런 식사가 불러오는 꿈들—쳇! 이런 식사의 디저트가 되어야 하는 예술과 책들—쳇! 그들의 온갖 노력에도 불구하고 그들의 행동은 후추처럼 톡 쏘거나 불쾌하거나, 아니면 단순히 피로함만을 풍길 것이다. (영국의 부유층은 그들의 나쁜 소화와 두통을 견디기 위해 기독교를 정말로 필요로 한다.) 마지막으로, 혐오스러운 면뿐 아니라 즐거움과 관련된 한 측면도 말하자면, 이 사람들은 사실 단순

◇◇◇◇◇◇◇◇◇◇◇◇◇◇◇◇

43 니체가 종종 인용하는 신화적·우화적 어조의 문장으로, 인간과 자연·공동체의 조화 이상을 상징적으로 표현한다. 특정 출전이 있는 문장이라기보다는, 니체 특유의 '경구적 스타일'로 보아야 한다.

한 대식가가 아니다. 우리 시대의 활동성은 위보다 사지에 더 많은 힘을 요구한다. 그렇다면 이런 만찬은 무엇을 뜻하는가? 그들은 "대표한다"고 말하고 싶어 한다. 말도 안 된다—그들이 대표하는 것은 '지위'가 아니라 '돈'이다! 이제 지위는 없다. 우리는 모두 그저 '개인'일 뿐이다. 그러나 돈은 이제 힘, 영광, 탁월함, 존엄, 영향력을 상징한다. 돈은 사람이 가진 만큼 도덕적 편견을 만든다. 아무도 돈을 말아 두거나 감추어 두지 않는다. 테이블 위에 올려둘 대표가 필요하다. 그래서 우리의 연회가 그런 식인 것이다!

다나에[44]와 황금의 신

우리 시대에 사람들이 그 반대 방향으로 흐르기 쉬운 환경에 있음에도, 왜 이렇게까지 극단적인 조급함이 사람을 범죄로 몰아가는가? 무엇이 어떤 사람을 가짜 추를 사용하게 하고, 다른 사람을 자신의 집을 실제 가치보다 높게 보험에 든 뒤 불을 지르게 하며, 또 다른 사람을 위조 범죄에 뛰어들게 하는가? 한편, 상류층의 4분

---

44 「다나에(Danæ): 그리스 신화 속 인물. 제우스가 황금비의 형태로 내려와 그녀와 결합했다는 이야기에서, '황금'이 인간의 욕망과 유혹의 상징으로 사용된다. 니체는 이 신화를 '황금(돈)에 대한 조급한 욕망'의 은유로 사용한다.

의 3은 합법적 형태의 사기에 몰두하고 있으며, 투기와 증권 거래에 뒤따르는 양심의 가책으로 시달리고 있다. 이 모든 것을 일으키는 것은 실제적 결핍이 아니다. 그들의 생존은 위태롭지 않으며, 대체로 먹고 마시는 데는 아무런 걱정이 없다. 문제는 그들의 재산이 너무 천천히 불어나는 것을 견디지 못하는 극심한 조급함, 그리고 그 금 더미를 향한 집요하고도 무절제한 욕망이다. 바로 이 조급함과 사랑 속에서 우리는, 한때 '진리의 소유'라는 확신에 의해 자극되었던 권력욕의 광신주의가 다시 모습을 드러내는 것을 본다. 그 광신주의는 그들에게 '좋은 양심'을 주었고, 그 덕분에 유대인과 이단자를 불태우고, 좋은 책을 불태우고, 페루와 멕시코처럼 우리보다 훨씬 앞선 문화를 통째로 파괴하는 일조차 스스로 의롭다고 느끼게 했다. 오늘날 권력욕을 충족시키는 수단은 달라졌지만, 같은 화산은 여전히 연기를 뿜는다. 조급함과 절제 없는 사랑은 희생자를 요구하며, 한때 "신의 사랑을 위해" 행해지던 일이 이제 "돈의 사랑을 위해" 행해진다. 즉, 지금 우리에게 가장 큰 힘의 감각과 선한 양심을 제공한다고 여겨지는 것을 향한 사랑을 위해서 말이다.

이스라엘 민족

다음 세기가 우리로 하여금 지켜보게 할 장관 중 하나는 유럽의 유대인이 어떤 운명에 도달하느냐 하는 결정일 것이다. 그들은 이미 주사위를 던졌고, 그들의 루비콘강을 건넜다. 이제 그들에게 남은 것은 오직 두 가지—유럽의 주인이 되거나, 유럽을 잃는 것이다. 그들이 옛날 이집트에서 그랬던 것처럼, 그때도 그들은 비슷한 갈림길 앞에 놓여 있었다. 그러나 유럽에서 그들은 인간 역사상 어떤 민족도 겪어보지 못한 18세기에 걸친 시련을 견뎠고, 그 무서운 기간의 경험은 유대인 공동체 전체뿐 아니라 개개인에게 훨씬 더 큰 유익을 남겼다. 그래서 현대 유대인은 정신과 영혼 모두에서 놀라울 만큼 비범한 기지를 지니게 되었다. 유럽의 모든 민족 가운데서도, 깊은 고통을 술이나 자살로 피하려는 사람의 비율이 가장 낮은 민족이 유대인이다. 모든 유대인은 자신의 집안과 조상의 역사 속에서, 가장 무서운 곤경과 재난 속에서도 냉정함과 인내로 맞선 수많은 사례를 발견할 수 있다. 그리고 무엇보다도, 비참한 굴복의 외피 아래 감추어진 용기—spernere se sperni[45]의 영웅적 미

---

45 라틴어로 "경멸받는 것을 경멸한다", "경멸당함을 경멸함"을 뜻한다. 유대인의 인내, 자기 보존, 혹은 굴욕을 견디는 고귀함을 가리키기 위해 니체가 인용한 표현.

덕은 모든 성인의 덕을 능가한다. 사람들은 20세기에 걸쳐 유대인을 경멸받게 만들기 위해 온갖 방식으로 밀어냈다. 모든 명예롭고 고귀한 직책을 막고, 점점 비열한 직업으로 내몰았다. 그리고 이는 실제로 그들을 더 깨끗하게 만든 것은 아니다. 그러나 그들은 '경멸받을 만한가? 그들은 단 한 순간도 '최고의 기능'을 수행할 자격이 있다고 믿는 마음을 잃지 않았고, 고통받는 자의 미덕은 언제나 그들을 장식했다. 그들의 부모와 자식을 대하는 방식, 결혼과 결혼 관습의 합리성은 유럽 전체에서 그들을 돋보이게 한다. 게다가 그들은 버려진 직업들로부터조차 힘과 '영원한 복수'의 감각을 만들어냈다. 심지어 고리대금업의 완화 속에서도, 그들이 이따금 경멸하는 사람들에게 가하는 '즐겁고 유용한 고문' 없이는 그들의 자존감이 그토록 오래 유지되기 어려웠을 것이라고 말할 수 있다. 인간의 자존감은 결국 '보복할 수 있는 능력'에서 나온다. 그러나 그들의 복수는 결코 지나치게 폭력적으로 흐르지 않는다. 왜냐하면 유대인은 장소, 기후, 이웃과 억압자의 관습이 끊임없이 변화하는 과정에서 형성된 마음의 자유, 심지어 영혼의 자유를 지니고 있기 때문이다. 그들은 인간 관계 전반에서 가장 풍부한 경험을 가지고 있으며, 심지어 그들의 열정마저도 이 경험이 길러낸 신중함에 의해 조절된다. 그들은 자신들의 지적 다재다능함과 영리함을 확신하며, 가장 무서운 곤경에 처했을 때조차 짐꾼이나 농장 노동자로 떨어질 필요가 없다고 믿는다. 그들의 매너에는 기사도적이고 고귀한 감정이 역사적으로 발현된 적이 없었음을 보여주는 흔적이 남아 있다. 그래서 어떤 거만함은 부드럽고 고통스러운 복종과 뒤섞여 나타나곤 한다. 그러나 이제 유대인이 해마다 유럽의 가장 고귀한 혈통과 더 많이 혼인함에 따라, 그들은 곧 훌륭한 지적·신체적 품격의 유산을 상당히 갖추게 될 것이며, 또한 또 다른 백 년 뒤에는 정복당하는 민족의 눈에도 주인으로서 우스꽝스럽지 않은 외양을 갖추게 될 것이다. 이것은 매우 중요한 문제이다. 그러므로 지금은 결론을 내리기에는 아직 이르다. 유대인 스스로도 유럽을 무력으로 정복하거나 폭력으로 지배할 생각이 없다는 것을 잘 알고 있다. 그러나 그들은 또한 너무 조급하게 손을 뻗지 않는다면, 유럽이 언젠가 잘 익은 과일처럼 스스로 그들의 손에 떨어질 것이라는 것도 알고 있다. 그동안 그들은 유럽의 모든 분야에서 스스로를 돋보이게 하고 선두에 서야 한다. 그들이 '구별됨'이 무엇인지 스스로 판단할 수 있을 만큼 발전할 때까지 말이다. 그때 그들은 유럽의 개척자이자 안내자로 불릴 것이고, 그들의 겸손은 더 이상 유럽인들에게 불쾌하지 않을 것이다. 그리고 이 길고 거대한 경험—각 유대인 가정에 누적된, 열정·미덕·인내·체념·투쟁·정복의 경험—이 어디로 흘러갈 것인가? 물론 위대한 정신과 작품 속에서 흘러갈 것이다. 그들이 유럽의 어떤 민족도 만들어내지 못했던 보석과 황금 그릇을 스스로의 작품으로 우리에게 보여주는 날, 이스라엘이 그들의 영원한 복수를 유럽을 위한 영원한 축복으로 바꾸는 날—그때 일곱 번째 날이 다시 나타날 것이다. 그때 늙은 여호와는 자신 속에서, 자신의 창조물 속에서, 그리고 자신의 선택된 백성 속에서 기뻐할 것이며, 우리 모두 또한 그와 함께 기뻐하게 될 것이다.

불가능한 계층

가난·쾌활함·독립, 이 세 가지가 한 개인 안에서 결합되는 것은 물론 가능하다. 가난·쾌활함·노예 상태 또한 마찬가지로 가능한 조합이다. 그리고 나는 공장 노예로 지내는 노동자들에게 더 잘해 줄 만한 말은 없다. 그들이 기계의 나사못, 다시 말해 인간의 발명 정신이 고안해낸 장치의 일부로 사용되는 것이 전혀 수치스럽지 않다고 생각한다면 말이다. 그러나 더 높은 임금만으로 그들의 비참함의 본질적인 요소, 즉 그들의 비인격적인 노예 상태가 사라질 수 있다는 생각에 대해—쳇! 또한 새로운 사회의 기계적 운용 안에서 이 비인격성이 더 증가함으로써 노예 상태의 불명예가 미덕으로 바뀔 수 있다고 스스로를 납득시키려는 시도에 대해서도—쳇! 사람이 '개성'을 포기하고 대신 나사못이 되는 데 정해진 정가가 있다는 생각에 대해서도—쳇! 너희는 가능한 한 많이 생산하고 가능한 한 부유해지기를 원하는 국가들의 오늘의 광기에 스스로 동조하는가? 너희의 의무는 오히려 이 외부적 목표를 추구하는 과정에서 얼마나 많은 내적 가치가 낭비되고 있는지를 사람들에게 보여주는 것이 아니겠는가?

그리고 너희가 더는 자유롭게 숨 쉬는 것이 무엇인지 알지 못하게 되었을 때, 너희가 너희 자신의 자아에 대한 통제력을 거의 얻지 못하고, 마치 상하거나 썩은 음식을 마주한 것처럼 스스로에 대해 역겨움을 느끼게 될 때, 너희가 탐욕스럽고 변덕스러운 권력·돈·여론의 급격한 등락에 욕심이 휘둘리는 부유한 이웃을 질투의 눈으로 바라보게 될 때, 너희가 '누더기 입은 철학(ragged philosophy)'이나, 거의 아무것도 필요로 하지 않은 채 정신의 자유를 유지했던 사람들의 방식, 혹은 지적 능력을 지닌 이들에게 적합할 직업을 더 이상 믿지 않게 되었을 때, 또는 결혼 없이 스스로 선택한 목가적 가난이 너희 눈에는 조롱거리로 보이게 되었을 때—그때 너희의 내적 가치는 어디에 있는가?

그 와중에도 사회주의의 피리를 불며 너희에게 어리석은 희망을 부추기는 쥐잡이꾼들(pied pipers)은 너희 귀에 끊임없이 속삭인다. 그들은 너희에게 "준비하라"고 말할 뿐, 그 이상은 아무 말도 하지 않는다. 오늘부터 내일까지 계속 준비하라고만 하면서, 너희로 하여금 이전과 다르지 않은 방식으로 살아가게 두고, 다만 '밖에서' 어떤 것이 오기를 기다리게 만들 뿐이다. 그리고 이 기다림은 결국 굶주림·갈증·열병·광기 속으로 변하며, 마침내는 승리하는 짐승(bestia triumphans)[46]의 진흙탕이 그 모든 영광 속에서 번쩍이는 날까지 이어질 것이다.

그러므로 각자는 차라리 이렇게 말해야 한다.

"나는 차라리 이민을 떠나 새롭고 야만적인 땅에서 '주인'이 되는 길을 찾을 것이다. 무엇보다 나 자신을 지배하려 노력할 것이며, 노예 상태의 기미가 조금이라도 나를 위협한다면 즉시 거주지를 바꿀 것이다. 그리고 모험이나 전쟁도 피하지 않겠다. 상황이 최악이 된다면—차라리 죽을 준비를 하겠다. 이 불명예스러운 속박, 이 쓰라림, 악의, 반항심 속에 계속 사느니 무엇이든 낫다."

이것이야말로 올바른 정신이다. 유럽의 노동자들은 자신들의 계

◇◇◇◇◇◇◇◇◇◇◇◇◇◇◇◇◇

46 원문에는 라틴어로 쓰여져 있음. 니체가 대중적 격정·광기의 폭발적 상태를 비유적으로 가리킬 때 사용한 표현이다.

급적 위치가 인간적으로 불가능한 것이 되었음을, 그리고 그것이 지금 그들이 주장하듯 단지 사회적 배열의 어떤 가혹하고 목적 없는 결과가 아니라는 것을 분명히 인식해야 한다. 그들은 기계·자본·그리고 지금은 국가 혹은 혁명 정당의 노예가 되는 대안 대신, 자발적이고 대규모의 이주라는 엄청난 결단을 내려야 한다. 그리하여 지금까지 한 번도 보지 못했던 방식으로, 유럽이라는 거대한 벌집에서 무리를 이루어 떠나는 시대를 열어야 한다.

유럽이 그 주민의 4분의 1을 내려놓게 되기를! 그때 유럽도, 떠나는 이들도 모두 안도의 숨을 내쉴 것이다. 우리는 멀리 떨어진 곳에서 새로운 거대한 식민지 건설이 이루어질 때에야 비로소, 어머니 유럽이 그녀의 아들들에게 얼마나 많은 합리성·공정함·건강한 회의를 심어두었는지를 깨닫게 될 것이다. 이 아들들은 더는 둔하고 늙은 여성 같은 유럽의 집에서 버티지 못했고, 그 집처럼 심술궂고, 신경질적이며, 쾌락에 빠질 위험을 항상 안고 살았다. 하지만 유럽의 미덕은 이 노동자들과 함께 유럽 바깥으로 멀리 퍼져나갈 것이다. 그리고 고향에서는 위험한 불만과 범죄적 경향으로 변모하던 바로 그 특질들이, 새로운 땅에서는 아름답고 야성적인 자연스러움으로 전환되어 '영웅주의'라는 이름으로 불릴 것이다.

그렇게 하여 마침내 더 순수한 공기가 다시 이 늙고, 과밀하고,

숙고만 하는 유럽 위를 불어올 것이다. "일손이 부족해지면 어떠한가?" 아마도 그때 사람들은, 많은 '필요'라는 것이 단지 너무 쉽게 충족되었기 때문에 생겨난 허상이라는 사실을 떠올릴 것이다. 그리고 그 필요 중 일부는 그냥 잊어버려도 충분할 것이다. 어쩌면 중국인들이 불려오게 될 수도 있으며, 그들은 그들의 생활방식과 사고방식을 함께 가져올 것이다. 그리고 그것은 근면한 개미들에게 매우 잘 맞는 방식일 것이다. 그들은 이 초조하고 불안해진 유럽에 아시아적 침착함과 관조, 그리고 아마도 가장 필요한—아시아적 안정성을 불어넣는 데 기여할 것이다.

도덕에 대한 독일인의 태도

독일인은 위대한 일을 해낼 능력이 있지만, 실제로 그것을 이루어내는 경우는 드물다. 왜냐하면 그는 본래 게으른 지성에 맞는 방식으로, 기회가 주어질 때마다 복종하려 들기 때문이다. 그러나 그가 홀로 서야 하고, 자신의 나태함을 버려야 하는 위험한 상황에 놓였을 때—그리고 더 이상 '숫자 속의 암호처럼' 숨어 사라질 수 없다는 사실을 알게 될 때—그제야 그는 프랑스인이나 영국인보다 훨씬 열등했던 그 지점에서 벗어나 자신의 진짜 힘을 드러낸다.

그때 그는 위험하고, 사악하고, 깊고, 대담해지며, 그 안에 오래 숨겨져 있어 그 자신조차 믿지 못했던 잠재적 에너지의 풍부함을 낮의 빛 아래 완전히 펼쳐 보인다. 이런 때 독일인은 자신에게 복종한다―그러나 이런 경우는 대단히 드물다―그리고 그는 군주에게 복종하거나 공식적 의무를 다할 때와 같은 무거움, 경직됨, 인내로 자신의 명령에 따른다. 그래서, 이미 말했듯이, 그는 그가 평소 스스로에게 부여했던 '약한 기질'과는 전혀 다른 위대한 일을 해낼 수 있다.

그러나 일반적으로 그는 자신에게만 의존하는 일을 두려워하고, 스스로 주도권을 잡기를 두려워한다. 이것이 독일이 그렇게 많은 관리와 그렇게 많은 잉크를 소모하는 이유이다. 경쾌함은 독일인에게 낯선 성질이며, 그는 그것을 발휘하기에는 지나치게 소심하다. 하지만 그를 무감각에서 깨우는 완전히 새로운 상황 속에 던져지면, 그는 거의 경솔하다고 할 정도의 정신을 드러낸다. 그는 참신한 환경 자체를 마치 도취적인 술처럼 즐기고, 우리가 알다시피 그는 도취에 대해 꽤 감식가다. 그리하여 지금 독일인은 정치에서는 거의 언제나 경솔하지만, 동시에 철저함과 진지함이라는 이점을 가지고 있다. 비록 그가 다른 정치 세력과의 협상에서 이 자질을 최대한 이용하더라도, 그는 여전히 그의 삶에서 한 번쯤 열광적이고 변덕스러워질 수 있고, 혁신에 대한 애정을 드러내며, 사람·정당·희망을 마치 가면을 바꾸듯 교체할 수 있다는 사실에 내적으로 기뻐한다.

지금까지 가장 독일적인 독일인으로 여겨졌던 학식 있는 독일 학자들은, 외부 세계의 어떤 것에도 복종하려는 깊고 거의 어린아이 같은 성향 때문에—그리고 동시에 과학 안에서 홀로 서서 많은 것에 대해 책임져야 했기 때문에—독일 군인만큼이나 뛰어났고, 지금도 아마 그렇다. 만약 그들이 바람의 방향이 바뀌어도 그들의 단순하고, 자랑스럽고, 인내심 있는 기질과 정치적 광기로부터의 자유를 유지할 수 있다면, 우리는 여전히 그들에게서 위대한 것을 기대할 수 있다. 지금 그들이 그러하듯, 혹은 한때 그러했듯이, 그들은 더 높은 어떤 것의 배아 상태에 있다.

독일인의 장점과 단점은—학식 있는 사람들을 포함하여—그들이 다른 어떤 민족보다 미신에 휩쓸리기 쉽고, 더 쉽게 믿어버릴 열망을 품고 있다는 데 있다. 그들의 악덕은 술 취함과 자살 경향이다(후자는 그들의 지성이 서투름을 증명하며, 고삐를 풀어버리라는 유혹에 쉽게 굴복한다). 그들의 위험은 이성의 힘을 묶고 열정을 풀어주는 모든 것 안에 있다. 예를 들어, 음악의 과도한 사용이나 술 같은 것 말이다. 왜냐하면 독일인의 열정은 자기 자신에 반하는 방식으로 작용하며, 술꾼의 열정처럼 자기 파괴적이기 때문이다. 실제로 독일인의 열정은 다른 민족의 열정보다 가치가 덜한데, 그 이유는 그것이 불모적이기 때문이다. 독일인이 위대한 일을 했던 때는 언제나 위기의 순간이었고, 그의 용기가 고조되었을 때였으며, 그의 이빨이 꽉 다물려 있었고, 그의 신중함이 경계 근처를 맴돌 때였으며, 종종 관대한 충동 속에서였다.

그래서 이런 독일인과의 교제는 실제로 권할 만하다. 왜냐하면 각 독일인은 우리가 적절한 방법만 이해한다면―그 지식이라는 것을 저장하는 데 끔찍하게 서투르기 때문에―그 안에서 무언가를 끌어낼 수 있기 때문이다.

그렇다면, 이런 성질의 사람들이 '도덕'에 몰두한다면, 어떤 도덕이 그들을 만족시킬 수 있을까? 우선, 그들은 그들의 도덕 속에서 '복종 본능'이 이상화되기를 바란다. "인간은 묵묵히 복종할 수 있는 무엇인가를 가져야 한다." 이것이 독일적인 감정, 독일적인 이성이다. 이것이 독일 도덕 교육 전체의 기초다.

그러나 우리가 이것을 고대 세계 전체의 도덕과 비교하면―그 인상이 얼마나 다르게 느껴지는가! 모든 그리스 사상가는, 겉으로는 매우 다양해 보일지라도, 도덕가로서 학생들을 격려하는 체육 교사와 비슷하다. "오라, 나를 따르라! 내 훈련에 복종해라! 그러면 언젠가 너는 다른 모든 그리스인들보다 앞서 상을 차지할 수도 있다." 개인적 탁월함, 이것이 고대의 미덕이었다.

그러나 복종·순종, 그것이 공적이든 사적이든—이것이 독일의 미덕이다.

칸트가 정언 명령을 세우기 오래 전부터 루터는 같은 충동에 의해 움직여, 인간은 묵묵히 신뢰할 수 있는 '존재'가 있어야 한다고 말했다. 그것이 그의 신 존재 증명이었다. 칸트보다 조잡하고 더 대중적 방식으로 표현된 그의 생각은, 사람들이 '아이디어'가 아니라 '사람'에게 복종해야 한다는 것이었다. 그리고 칸트조차 마침내 사람에 대한 복종을 확보하기 위해 도덕을 우회로로 사용했다. 이것이 바로 독일인의 숭배이며, 그의 종교가 이미 많이 쇠퇴했기 때문에 더욱 그러하다.

이에 비해 그리스인과 로마인은 '그런 존재가 꼭 있어야 한다'는 생각 자체를 비웃었을 것이다. "묵묵한 믿음"에 맞서는 태도, 그리고 신·인간·사상 등 모든 것에 대해 마음속 깊은 곳에 회의의 조각을 남겨두는 것—이것이 그들의 남부 기질의 대담함이었다. 고대 사상가는 더 나아가 "아무것도 경이롭게 여기지 않는다"[47]라고 말

---

47 nil admirari: 라틴어. "아무것도 경이롭게 여기지 않음." 고대 스토아적 냉정함을 표현하는 격언으로, 호라티우스가 언급한 말이다.

했다. 그는 이 말을 모든 철학의 핵심으로 보았다. 하지만 독일인 쇼펜하우어는 그 반대까지 나아가 "경이롭게 여기는 것이 곧 철학 하는 것이다"[48]라고 말한다.

그러나 만약, 때로 일어나는 것처럼, 독일인이 위대한 일을 할 수 있는 심리적 상태에 도달한다면 어떨까? 예외적 순간, 불복종의 순간이 찾아온다면? 나는 쇼펜하우어가 "독일인에게 다른 민족보다 무신론자가 더 많다"는 말을 했을 때 그것이 독일인의 유일한 장점이라고 본 것에는 동의하지 않는다. 그러나 나는 다음 사실은 안다. 독일인이 위대한 일을 할 수 있는 상태가 되면—그는 반드시, 예외 없이, 도덕이라는 것 위로 스스로를 끌어올린다는 것!

그리고 왜 그가 그렇게 하지 않아야 하겠는가? 그에게는 이제 새로운 일이 생겼다. 명령하는 것이다—자신에게든 다른 사람에게든. 그러나 바로 이 '명령하는 법'을 그의 독일적 도덕은 그에게 가르쳐주지 않았다. 명령하는 능력은 그 안에서 잊혀져 있었다.

---

48 admirari id est philosophari: "경이롭게 여기는 것이 곧 철학하는 것이다." 쇼펜하우어가 인용한 문구로, 인간이 세계를 의문시하고 놀라워하는 감정에서 철학이 시작된다는 뜻.

작품 해설

니체가 도덕을 해부하는 네 단계

니체의 『여명(Morgenröte)』은 그의 방대한 사유 여정 가운데에서도 '특별한' 위치를 차지한다. 사람들은 종종 『차라투스트라는 이렇게 말했다』나 『선악의 저편』을 니체 철학의 결정적인 텍스트로 떠올리지만, 사실 니체 자신의 표현을 따르면 철학적 '대전환'은 바로 『여명』에서 시작되었다. 그는 이 책에서 문명 전체를 지탱해 온 "도덕(moral)"이라는 거대한 건물의 기초를 파헤치는 첫 삽을 뜬다. 니체는 도덕을 비난하려는 것이 아니라 오히려 그것보다 훨씬 더 중요한 일, 우리에게 너무 '당연한 것처럼 보이는' 도덕이 어떻게 만들어졌는지를 묻는다.

도덕은 어디서 왔는가?
우리는 왜 이것을 선하다고 느끼는가?
도덕 감정은 왜 이런 모양을 하고 있는가?

이 질문이 『여명』의 출발점이다. 니체는 기존의 철학자들처럼 "도덕이란 무엇인가?"라는 정의를 시도하지 않는다. 니체가 하는 일은 훨씬 더 급진적이다. 그는 도덕이 '자명한 것'이라는 착각을 걷어내고, 도덕이 만들어지는 과정—습관, 감정, 역사, 종교, 권력, 우연, 정신의 구조—이 모든 층위를 차근차근 추적한다. 이런 방식의 연구를 니체는 "도덕의 심리학(PSYCHOLOGIE der Moral)"이라고 불렀다.

『여명 1』은 원본 5권에서 1·2·3권을 모아 구성한 책이다. 이 구성은 단순한 묶음이 아니라, 니체의 사유 흐름을 정확하게 따라가는 구조이기도 하다. 1장 도덕적 편견은 우리가 당연하게 여기는 도덕적 감각이 사실 편견의 역사라는 것을 담는다. 2장 도덕 감정의 역사는 이러한 '도덕 감정'이 어디서 왔는지, 어떻게 변했는지에 대해 다룬다. 3장 종교적 삶은 도덕의 뿌리를 더 깊게 파고들어 종교의 심리학으로 확장되었음을 다룬다. 따라서 이 해설은 이 세 장을 중심으로, 니체가 무엇을 보려고 했는지, 그 사유가 오늘날 우리에게 어떤 의미를 갖는지 차례로 설명해 나갈 것이다.

1. "도덕은 인간을 해방시키는가, 아니면 가두는가?"

대부분의 사람들에게 '도덕'은 의심의 대상이 아니다. 도덕은 좋은 것, 아름다운 것, 인간을 인간답게 만드는 것이라고 배워 왔다.

"도덕적이다"라는 말은 곧 칭찬이고, "비도덕적이다"라는 말은 곧 비난이다. 마치 도덕이라는 단어 속에 이미 '옳음'과 '좋음'이 함께 들어 있는 것처럼 느껴진다. 그런데 니체는 여기서 한 걸음 물러서서, 우리 모두가 너무 당연하게 받아들인 이 전제를 붙잡고 묻는다.

"우리가 도덕이라고 부르는 것들은 정말로 '좋은 것'인가? 그건 단지 우리가 너무 오래 익숙해져서 의심하지 않은 것은 아닌가?"

니체가 문제 삼는 것은 도덕 자체보다, 도덕을 자연화한 태도 자체를 비판한다. 우리는 도덕을 자연의 일부처럼 "주어진 것"이라 여긴다. 하지만 니체는 바로 이 지점에서 브레이크를 건다. 그에게 도덕은 자연 현상이 아니라 '역사적 산물'이다. 언제부터인가 사람들이 함께 살기 위해, 혹은 권력을 유지하기 위해, 또는 특정한 종교적 이상을 지키기 위해 만들어낸 규칙과 습관이 오랜 세월 반복되면서, 마치 '처음부터 그랬던 것처럼' 보이게 된 것이다. 그래서 니체의 첫 질문은 이런 식으로 바뀐다.

- "우리가 지금 '양심의 소리'라고 부르는 감정은, 사실은 오랜 징벌과 복종의 훈련이 몸에 남긴 흔적이 아니었을까?"
- "우리가 너무 당연하게 좋은 것이라 여기는 이타심, 자기희

생은, 어떤 시대에는 특정 집단을 복종시키기 위해 장려되었던 가치가 아니었을까?"
- "도덕적 선악 구분은 정말 '세계의 본질'을 반영하는가, 아니면 인간들이 서로를 평가하고 통제하는 데 쓴 언어일 뿐인가?"

니체가 노리는 것은 "도덕의 탈자연화"다. 도덕을 자연적인 것, 하늘에서 떨어진 것처럼 받아들이는 태도를 깨뜨리고, 도덕을 "만들어진 것", 즉 인간이 만든 장치로 다시 보게 만드는 것. 그 순간부터 도덕은 철학의 주제가 된다. 질문의 대상이 되고, 다시 구성될 수 있는 무엇이 된다. 이를 위해 니체가 사용한 방식은 계보학 (Genealogie)이다. 독일어 Genealogie는 본래 '족보, 혈통'을 뜻하는 말인데, 니체는 이 단어를 빌려와 "어떤 가치나 관념이 어떤 과정과 사건을 통해 지금의 모습이 되었는지를 추적하는 작업"이라는 철학적 방법 이름으로 쓴다. 보통 철학자들은 "도덕이란 무엇인가?" 하고 정의를 시도한다. 하지만 계보학은 이렇게 묻지 않는다. 대신 다음과 같이 묻는다.

- 언제 이런 도덕 개념이 등장했는가?

- 어떤 필요^(생존, 권력 유지, 집단 통제, 자기 보존 등)에서 생겨났는가?
- 그 과정에서 어떤 감정^(공포, 원한, 죄책감, 복수심, 동정심)이 작용했는가?
- 이 도덕을 통해 누가 이득을 봤고, 누가 손해를 봤는가?
- 뒤이어 오는 시대들은 이 도덕 개념의 출생의 비밀을 어떻게 잊어버렸는가?

즉, 계보학은 개념의 "순수한 정의"가 아니라 "더러운 역사"를 보여주는 작업이다. 도덕·진리·양심·죄책감·형벌 같은 고상한 단어들의 뒤를 따라가 보면, 항상 피, 폭력, 강제, 오해, 우연, 욕망 같은 것들이 엉켜 있다. 니체는 이 더러운 역사를 숨기는 대신, 정면으로 드러낸다. 조금 더 단계적으로 정리하면, 니체식 계보학은 대략 다음과 같은 과정을 밟는다.

1. 우리가 너무 당연하게 쓰는 가치를 하나 고른다. (예: '이타심', '양심', '죄', '책임', '자유의지' 등.)
2. 그 가치가 처음 등장했을 법한 역사적 자리와 사회 구조를 살핀다. (예: 고대 형벌 제도, 귀족 계급과 노예 계급의 충돌, 종교 개혁, 수도원 생활 등.)
3. 그 안에서 사람들이 실제로 느꼈던 공포, 분노, 원한, 복수

심, 허영, 자기보존, 지배 욕구 등 감정과 욕망을 복원한다.
4. 그 감정들이 특정한 언어와 관념을 통해 '도덕 개념'으로 굳어지는 과정을 추적한다. 이때 중요하게 작용하는 것이 반복과 훈련, 교육, 설교, 신화, 법률이다.
5. 마지막으로, 오늘날 우리가 그 개념을 얼마나 '무구한 것'으로 오해하고 있는지를 보여준다. (예: "양심의 가책"이 원래는 빚을 갚지 못한 채무자를 반복적으로 고문하면서 길러진 기억술이었다는 식의 설명(이건 나중 책 『도덕의 계보』 쪽 예지만, 방법은 같다).)

그렇게 해서 니체가 독자에게 보여주고 싶은 것은 "우리가 너무 '자연스럽다'고 느끼는 그 도덕 감정은 사실 이렇게 만들어진 것이고, 이 과정이 우리에게 좋은 것이었는지, 나쁜 것이었는지, 이제 스스로 판단하라는 것"이다. 여기서 중요한 점은, 니체의 계보학이 도덕을 없애려는 파괴 작업이 아니라는 것이다. 그의 목표는 "도덕은 모두 가짜다, 그러니 마음대로 살자"가 아니다. 오히려 그 반대다. 도덕이 만들어진 것이라면, 우리는 그것을 "다르게 만들 수도" 있고, 지금까지의 도덕이 특정 시대와 계급, 종교의 필요에 맞게 형성된 것이라면, 다른 시대, 다른 인간 유형을 위한 새로운 가치도 만들어질 수 있다는 것이다.

  그래서 계보학은 동시에 비판이자 해방이다. 도덕의 계보를 파헤치는 일은 우리가 지금까지 묶여 있던 가치 체계를 상대화함으로써, "나는 어떤 도덕 속에서 살고 싶은가?"라는 질문을 처음으로 스스로에게 던질 수 있게 만든다. 『여명』은 이 계보학적 실험의 첫 번째 큰 장이다. 니체는 여기에서 도덕적 편견을 해체하고, 도덕 감정의 역사를 스케치하며, 종교적 삶의 심층을 파고들기 시작한다. 나중의 저작인 『선악의 저편』, 『도덕의 계보』, 『우상의 황혼』은 이 실험이 더 정교해지고 과감해진 버전이라고 할 수 있다. 하지만 그 "새벽의 순간", 최초의 삽질은 바로 이 『여명』에서 시작된다.

2. "도덕은 우리의 가장 깊은 습관이다"

  『여명(Morgenröte)』의 첫 장에서 니체는 우리가 도덕에 대해 느끼는 '자동적인 확신'에 정면으로 도전한다. "도덕은 우리의 가장 깊은 습관이다"라는 문장이 압축하듯, 니체에게 도덕 감정은 인간 본연의 목소리나 신성한 계시가 아니라, 오랜 세월에 걸친 훈련과 훈육이 내면화된 결과물이다. 니체가 말하는 '도덕적 편견'이란, 바로 이 훈련의 산물을 '본능' 혹은 '양심'이라 착각하고 그 기원과 정당성을 의심하지 않는 태도 그 자체를 의미한다. 우리가 어떤 행위에 대해 "옳다/그르다" 또는 "이타적이다/이기적이다"라고 즉각적으로 판단하는 것은 너무나 자연스러워 보인다. 그러나 니체는 이 즉각성이야말로 가장 경계해야 할 지점이라고 지적한다. 그는 도덕이 자연스러운 것으로 둔갑하게 된 수천 년의 거대한 철학적·종교적 전통을 먼저 해체한다.

니체 이전의 도덕관은 크게 세 가지 축으로 도덕을 절대적인 영역으로 끌어올렸다. 첫째, 플라톤적 전통은 도덕을 '선의 이데아'와 연결하며 영혼의 질서로 규정했다. 여기서 선(善)은 현실 세계의 근거이자 깨달아야 할 이상이 되어 질문의 여지가 사라졌다. 둘째, 기독교적 전통은 이 '선의 이데아'를 '하나님의 명령'으로 재해석했다. 도덕적 선악은 신의 법, 계율, 양심과 직결되었고, 인간은 자신의 욕망보다 '내 안의 신의 목소리'(죄책감과 결합된 양심)를 더 신뢰하도록 훈련받았다. 셋째, 근대의 칸트적 전통은 종교를 이성으로 대체했으나, 그 구조는 유지되었다. 칸트에게 도덕은 절대적이고 무조건 복종해야 할 '이성의 명령'(정언명령)이었으며, 이로써 인간의 의무와 복종은 최고의 가치로 격상되었다.

니체의 시각에서 플라톤, 기독교, 칸트는 서로 다른 방식으로 도덕을 "절대적 가치로 만들어 질문 불가능하게 만든 전통"이라는 공통분모를 가진다. 수천 년 동안 이 전통 아래 살아온 인류는 결국 도덕 감정을 이성이 아닌 '본능'처럼 느끼게 되었다.

니체는 이러한 도덕적 편견이 단순한 오류가 아니라, 너무 오래 지속되어 '사실'처럼 느껴지는 오류라고 정의한다. 그는 "이타적 행동은 선하다", "동정심은 착한 마음이다"와 같은 감정적 확신들을 겨냥하며, 이 모든 것이 사실은 집단의 생존 전략, 종교적 규율, 국가의 형벌 체계가 반복되며 굳어진 역사적 훈련의 흔적이라고 주장한다. 니체의 해체 작업은 우리가 고귀하게 여기는 도덕적 개념들의 숨겨진 기원을 폭로하는 데 집중된다.

- 동정심: 최고의 미덕으로 여겨지는 동정심은 정말 '좋은 감정'인가? 니체는 동정심이 약자들의 고통을 감염시키거나, 혹은 집단이 약자를 관리하기 위해 요구하는 '쾌감'이나 '장치'일 수 있다고 의심한다.
- 양심과 죄책감: 양심은 본능의 소리가 아니라 외부의 권력과 형벌이 내면화된 결과이다. 죄책감은 원래 빚이나 채무 관계에서 출발한 논리가 내면의 감시자로 변형된 것이다.
- 의무와 책임: 이 개념들은 개인의 욕망을 억누르고 집단의 안전을 위해 복종을 정당화하는 언어였다.

니체가 가장 신랄하게 지적하는 것은 이 도덕적 언어들이 원래의 폭력적, 권력적 기원을 감춘 채 '아름답고 고상한 말'로 포장되었다는 점이다. "책임은 처벌의 기준이었고, 의무는 복종을 부드럽게 말한 것"이었음에도, 수백 년의 반복 끝에 이 단어들은 '선한 감정'으로 느껴지기 시작했고, 그 기원은 완전히 잊혔다. 이것이 바로 니체가 해체하고자 하는 '도덕적 편견'의 핵심이다.

니체는 도덕 자체를 파괴하려는 것이 아니다. 그의 목표는 도덕을 절대적 가치 아래 억압된 상태에서 해방시켜, 자발적이고 창조적인 영역으로 돌려놓는 것이다. 도덕을 본능처럼 수용하는 사람은 "나는 어떤 도덕 속에서 살고 있는가?"라는 근본적인 질문을 던지지 않는다. 니체는 바로 그 질문의 부활을 원한다. "이 도덕은 나의 힘을 자라게 하는가, 아니면 약화시키는가?"라는 질문을 통해, 개인은 자신이 살아갈 도덕적 가치를 수동적으로 받아들이는 대신 능동적으로 창조하고 선택할 수 있게 된다. 따라서 『여명』의 1장은 도덕의 역사적, 심리적 층위를 해부하는 장이며, 그 해부 작업은 우리를 수천 년간의 전통에서 벗어나 스스로의 삶에 대한 주인이 되도록 이끄는 철학적 해방의 출발점이라 할 수 있다.

3. "도덕은 시간 속에서 만들어진다"

니체는 『여명』 1장에서 도덕적 개념들의 자명함을 의심했다면, 2장에서는 그 의심의 대상을 도덕 감정 그 자체로 확대하며 더욱 심도 있는 분석을 수행한다. 이 장에서 니체의 핵심 명제는 명확하다. 우리가 본능처럼 느끼는 도덕은 사실 자연이 아니라 역사이며, 진리가 아니라 기억이라는 것이다. 그는 도덕 감정들이 수천 년에 걸친 관습과 규율의 반복 속에서 굳어진 것임을 드러내며, 도덕에 대한 우리의 근본적인 이해를 뒤흔든다.

우리는 보통 어떤 행동을 보고 선하다고 느끼거나, 잘못을 저지른 후 양심의 가책을 느끼는 감정 자체를 자연 발생적이고 보편적인 것으로 여긴다. 그러나 니체에게 감정은 고정된 실체가 아니라 문화적 산물이다. 그의 혁명적인 통찰은 감정에도 역사적 층위가 있다는 사실을 밝혀낸다. 니체는 도덕 감정이 심리적 작용으로 굳어지기까지의 과정을 다음과 같이 설명한다. 우선, 한 집단이 생존을 위해 특정 행동(예: 협력, 복종, 희생)을 필요로 한다. 이 행동을 강제하거나 장려하기 위해 규범과 제재(법, 교리, 처벌)가 만들어진다. 이러한 규범이 오랜 세월 반복되고 내면화되면서, 해당 행동을 수행하는 것이 좋다고 느끼거나 위반하는 것이 나쁘다고 느끼는 감정이 발생한다. 결국 원래 행동의 목적(집단의 생존 전략)은 사라지고, 도와야 한다거나 책임을 져야 한다는 막연한 감정만이 남아 스스로를 정당화하게 된다. 니체에게 도덕 감정이란, 어떤 목적을 위해 만들어졌지만 목적이 사라진 후에도 잔존하는 기억의 생명체인 것이다.

니체는 도덕 감정이 시간의 흐름 속에서 변질되는 과정을 세 단계로 제시한다. 첫째, 선명한 단계에서는 감정의 목적이 명확하다. 예를 들어 고대 사회에서 복종은 군주의 힘을 유지하는 수단이었고, 희생은 종교적 권위를 확립하는 장치였다. 감정은 명확한 목적에 복무한다. 둘째, 희미해지는 단계에서는 왜 그런 감정을 느끼는지에 대한 이유, 즉 원래의 목적이 희미해지고 옛날부터 그랬다는 관습만 남는다. 사람들은 스스로 이유를 알지 못한 채 규범에 따른다. 마지막으로 자연화 단계에 이르면, 도덕 감정은 마치 태어날 때부터 있었던 것처럼 본능처럼 경험된다. 니체는 이것을 도덕이 자연화되는 거대한 착시 현상으로 규정한다. 이러한 통찰은 오늘날 심리학의 내재화(internalization)나 사회학의 규범 형성과 집단 감정의 사회적 구축 이론과 맞닿아 있으며, 니체가 이미 19세기에 도덕을 개인의 마음이 아닌 긴 시간 동안 집단 안에서 만들어지는 문화적 현상으로 바라보았음을 보여준다.

관습이 이처럼 강력하게 우리의 감정을 형성하는 이유는 무엇일까? 니체는 반복이 사고를 마비시키고 질문을 제거하기 때문이라고 설명한다. 더불어, 규범을 따르지 않을 때의 사회적 고립이나 수치심 같은 사회적 처벌이 감정을 빠르게 교정하며, 규범을 따를 때 주어지는 사회적 승인과 칭찬이 그 행동을 기분 좋은 행동으로 구조화하기 때문이다. 니체가 보기에 도덕은 한 번 만들어진 후 정지된 상태로 남아있는 죽은 규범이 아니라, 역사 속에서 끊임없이 변형되고 재조직되는 살아 있는 과정이다. 어떤 시대에는 금욕이 미덕이 되었다가, 다른 시대에는 노동이나 효율성이 도덕의 기준이 되는 모든 변화 자체가 도덕이 절대적인 것이 아니라 시대의 필요에 따라 재구성되는 것임을 증명한다.

니체가 도덕 감정의 역사적 성격을 이토록 집요하게 파헤치는 궁극적인 이유는 단순한 비판이나 해체가 아니다. 도덕이 시간 속에서 인간에 의해 만들어진 것이라면, 우리는 그것을 다시 만들어 볼 수 있다는 가능성을 열기 위함이다. 도덕을 본능이나 진리로 받아들이는 순간, 그 도덕을 변화시키려는 시도는 불가능해진다. 그러나 니체의 계보학적 분석을 통해 도덕이 습관임을 깨닫는 순간, 비로소 다음과 같은 근본적인 질문이 부활한다. 이 도덕은 나에게 어떤 인간을 요구하는가? 이 도덕은 나의 힘을 자라게 하는가, 약화시키는가? 그리고 가장 중요하게, 나는 다른 도덕을 만들 수 있는가? 『여명』 2장은 이처럼 도덕을 자동적으로 수용하는 태도를 벗어나, 다르게 사고하고 스스로 도덕적 가치를 창조할 수 있는 공간을 열어주는 니체 철학의 핵심적인 사전 작업이며, 훗날의 대작 『도덕의 계보학』의 사상적 토대를 제공하는 장으로 평가받는다.

4. "도덕의 뿌리는 종교의 깊은 토양에서 올라온다"

니체는 『여명』에서 도덕적 사유의 기원을 단계적으로 파헤친다. 1장에서 도덕적 편견이라는 자동적인 확신을 해체하고, 2장에서 도덕 감정의 역사성을 드러냈다면, 3장 종교적 삶에서는 그 감정들이 궁극적으로 어디에서 비롯되었는지 가장 깊은 토양으로 내려간다. 니체의 대답은 명료하다. 우리가 느끼는 죄책감, 양심, 희생의 감정은 종교적 삶의 구조 속에 그 뿌리를 박고 있다는 것이다. 니체에게 종교는 단순히 신을 믿는 교리 체계가 아니다. 그것은 인간의 감정, 욕망, 두려움, 고통, 그리고 위안을 조직하는 거대한 감정의 기계이다. 종교는 왜 살아야 하는가? 왜 고통을 견뎌야 하는가?라는 근원적인 질문에 이 고통은 시험이다, 이 희생은 구원으로 이어진다와 같은 명쾌한 의미 구조를 제공한다. 오랜 세월 동안 종교는 죄책감을 느끼는 방식, 자기희생을 고귀하게 보는 시선, 복종을 덕으로 여기는 습관을 사람들의 마음에 반복적으로 새겨왔다. 니체는 오늘날 우리가 도덕적이라고 느끼는 대부분의 감정들이 사실은 종교가 만들어낸 감정 구조의 세속적 잔재라고 진단한다.

니체가 특히 주목하는 종교적 삶의 핵심 감정 구조는 네 가지이며, 이들은 오늘날 도덕 감정의 원형(프로토타입)으로 기능한다.

- 희생 (Sacrifice): 나를 버려야 한다, 내 욕망을 죽여야 한다는 감각이다. 자신을 희생할수록 더 고귀해지고 신에게 가까워진다고 느끼는 이 구조는, 나중에 타인을 위한 희생이라는 도덕 감정으로 세속화된다.
- 죄책 (Guilt): 나는 근본적으로 잘못된 존재다라는 감각으로, 단순한 실수를 넘어 존재 전체에 대한 부채감처럼 작동한다. 이는 도덕적 영역에서 항상 나를 의심하게 만드는 양심의 구조로 남는다.
- 속죄 (Expiation): 죄를 씻기 위해 고통, 보상, 봉사를 해야 한다는 감정 구조이다. 고통을 통해 자신을 정화한다고 믿는 이 체계는, 현대 도덕에서 내가 좀 더 고생해야 한다는 자기 징벌적인 감각으로 살아남는다.
- 구원 (Salvation): 언젠가 최종적으로 정당화될 것이다라는 약속

의 감정이다. 이는 세속 도덕 안에서 역사적 진보, 정의의 최종 승리와 같은 믿음으로 옷을 갈아입는다.

니체에게 이 네 가지 감정은 종교적 삶의 핵심 동력이자, 도덕이라는 이름 아래 계속해서 인간을 통제하는 감정 구조의 원형이다. 니체가 이 구조에 주목하는 가장 중요한 이유는 종교가 약해져도, 종교가 만들어낸 감정 구조는 도덕의 심장부에서 계속 움직이기 때문이다. 우리는 더 이상 교회에 나가지 않더라도 여전히 종교적인 방식으로 느끼고, 생각하고, 죄책을 경험한다. 하나님 앞의 죄는 사라졌지만, 어딘가 잘못된 나 자신에 대한 막연한 죄책을 느낀다. 하나님 앞의 희생은 사라졌지만, 타인을 위해 나를 버리는 것을 가장 고귀한 도덕처럼 여긴다. 니체에게 이는 종교가 도덕으로 옷을 갈아입은 것에 불과하다. 내용물은 그대로인데, 언어와 포장만 바뀐 채 인간의 감정 구조를 지배하고 있는 것이다.

니체가 분석하는 '종교적 삶'은 단순히 의식이나 교리를 넘어선 깊은 차원의 삶의 방식이다. 이는 삶의 의미를 외부에 두는 삶이다. 나의 고통, 실패, 욕망의 의미를 신, 절대선, 내세와 같은 이 세계 바깥에 있는 어떤 것에서 찾는다. 또한 자기 부정을 통해 자신을 고양시키려는 삶이다. 욕망을 억누르고 희생을 감수함으로써 스스로를 더 고귀한 존재라고 느끼며, 죄책과 속죄를 통해 존재를 정당화하려는 삶이다. 니체는 이러한 자기 파괴적인 삶의 방식이 세속 도덕, 인도주의, 이타주의라는 형태로 여전히 반복되고 있다고 본다.

니체의 작업은 단순히 기독교를 비판하는 수준을 넘어선다. 그가 겨냥하는 것은 선/악의 절대적 구분, 죄책을 통한 인간 길들이기, 자기희생을 최고 가치로 만드는 체계와 같은 종교적 구조 전체이다. 이 구조는 고통을 정당화된 것으로 만드는 서사^(고통에는 의미가 있다. 그것은 신의 뜻이다.)를 제공하며 인간의 힘을 약화시킨다. 니체가 도덕의 뿌리를 이처럼 집요하게 추적하는 궁극적인 이유는, 도덕을 만들어진 양식으로 인식시킴으로써 다른 도덕의 가능성을 열기 위함이다. 도덕이 자연이나 진리가 아니라 역사적·종교적 과정을 통해 형성된 양식임을 이해할 때, 우리는 비로소 이 구조 밖에서, 다른 방식으로 느끼고, 생각하고, 살 수 있는가?라는 질문을 던질 용기를 얻는다. 『여명』 3장의 종교적 삶에 대한 계보학은 니체가 이후 전개할 철학의 가장 핵심적인 기초 공사이며, 기존 도덕에 종속되지 않는 새로운 인간형^(Übermensch, 위버멘쉬)의 탄생을 준비하는 필수적인 단계라 할 수 있다.

5. 도덕적인 인간에서 사유하는 인간으로

프리드리히 니체의 『여명(Morgenröte)』은 19세기 유럽의 도덕을 해부하는 책이지만, 그 질문은 시대를 넘어 오늘날 우리에게도 여전히 유효하다. 니체가 겨냥하는 것은 특정 시대의 도덕 규범이 아니라, 인간이 도덕을 절대적인 것으로 믿고 그 기준에 기대어 스스로를 억압하는 오랜 습관 전체이다. 이 책은 우리에게 우리는 왜 이것이 옳다고 느끼는가? 내가 느끼는 죄책감이나 부끄러움의 기준은 정말 나의 것인가?와 같은 근본적인 질문들을 집요하게 던진다. 니체의 목표는 어떤 도덕이 맞다/틀리다를 선언하는 것이 아니라, 우리가 도덕을 믿게 된 과정과 그 감정 구조 자체를 의심하도록 만드는 데 있다.

니체는 『여명』을 통해 두 가지 대조적인 인간상을 제시한다. 첫째는 도덕적 인간이다. 이들은 주어진 규범을 내면화하고, 옳다/그르다는 이미 만들어진 틀에 자신을 끼워 넣으며, 기준에 어긋나면 끊임없이 자신을 검열하고 죄책감을 느낀다. 도덕적 인간은 질서를 유지하는 데는 필수적이었지만, 스스로의 삶을 창조하는 데는 수동적이다. 둘째는 사유하는 인간이다. 이들은 도덕 감정의 기원을 되묻고, 왜 이것이 선인가?를 끝까지 캐묻는 사람들이다. 이미 주어진 평가를 반복하는 대신, 새로운 평가의 기준을 모색하며 다른 인간형을 실험하려 한다. 니체는 도덕적 인간을 악마화하지 않지만, 이제는 사유하는 인간으로의 전환을 실험해 볼 때가 되었다고 촉구한다. 『여명』의 모든 계보학적 분석과 해체 작업은 바로 이 새로운 인간형을 위한 사전 정리 작업인 것이다.

니체가 도덕을 의심한다고 해서 반도덕주의(反道德主義)를 주장하는 것은 아니다. 그의 목적은 도덕을 단지 하나의 도덕으로, 수많은 가능성 중 하나로 되돌려 놓는 것이다. 지금까지 인류는 도덕을 자연스러운 것, 영원한 것, 신에 의해 보장된 것처럼 여겨왔다. 그러나 니체는 단호하게 말한다. 그것은 하나의 역사적 결과일 뿐이다. 어떤 필요, 어떤 감정, 어떤 권력 관계가 오랫동안 반복되면서 굳어진 형태일 뿐이다. 도덕이 만들어진 것이라면, 그것은 다르게 만들어질 수도 있었던 것이며, 앞으로도 다르게 만들어질 수 있는 것이다. 도덕의 기원을 알고 그 한계를 인지하는 것은 곧 새로운 삶의 가능성을 여는 행위와 직결된다. 니체가 원하는 독자는 기존 도덕에 순종하는 인간도, 그것을 맹목적으로 거부하는 인간도 아닌, 도덕의 기원을 이해한 후 자기만의 기준을 세우는 사유하는 독자이다.

잭의 세목인 Morgenröte(여명, 새벽빛)는 이 전환의 순간을 상징한다. 니체가 말하는 여명은 거창한 혁명이 아니다. 그것은 아주 익숙했던 도덕적 언어들^(책임, 의무, 희생)이 갑자기 낯설게 느껴지고, 원래 그런 것이라고 믿었던 감정 뒤에서 역사와 권력, 종교의 흔적이 보이기 시작하는 미묘한 순간이다. 이 순간 우리의 사고에 희미한 빛이 들어오는데, 니체는 이를 사유의 여명, 즉 생각이 정말로 시작되는 새벽이라고 부른다. 이 새벽은 모든 것이 또렷하지 않아 불편하고 혼란스럽지만, 더 이상 예전처럼 안심하고 잘 수 있는 밤이 아니다. 질문이 끊임없이 고개를 들기 때문이다.

『여명』은 니체의 사유가 도덕이라는 신성한 대상에 스칼펠을 들이댄 순간이며, 그 자신의 철학이 본격적으로 출발하는 기점이다. 독자에게도 이 책은 평생 당연한 것이라 여겨온 도덕 감정—동정, 책임, 죄책—이 어디에서 왔는지를 처음으로 다시 생각해보게 하는 사유의 기점이 된다. 니체는 이 책을 통해 도덕을 파괴하려는 것이 아니라, 우리는 아직 스스로를 알지 못한다. 우리는 탐험되지 않은 대륙이다라고 선언하며, 그 탐험되지 않은 대륙(우리 자신의 도덕 감정 구조)을 탐험하라는 초대장을 건넨다. 이 책은 완성된 해답을 주지 않는다. 대신 우리에게 도덕을 다시 생각해 보고, 그 한계를 안 후, 네 삶을 선택하라는 부담스럽지만 고귀한 과제를 부여한다. 독자가 이 책을 덮을 때, 아직 대낮의 확신은 없을지라도, 그 새벽빛은 이미 내면 어디엔가 도달해 있을 것이다. 그것이 바로 니체가 말한 여명이며, 독자 자신의 사유가 비로소 자기 발로 걷기 시작하는 첫 출발점이 된다.

여명 1

초판 1쇄 발행 2025년 12월 15일

지 은 이	프리드리히 니체
옮 긴 이	마이너스

펴 낸 이	송누리
편 집	강영은
디 자 인	강영은
마 케 팅	김경래, 최승윤

펴 낸 곳	해밀누리
등록번호	제2024-000196호
등록일자	2024년 8월 16일

주 소	서울, 마포구 성지길 25-11, 지층 1190호 (합정동)
메 일	haemilnuli@gmail.com

ISBN	979-11-7505-214-7	04160
ISBN	979-11-7505-213-0	(세트)

이 책에 대한 출판·판매 등의 모든 권한은 해밀누리에 있습니다.
간단한 서평을 제외하고는 해밀누리의 서면 허락 없이 이 책의 내용을
복사·인용·촬영·녹음·재편집하거나 전자문서 등으로 변환할 수 없습니다.
책값은 뒤표지에 있습니다.
잘못된 책은 구입처에서 교환해 드립니다.